監修 島田荘司

本格ミステリー・ワールド 2016

南雲堂

本格ミステリー・ワールド CONTENTS

「HONKAKU」

【巻頭言】

船出の時

島田荘司

前号、「世界語　HONKAKU」で紹介した日本の「本格」、海外進出への胎動であるが、その後の一年間で具体的になった動きを、今回はご報告したい。

その前に、読者も興味がおありと思うので、今稿は例外的に論文口調を薄めて、プロジェクトがメンバーを充実させながらここまでにいたった道のりを、随筆ふうに綴ってみることにする。

私がアメリカに暮らしていた時期、その目標のひとつが日本の「本格」傑作群を、英米に紹介したいということであった。ほかの創作ジャンルでは旗色が悪くとも、こと「本格ミステリー」の創作では、日本は充分に世界一レヴェルであるという自負を持っていたからであるが、アメリカ社会を見渡しても、日本産のアニメが家庭内に浸透しつつあったし、大型の書店に行けば、「Japanese MANGA」のコーナーができていた。格別西海岸においては日本車がすでにフリーウェイを埋めていたし、新世紀が開ける前までは、家電販売のモールは日本製品で埋まっていたから、そういう目標も決して不遜なものではないと信じた。

とはいえ、帰国してそんな夢を話せば、笑いのたねにしかならず、誰もがこちらが本気とは考えなかった。前号でも話した通り、そのためには翻訳でない日本語、「HONKAKU」の語彙と概念を英語に入れるのがよいと考えていたが、これはアメリカ人にも無理と判定された。

LAに暮らしながら私は、アメリカでスターを目ざす日本人演劇学生たちと週一度お茶会を持っていたのだが、この時に得た情報が『ハリウッド・サーティフィケイト』や、『聖林輪舞』になった。彼らはハリウッドにほど近いTheater of Artsという演劇学校の学生たちで、彼らを教えていた教師がロス・マッケンジーだった。彼はニューヨークの舞台演劇で脚本を書き、演出をやり、俳優もこなしていて、兄は名のある作家だった。

彼が日本に行って阪神淡路大震災被害者に向けたチャリティ演劇を行い、その時に神戸で見つけて連れ帰った夫人が、シカ・マッケンジーという女優兼演出家だった。夫妻と親しくなり、彼らの高度な英語力を知ったので、自分は『占星術殺人事件』の英訳を二人に依頼した。出版社のあても多少はあったからだ。

シカが下訳を行い、ロスがそれを完璧な英語にする連携作業で、英語版『占星術殺人事件』がほぼ姿を現してきた頃、文化庁の現代日本文学翻訳・普及事業のプロジェクトが祖国で立ちあがり、幸運にもまさに拙作が輸出図書に指名された。こうして『The Tokyo Zodiac Murders』は、北米輸出作品群の先頭を切ることができた。

　その後まもなく、福山文学館の学芸員たちの努力によって実現した、故郷福山市での「島田荘司展」や「福山ミステリー文学新人賞」の流れから、これを見学にきた台湾の出版社、皇冠《クラウン》出版チーフ・エディターの尽力によって、台北で「島田荘司推理小説賞」設定の計画が立ちあがった。これも引き金のひとつになり、親日台湾に、漫画やアニメに続いて「本格ミステリー」の諸作の大量流入が始まって、たちまち奔流のようなブームになった。「本格ミステリー」作品の繁体字化と、その流入の活性状況が、中国の小説好きや出版社に、ようやく日本の本格ジャンルへの関心を持たせた。当時中国大陸進出の壁は北米同様に厚く高く、日本からの直接的な売り込みは、大半不発に終わっていた。中国と台湾との関係は知られる通りスムーズではないが、台湾に上陸することで、大陸への道が開かれたことはあきらかである。

　しかし中台間、読者同士の垣根と言うならこれはないに等しく、簡体字読者も繁体字の読書に抵抗はないと語る。ただし中国は、エンターテインメント文学は欧文ふうに横書きと、中央政府が指導を決定的にしており、縦書きで小説を読むことには強い違和感があるが、と多くの中国人読者、出版人は語った。そのため、諸作の縦書き繁体字は、横書きの簡体字に直される必要があった。

　台湾を経由しての「本格ミステリー」の中国への流れは、こちらもまさしく怒濤の勢いになっていき、新文学の息吹が大陸に注ぎ込まれる展開になった。するとここに、注目すべき現象が現れたので特に指摘しておくと、中国人読者は今、乱歩も清張も、太宰治も島田荘司も、同時に出遭い、並列で楽しんでいる。したがってこの新天地においては「本格ミステリー」も当然文学であり、探偵小説が純文学より一段下という常識は発生していない。

　付言すれば、この点はアメリカも同様である。日本に密着して探偵小説を楽しんできた台湾にのみ、日本流儀のこの常識が存在する。いずれにしてもこれは、日台の局地的現象であることを、今後の展開上、日本人にも心得てもらうのがよい。これまでこのわが常識が、とりわけ北米への日本文学進出のブレーキになってきた。あきらかに米国人に受け入れられやすいこのジャンルが、母国民による低俗の誤認識ゆえに最後尾に廻され続け、ために日本の小説群はごくわずかしか太平洋を渡っていない。そして日本文学は茶の湯のように希少で高尚なものと位置づけられてしまって、大学の日本学の講義には登場しても、庶民の書棚には侵入していない。

ともあれこうしたアジアの現象は、アニメ同様日本の「新本格」潮流に興味を抱く、中国人高知性層を出現させることになった。これがフェイ・ウー氏、ウォン・ホーリン氏である。この人たちが、ニューヨークに居を据え、ジョン・ディクソン・カー時代の香りを留める探偵小説を熱愛し、フランスの本格作家ポール・アルテ氏の親友で、彼の作品を熱心に英訳していた英国人文筆家、ジョン・パグマイア氏と文通して、日本の新本格の美点を伝え続けてくれていた。

とりわけ現在オランダのヒルフェルスム市に住む香港系オランダ人のウォン・ホーリン氏は、特筆すべき経歴を持っている。彼はライデン大学院人文学研究科、日本学専攻の修士論文で「初期新本格」をテーマに選び、新本格発祥の地である京都大学に留学した。この時期の彼は当然ミステリー研に所属し、綾辻行人氏と若干の交流も持った。彼はその以前に九州大学にも留学経験があるから、日本語、英語、オランダ語を母国語並みに読み、話す驚異的な語学の才で、現在本格の海外輸出プロジェクトには、欠くことのできない人材となっている。

彼の場合は中国語の人ではないので、中国の本格ブームとは無関係にアニメ「名探偵コナン」の影響で日本のミステリーに興味を持ち、拙作『The Tokyo Zodiac Murders』と法月綸太郎氏の「都市伝説パズル」を英文で読んで「本格」に本気となり、日本のミステリー・フィクションを中心にした英文ブログを管理していたら、パグマイア氏がこれにＮＹから書き込みをしてくれ、文通が始まった。

若い彼らの進言で、パグマイア氏は次第に日本の新本格に興味を抱くようになり、ロス&シカ・マッケンジー訳ですでにアメリカで刊行されていた拙作、『TTZM』を取り寄せて読み、感心してこちらに連絡をくれた。

セントラル・パークにほど近い、ニューヨークのパグマイア邸を訪れてみると、高層ビルの二階、三階を占有する広大な住まいで、玄関のガラスドアを開き、ゆるく湾曲する木製の階段を上がると、カーペットの敷き詰められたパグマイア邸の廊下沿いのバスルームや小部屋は鏡ばり、ダイニングに通されれば、その奥の厨房脇には執事用の小部屋まであった。まさしくヴァン・ダイン小説の舞台装置そのままの、今は過ぎ去った、英国上層階級ふうの舞台装置に彼は住み暮らしていた。

メゾネット形式の階段を上がればそこは広々とした書斎で、大きなガラス窓からは葉を落とした並木と、彼方のセントラル・パークの立ち木がわずかに望める。四畳半のこたつで、背を丸めてヴァン・ダインやクイーンを読みふけってきたわれわれ日本のファンとは、作中世界に対する思いが根本から違うであろうことを、彼の住まいで思い知った。

この気持ちのよい書斎は同時に、ポール・アルテの英訳本を出してくれる出版社が東海岸に見つからないことに業を煮やした彼が、自ら立ち上げた出版社、「Locked Room International」の編集局でもある。

彼の夫人は中国系アメリカ人で、おそらくそのことがフェイ・ウー氏などを夫妻に引き寄せる理由になったのであろうが、夫人は近所にある名門、コロンビア大の卒業生であり、パグマイア氏の有能なビジネス・パートナーでもある。夫妻は中国と日本の観光旅行の途上、東京に立ち寄ったことがあり、そのおりには会って食事をした。

もう少し彼のことを話せば、彼はロンドンに生まれ、IBMの法務担当として半生を送り、退職してのちは得意のフランス語を生かして、フランスの本格系探偵小説の英訳を始めた。そしてミステリー小説の評論活動も、趣味で開始した。

英国での学生時代にはラグビーに興じ、成人してのちはブリティッシュ・ライトウェイト・スポーツカーで山道を走るのを趣味にした。ミステリー好きといい、ずいぶんと共通項が多くあったものであるが、ある日彼は愛車トライアンフで崖から転落し、当然命を落としていてもよかったのだが、奇跡的に大樹に引っかかり、九死に一生を得た。

ボンド映画ばりの派手な体験で、これは到底自分はかなわない。死んでいれば自分と出遭うこともなかったし、新本格の英米進出に協力してもらえる幸運もなかった。いささか驚き、しばしの絶句のあと、自分はこのように感想を言った。それはミステリーの神様があなたを助けたのだ、あなたには重大な使命がある。聞いて彼は笑ったが、自分はなかば以上本気で言ったのであり、今もそう信じている。

彼は英国人としての高いプライドは持っているが、夫人が優秀な中国人であることも手伝い、東洋人の思考力の高さはよく心得ていて、決して傲慢な人物ではない。東洋文化に敬意を有し、自分で書くことはしないのだが、彼のミステリー好きはまぎれもない本物である。謙虚で客観的で、人好きのする魅力的な人物でもある。「HONKAKU」の語の英語圏浸透の夢を話したら賛同してくれ、「HONKAKU」の語を是非英語に入れよう、自分は今後大いに使用するし、このタイトルでいずれアンソロジーを作ろう、とも言ってくれた。

そして彼は『The Tokyo Zodiac Murders』を自身のLRIで再刊したいと提案してくれて、こちらも大いに賛成だったから、われわれは準備にかかっていた。作中の誤字の修正等を彼がしてくれ、私の方は挿入の図面を東京から送るなどしていたら、思いがけずイギリスの大手出版社プーシキンが、これを出版したいと声をかけてくれた。英国の有力紙ガーディアンの「歴代不可能犯罪ミステリーベストテン」企画で、『TTZM』がなんとジョン・ディクソン・カーの名作、『三つの棺』に継いで二位に入るという事件があったのだが、これに刺激されたものに思われた。

しかし私の方は、パグマイア氏との友情を最優先にしたく、この思いに揺るぎはなかった。ジャンルの英米進出という積年の夢と比較すれば、拙作一作の売り上げ等は小事というべきで、そこで友人との約束は反故にできないからと理由を述べて断った。するとプーシキンの女性編集者は大変熱心で、それでは北米はＬＲＩにおまかせするので、わが社は英国、カナダ、オーストラリア、ニュージーランドで売らせて欲しいと言った。この望外の熱意は、ガーディアンという格式ある紙面への、英国人の深い信頼を語ってもいた。

自分は納得し、この経緯をパグマイア氏に伝えると、それはいけないと彼は言った。プーシキンはワールドワイドなので、断るのはよくない、自分が引き下がろうと言ってくれた。自分は書物のどこかにＬＲＩの文字が一カ所入ればそれで満足なのでと言い、母国のプーシキン社に電話をしてくれて、多くの問題を処理し、上梓に向けて最大限の協力をしてくれた。こうして夏の終わりに、プーシキン版『TTZM』が無事ロンドンで刊行された。

プーシキンは、第二弾として『斜め屋敷の犯罪』にも興味を持ってくれているが、もしもプーシキンが刊行しない場合、自分がＬＲＩで刊行したいと言ってくれている。

『TTZM』が自分の手を離れたので、代わりに即刻彼が取りかかったのが、綾辻行人氏の『十角館の殺人』だった。ウォン・ホーリン氏などから伝え聞いて、パグマイア氏はこの名作の評判も重要性もよく心得ていた。そこでさっそく自分が講談社や講談社ライツに連絡を取り、出版了承を取りつけた。

英訳タイトルは『The Decagon House Murders』とし、表紙の絵は、パグマイア氏がネット世界を探索して理想的なものを見つけ出した。ただしこれは十角ではなく、八角館くらいだろうし、画家が見つからないから違法かもと、彼は心配していた。画像をパリのポール・アルテ氏にメイル送したら、彼が月を合成してくれた。ずいぶんとまた豪華なデザイン・スタッフであるが、それだけのことはあって、実に見事な表紙に仕上がっている。

そしてパグマイア氏に乞われるので、自分は巻頭用に長い解説文を書いた。今読み返せば、自分がこの稿で語ろうとしている内容を、この一文はすでによく語っているし、読者も興味がおありと思うので、以下で全文を引用しておく。

一応書き上げ、最近親しくしている松川良宏氏に見せたら、すでに英訳刊行されている日本の探偵小説群のタイトルも、解説文中で正確に伝え示しておくのがアメリカの読者には親切と思うと言ってくれ、自身の調査資料をすっかり提供してくれた。おかげで充実した内容になり、こうした彼のサポートにも感謝している。

　こうして仕上がった私の解説文も加え、作をすっかり英訳してくれた人が、先述したウォン・ホーリン氏であった。彼も松川氏も、今号にエッセーを寄稿してくれている。まことによい人材がそばにいてくれたものと感謝すると同時に、驚きもする。述べたように、パグマイア氏に思わず自分が言った、ミステリーの神がすぐそばにいたようにも思われてくる。

　上梓された『The Decagon House Murders』は大変好評を持って米国関係者に迎えられ、アメリカを代表する紙面、ワシントン・ポストに書評とともに紹介された。

　パグマイア氏の人脈に負うところも大きいのであろうが、ことがここにいたり、わが「本格」も潮待ちの時をすごして、いよいよ船出の刻限を迎えたという感慨は湧く。そのように言っても、思いあがりにすぎるという批判は、おそらくもうないであろう。

「十角館の殺人」という実験

島田荘司

日本のミステリー界には、「HONKAKU MYSTERY」という独特の分類名が存在しています。一九二〇年代、英語圏のミステリー黄金時代を誘導したヴァン・ダインの提案による最もエキサイティングな探偵小説の条件、そのうちの最重要の要素、「推理論理の徹底」を為し、しかも文芸でありながら、構造が大なり小なりゲームに接近している作例を、こう呼んでいます。

英語圏のミステリー・ファンのために、日本の「HONKAKU MYSTERY」の小史を、英訳がある作を中心に紹介してみます。最初期の短編に、密室殺人を扱った江戸川乱歩の「D坂の殺人事件（The Case of the Murder on D. Hill）」（1925）、「心理試験（The Psychological Test）」（1925）、「陰獣（Beast in the

Shadows)」(1928)、などがあります。

二次大戦以前の日本の「HONKAKU MYSTERY」は短編が主流でしたが、長編も書かれています。代表的なものに、ヴァン・ダインの影響を強く受けた浜尾四郎の長編『殺人鬼』(1932)(未英訳)や、F・W・クロフツとイーデン・フィルポッツの影響を受けた蒼井雄の長編、『船富家の惨劇』(1936)(未英訳)があります。

戦後は、まず高木彬光や横溝正史らが、終戦直後に優れた長編本格探偵小説を書いています。江戸川乱歩の推薦で世に出た高木彬光のデビュー長編、『刺青殺人事件(The Tattoo Murder Case)』(1948)や、横溝正史の『犬神家の一族(The Inugami Clan)』(1951)は、この時期の日本を代表するHONKAKU MYSTERY novelsといえます。

一九五〇年から江戸川乱歩は、エラリー・クイーンと文通を開始します。そして一九五二年には、江戸川乱歩と高木彬光は、アメリカ探偵作家クラブ(Mystery Writers of America)の海外会員になっています。

横溝正史は、日本では『獄門島』が代表作と考えられていますが、英訳は『犬神家の一族』一編しかないために、この作の名を挙げました。

一九五〇年代後半、日本の推理文壇を激震が襲います。松本清張が登場し、自然主義的リアリズムを重視した探偵小説を続々と発表して大人気を博したため、日本では一夜にしてそのタイプの探偵小説が圧倒的な主流となり、「HONKAKU」を駆逐します。この作風を、日本の文壇は「社会派(social school)」と呼び、その自然主義文学的な視線を、探偵小説の進歩とみなしました。

英訳されているこの時期の清張の長編に、『点と線(Points and Lines)』(1958)、『砂の器(Inspector Imanishi Investigates)』(1961)、『霧の旗(Pro Bono)』(1961)、などがあります。

一九七七年にエラリー・クイーン(フレデリック・ダネイ)が来日した際、松本清張はダネイと対談します。そこで清張は、探偵小説執筆における最重要の要素は、犯行に至る犯人の動機や、その際の心理描写だと述べています。これは傾聴に値する一意見ではあるものの、ヴァン・ダインの考えとは大いに異なっており、清張は若い名探偵の天才的な推理論理や、時に芝居がかったその披瀝時の物腰、クローズド・サークルなど、HONKAKUものが好む諸要素を重要とは考えず、アンリアルとして、むしろ嫌悪していました。

清張の登場以降、編集者たちは昔ながらのHONKAKUもの、すなわち英米黄金期ふうの探偵小説を出版することに積極的でなくなり、日本はそれからの約三十年間、「HONKAKU冬の時代」をすごすことになります。本書の第一章において、登場人物たちによって行われる「社会派批判」は、この時期の日本の出版界を覆った極端な反応に対し、不平を申し立てたものです。

この試練の時代、それでも抵抗して本格ミステリーを書き続けた作家たちの代表格に、鮎川哲也と土屋隆夫がいます。土屋隆夫は短編一作のみが英訳されていますが、鮎川哲也の英訳はいまだありません。

そんな「冬の時代」を終わらせたものが、拙作『占星術殺人事件（The Tokyo Zodiac Murders）』(1981)と、『斜め屋敷の犯罪』(1982)（未英訳）でした。これらは清張呪縛の厚い氷を解かしはしましたが、あとに続く作家たちは容易には出ませんでした。

そして一九八七年、待望久しかった本格系の作家がようやく現れ、これが本書、綾辻行人による『十角館の殺人』です。この作の登場に大きな意義を感じた私は、推薦文を書き、全面的に彼のデビューの後押しをします。

このような曲折はあったものの、英米で開店休業の状況に陥った探偵小説も、日本でのみは命脈と、隆盛を保つことができました。その理由は、まさにこの「HONKAKU」という日本語にあります。この語は、論理性の印象が強い作品を示すと同時に、それを専門的に生み出す作家たちに、論理思索を得意とする、一定量以上に知的水準が高い作家たちである、とする誇りをもたらしたからです。これが日本の作家たちに、収入の大小に関わらず、HONKAKU作品を書き続ける力を与えました。

同種の構造を、英米の作家たちのフィールドに持ち込めるならば、『TTZM』や『十角館』がそうしたように、黄金時代に戻る振り子は停止の呪縛から解き放たれ、動きを開始すると私は信じています。

今回ご紹介する綾辻行人の『十角館の殺人』は、日本の本格界を、革新的な新発想で包むことになった画期的な作例として、多くの日本人に記憶されています。

この作の意義を説明するには、続いて西欧のミステリー史を最低限、俯瞰する必要があります。探偵小説という新文芸は、欧米社会を隅々まで一変させた、「科学革命」の洗礼によって生まれ落ちました。アラン・ポーが、密室に侵入した悪霊が、若い女性を人間離れのした腕力で惨殺した怪事件から、科学の冷静な力を借りて意表をつく真相を引き出し、続くドイルが、ホームズという少壮の科学者が、「推理学」という新学問ジャンルを創設せんと奮闘する姿を描いて世界中に読者を作り、ジャンルを不動のものとします。

そしてポーから八十数年が経過した一九二八年のアメリカで、ヴァン・ダインがジャンルに第二のスタートを切らせます。これが当作に見るような、殺人とその解明を、館など閉鎖的な舞台でことが終始する、スポーツとも似たゲームとする提案でした。偶然にも同年、イギリスにおいてもロナルド・ノックスが、探偵小説執筆上の禁を並べた、「十戒」を提唱します。

ヴァン・ダインの時代、ポー、ドイルのおびただしい追随者たちの作例を読み終えたマニアたちは、黎明期とは読書の心構えが変化しており、作中で起ることをしっかりと予測してページを開くようになっていましたから、描き手もこれに合わせて方針を転換し、整理する必要がありました。

怪しげな住人たちの紹介と、初期段階での彼らのプロファイルのフェアな提示。殺人劇の舞台は狭く取られるのがよく、作家は地の文では決して嘘をついてはならず、推理ゲームの重要材料は読者に隠さず開示して、純粋な推理思索の情熱を妨げる中国ふうの魔術（ロナルド・ノックスの発言）や、通俗的な恋愛の要素などはきびしく排除されなくてはならない、といったルールが、この段階でアメリカのヴァン・ダインと、イギリスのロナルド・ノックスによって提案されます。

当人たちは否定しているようですが、ディクソン・カーやエラリー・クイーンは、こうした提案を受け入れてゴシック・ロマン寄りの傑作ミステリーを効率よく輩出し、すみやかに黄金時代を導きます。

しかしこの創作方法は、創作に使用する材料を制限する側面も持っていたため、黄金時代の翌日から進歩が止まった印象も現れます。またポー、ドイルが深く信奉した最新科学発想がここで棄て去られたため、二十一世紀がついに到達したさまざまに画期的な科学成果から、ミステリー小説は取り残されるかたちにもなりました。

綾辻行人の方法は、ヴァン・ダインによって再出発した第二のミステリーの考え方を、さらに大胆に、さらに遠慮なく押し進めた実験であったということが、今日の視線からは言えるでしょう。それゆえ、彼の作風は「新本格」と呼ばれ、多くの追随者を生みます。

一九八七年から、一九九〇年代初頭にかけてという短い期間に、歌野晶午、二階堂黎人、また綾辻と同じ京都大学ミステリ研から、法月綸太郎、我孫子武丸、麻耶雄嵩といった多数の本格系新人作家が、いっせいに登場します。彼らの推薦文も、私がせっせと書きました。この動きに呼応するようにして、別ルートからも有栖川有栖、北村薫、今邑《むら》彩、芦辺拓といった新人がデビューし、彼らは合流して、新本格派と呼ばれる一大潮流を形成します。この現象は、「本格冬の時代」に雌伏を余儀なくされていた本格志向の才の、満を持した爆発を思わせました。

芦辺拓は長編『紅楼夢の殺人（Murder in the Red Chamber)』が英訳され、法月綸太郎は短編「都市伝説パズル（An Urban Legend Puzzle)」と、「緑の扉は危険（The Lure of the Green Door)」の二編が英訳されて、『EQMM』誌に紹介されています。拙作「Pの密室(The Locked House of Pythagoras)」(1999)も、同様に同誌に現れました。

『十角館の殺人』は、ヴァン・ダインにならい、館を舞台に殺人とその解明のゲームが終始しますが、犯人を隠蔽するために彼は、ヴァン・ダインが持っていた文芸的要素、すなわち米上流階層の雰囲気の活写とか、彼らの小粋なジョーク感覚、プライド高い女性たちへの把握視線、ワインと洒脱な会話による食卓をサーヴする、執事族に特有の慇懃な物腰、最新科学への信奉とあわせて、文芸であるためのこうした筆力への思い入れも、彼はためらわずうち捨ててしまいます。そして徹底してゲームに接近します。

　結果、彼の登場人物たちは、まるで機械のように、定型的構文により、必要なだけの意志を疎通します。その様子を伝える文体も、洒脱感覚や美文意識には関心を持たず、ただ説明に徹します。英米型の探偵小説に馴れた者たちには、それはまるで設計図をむき出しで見るような、唖然とする体験でした。

　喜怒哀楽を持つ人間であることをも棄て去り、電気信号の交錯によって関わり合う、ゲームの中枢部とも似た光景。こうした抽象的舞台劇は、犯人隠蔽のため、作者綾辻行人が探り当てた独自的な方法で、京都大学のミステリ研究会が伝統的に行っていた、犯人当てゲームの流れを汲むものでした。このゲームは決して聴衆に印刷物は配布せず、朗読だけで犯人当てを挑みます。瞬時に空中に消える言葉のみによるこの緊迫したやり取りにおいて、文章の流麗さや、会話の小粋さなどは、評価の対象になりません。

　綾辻氏案出のこの方法は、「人物記号化表現」と呼ばれ、この習作が彼のデビュー作であったために、意図した抽象性が表現力の未熟とか、単純に能力の稚拙と誤認されて激しい批判を呼びましたが、彼としては理由のあることでした。そしてまもなく登場するコンピューターゲーム内のＢｏｔの動きが、彼の作風による予告となっていたことが衆目を驚かせて、この作を名作の群れに押し入れることになります。また、まもなく世界を席巻する日本発のアニメも、綾辻流の内部世界を肯定する太い補助線となりました。

　今回、この不思議な仕掛けが醸す体験を、英語圏の読者にも紹介できることを、かつてこの作を世に紹介した者として、嬉しく思います。

　前段では長編小説の海外輸出について述べたが、自分は今回のプロジェクトのメインをむしろ短編の英米紹介においている。その媒体としては、ミステリー雑誌の老舗、「Ellery Queen Mystery Magazine」への掲載が理想的と考えている。

この雑誌へもルートができて、それは幸運にもパグマイア氏が現在の編集長、ジャネット・ハッチングス女史の友人であることから実現した。一点瑣末を述べると、先の『TDHM』巻頭解説文に、拙作短編のEQMM紹介は「Pの密室(The Locked House of Pythagoras)」一作のように言っているが、こののち「発狂する重役(The Executive Who Lost His Mind)」も、既掲載のリストに加わった。続いて二階堂黎人氏の「霧の悪魔」も掲載せんとして、先のウォン・ホーリン氏が英訳を終えたところである。

このプロジェクトにおいて自分は、有名無名を問わず、また老若も国籍も問わず、自身が世界に通じると信じるアジアの傑作短編を厳選してパグマイア氏に提示しようと意気込んでいたのだが、NYのカフェで彼と話し合い、それは第二次のプロジェクトとして先に送るのがよいと考え直した。

何故なら『TDHM』巻頭解説でも述べている通り、日本ミステリー史のビッグネーム、横溝正史氏でさえ、短編はまだ一作も英米に紹介されていない。高木彬光氏も鮎川哲也氏もまだである。これは異常なことというべきで、過去先人たちは、こうした仕事に熱心でなかった。

江戸川乱歩氏、松本清張氏の作品はなかなかに数多いが、大阪圭吉氏も、中井英夫氏もまだで、今月甲賀三郎氏の「蜘蛛」がようやくウォン・ホーリン氏の英訳で掲載される。これらビッグネームの代表短編をひと通り紹介してのちに、自身が考える世界レヴェルの突出作を、英米のマニアに問うのが順番というものであろう。

したがってこれからの当方は、まずこれらビッグネームたちの代表短編を選定し、ウォン・ホーリン氏やパグマイア氏に提示することになる。それらがひととおりすめば、新本格台頭以降の傑作発見に取りかかる。自身の創作や賞選考、映像制作への協力、講演依頼等に追われて近頃はきわめて忙しいのだが、好機を前にしてこれを見すごすことはできないから、なんとか時間を捻出するほかはないと覚悟をしている。

綾辻行人インタビュー

聞き手＝つずみ綾

『十角館の殺人』英訳版刊行とその反響

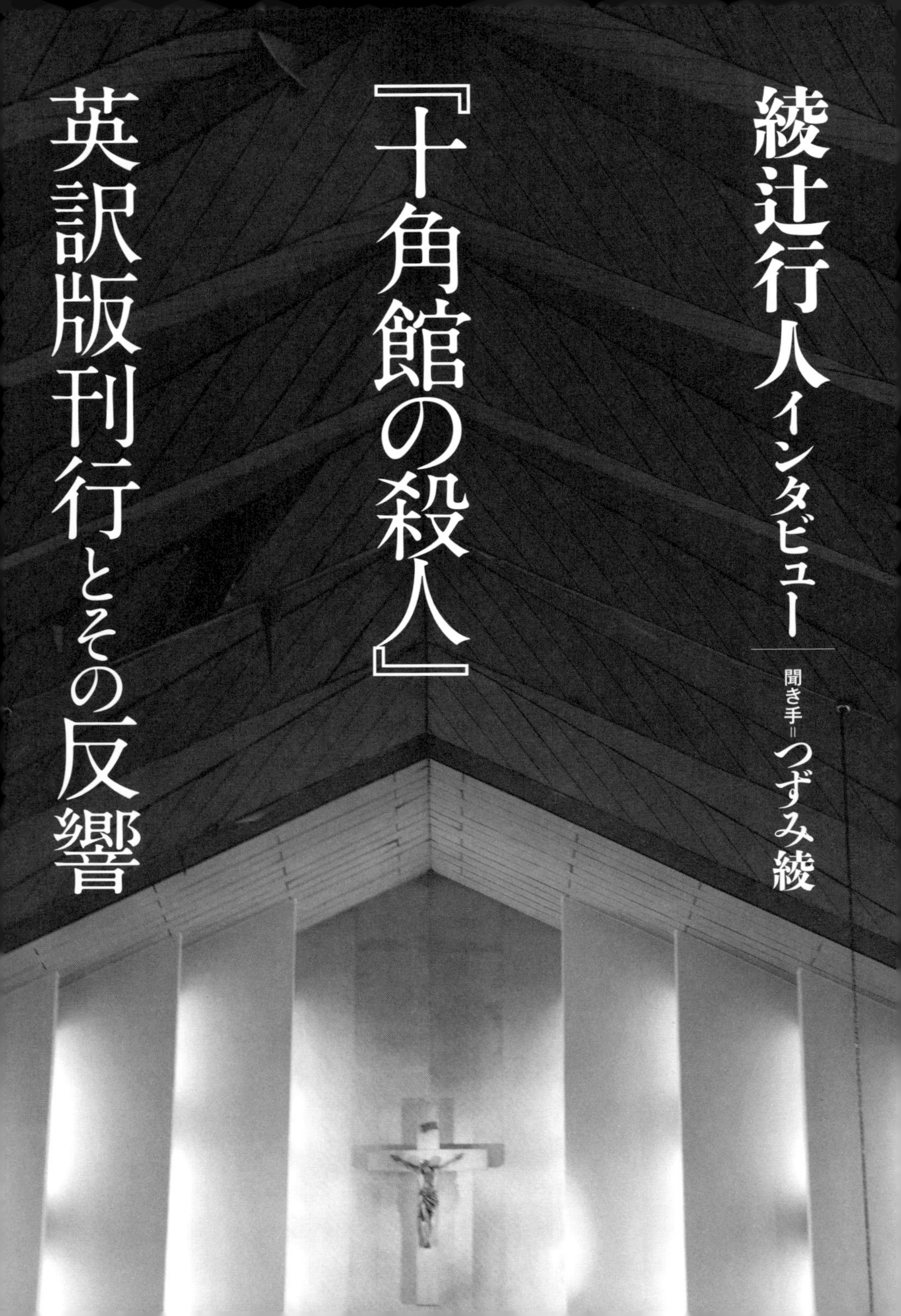

今年、綾辻行人氏の処女作『十角館の殺人』が〝The Decagon House Murders〟の題で英訳され、同書はワシントン・ポストでも紹介された。綾辻氏に翻訳をめぐるお話を伺った。

はじめに

つずみ　どうぞよろしくお願いいたします。今年、『十角館の殺人』がアメリカで翻訳刊行される前から話題になっていましたね。発売前から『パブリッシャーズ・ウィークリー』にレビューが掲載され、さらに発売の二カ月前には同誌にインタビューも掲載されていました。

綾辻　そうでしたね。これはそもそもジョン・パグマイア氏という、島田荘司さんと親交のあるアメリカ在住の編集者から、講談社を通して打診がきた話だったんです。僕はパグマイア氏とお会いしたことはありませんし、英語も得意じゃないので直接のやりとりはほとんどしていないのですが。アメリカのパズラーマニア、みたいな人なのかな。

つずみ　そうですね。アメリカのパズラーマニアで、英語圏のみならずフランスや日本や海外の現代のパズラーも英語圏に紹介していこうという方です。

綾辻　ポール・アルテ作品の英訳出版もしておられるとか？

つずみ　そうです。

綾辻　自分で英訳して、自分の出版社で出版しておられる。アメリカの島崎博さんみたいな方なんでしょうか（笑）。

つずみ　はい。雑誌『幻影城』で一時代を築いた島崎博さんのような方ですね。

綾辻　とにかくまあ、そのパグマイア氏から講談社に連絡があったわけです。『十角館』を英訳出版したい、と。でも、出版の規模が非常に小さい……初版部数とかね、ほとんど自費出版レベルのようだから、どうしたものか講談社の人とずいぶん相談して、結局はＯＫを出した。ここで英訳のテキストを作っておくのは悪くないだろうという考えに加えて、翻訳を担当してくれるのがウォン・ホーリンさんというオランダ人の若者で、たまたまこのホーリンさんとは知り合いだったので、彼だったら信頼して任せられるな、と。そういう偶然もあったんです。

　ホーリンさんは日本語も達者でメールのやりとりもしていたので、彼に間に入ってもらっていろいろと、『パブリッシャーズ・ウィークリー』のインタビューとか、その辺のものもお受けしたんですよ。

つずみ　そこに掲載されたレビューも、簡潔に内容を紹介していてまさに指針になるものでしたね。また、レビューとは別に、その後載ったインタビューでは、より綾辻先生の作風の本質に踏み込もうとしている印象を受けました。

綾辻　メールで質問が来て、それにお答えする、という形のインタビューだったんですが、そうですね、わりと踏み込んだ質問がありましたね。ホーリンさんが質問の英語を日本語に訳して送ってくれて、僕が日本語で答えた文章をまた英語に訳して戻してくれる、という形だったので、大変にやりやすかったです。

英訳について

つずみ　この翻訳の話が立ち上がってから出版に至るまで、一年もかかっていませんね。

綾辻　早かったですねえ。ちょっともう記憶が定かじゃないんですが（苦笑）……今年の初めくらいにＯＫを出して、半年でもう本が出たんじゃなかったかな。

つずみ　ホーリンさんはいっとき、京大推理小説研究会にも所属しておられたと聞きます。そのホーリンさんが翻訳者に抜擢されたというのは、パグマイアさんからの？

綾辻　詳しい経緯は知らないんですが、何かつながりができていたんですね。僕がホーリンさんとお会いしたのも一度だけだったし。

つずみ　そうなんですか。

綾辻　ホーリンさんはもともと香港系のオランダ人で、オランダのライデン大学で日本学を専攻していたそうなんですね。それで大学院生のころ、論文を書くためもあって京都大学の文学部に留学することになった。その留学期間中、京大ミステリ研にも入っていたという強者で。オランダ語、英語、日本語に堪能で、『十角館の殺人』も日本語で読んで衝撃を受けたのだ、と聞きます。

その彼に何年か前、ミステリ研の飲み会に呼ばれてちらっと顔を出したときに挨拶されたわけです。留学から戻ったら学位論文を書かねばならないというから、「論文のテーマは何？」と訊いてみたら、「初期新本格です」という答えで（笑）。同じ飲み会のテーブルに我孫子武丸さんと麻耶雄嵩さんもいたりしたから、「初期新本格って、まさにここにいる我々じゃないですか（笑）」と盛り上がったものでしたね。まあ、あのときはびっくりしたし、嬉しかったけれども何だか不思議な感じでした。

そんなことが数年前にあって、その後ホーリンさんは母国に帰って論文を書き上げて、その論文も送ってくださったんですよ。〝Detecting the formula of the New Authentic School of Japanese detective fiction〟というタイトルの論文でした。――と、そこまでは知っていたんですが、さらにそのあと、どのようにしてパグマイア氏とつながっていったのかは知りません。

という次第だったので、これはなかなか運命的なものを感じるご縁でもあったから、ホーリンさんが翻訳をしてくださるというのならＯＫを出そう、と決めたわけでした。結果、良かったようですね。アメリカでの書評を見てみても、必ず「訳文が良い」と評価されていますから。

翻訳に際して何か注文ありますか？　という質問も受けたんですよ。それに対しては、「あなたが最初に読んだときに『面白い』と感じた、それを大事にして訳してくださいね」とお願いしました。

つずみ　人となりが分かっている方に翻訳してもらえたのは、やっぱり良かったかもしれませんね。

綾辻　本当にそう思います。直接お会いして喋ったのは三十分くらいのものだったけど、その後はメールのやりとりもあったし、好青年で大変に優秀な人であるということは分かっていましたから。――にしても、「初期新本格」に関して論文を書くために、わざわざ京大に留学してミステリ研にまで入ろうなんて考えるのは、たぶん世界でも彼一人だけですよ（笑）。逸材、としか云いようがないですね。

フランスとの関係

綾辻　英訳の表紙の素材（満月）に関してはポール・アルテさんが素材を探して提供してくださったという噂を聞いたんですが、本当なんでしょうか？

つずみ　パグマイアさんが建物の画像を探し、ポール・アルテさんが月を合成したそうです。

綾辻　そういえば、『十角館』はフランス語版も出ていましたね。

つずみ　はい。二〇〇九年です。残念ながら絶版でアルテさんは入手できなかったそうなのですが。フランス語訳のときはまた別の経緯でということだったのですか。

綾辻　いや。基本的に海外翻訳についてのあれこれは版元の講談社にお任せしているので、フランス語訳のオファーが来たときも、「はい、どうぞ」とお返事しただけで（笑）。どういう人が訳してくれたのかも、版元がどんな出版社なのかも、僕はちゃんと把握していなかったりします。

今回の英訳版のように、翻訳者と直接のやりとりをするなんていうのは、非常に特殊なケースでしょうね。普通はそういうとき、作家は表に立ちませんし。すべて版元にお任せということにしてますから。だからほんと、今回は特殊ケースだったんです。

ワシントン・ポスト掲載の書評について

つずみ　英訳版刊行後に、七月十六日付けのワシントン・ポストにも書評が掲載されていますね。

撮影：編集部

綾辻　はい。

つずみ　そのレビューでは、評価が高かったですね。島田先生の序文の紹介もありまして、日本の本格の歴史はたとえば二十世紀初頭にはじまった英米の犯人当てから来ているが、その後、五十年代、六十年代になると心理学的なアプローチに焦点をあてた作品が増えたために、本格が追いやられたなど丁寧に日本ミステリーの歴史の流れを紹介していました。

綾辻　ワシントン・ポストに書評が載るというのはおめでたいことだそうで、パグマイア氏が実物を送ってくださいました。たとえば日本の新聞の日曜版みたいな、本紙に挟み込まれている付録的な紙面でしたが。

つずみ　文化についての記事をまとめたような。本とか映画とか。

綾辻　ああ、そういうものです。それでもまあ、そこに書評が載るというのは快挙だそうで……素直に嬉しかったですね。その後、『EQMM』にも書評が載って、どれもおおむね好評のようだったから、やっぱりとても嬉しかったです。

今後の英訳の展望

つずみ　これを受けて、ほかの作品も英訳をというオファーみたいなものは？

綾辻　僕はすでに『Another』が英訳されているんです。最初はKindleだけで出て、売れ行きがなかなか良かったので紙のハードバックでも出て、という展開でした。『Another』についてはしかし、日本のラノベをメインに紹介するようなレーベルがあって、そこからの出版だったんです。アニメ化やマンガ化もされてるから、それらとセットで、みたいな感じなのかもしれませんね（笑）。

今回のように、『十角館の殺人』というちょっと特殊な作品……特殊というか、日本のミステリー史を語るうえで一つのメルクマールになっているような作品がこうして紹介されるというのは、画期的だったのではないかと思います。まあこれも、先行して島田さんの〝The Tokyo Zodiac murders〟があったがゆえの展開だったわけですから、先駆者としての島田さんという存在はやはり大きいです。

つずみ　ここからまたどんどんいろいろな作品が英訳されていくというのは。

綾辻　そうなれば楽しいですね。新本格というジャンルに限らなければ、それこそ桐野夏生さんとか東野圭吾さんとか、日本ミステリーの英訳が注目されることもけっこうあるようですけれど。

つずみ　桐野さんの『OUT』は二〇〇四年のエドガー賞の候補になっていますね。

綾辻　なので、近年では決して日本ミステリーの英訳出版も珍しくなくなってきています。しかしそれでも、『十角館』をはじめとする「新本格」というのはかなり特殊なサブジャンルですから、それが今回のように訳出されて評価もされるというのは、大いに意味があることだと思います。

僕はほとんど関わっていないんですけど、短編のプロジェクトもあるんですよね。

つずみ　ああ、はい。

綾辻　『EQMM』に日本の本格短編を次々に紹介していこう、という。去年の夏、島田さんとお会いしたときにその話をお聞きして、「綾辻さんの短編、何かないですか」と訊かれたんです。でも僕、あまり短編の本格ミステリーは書いていないので、何ともお答えできなかったんですよね。「どんどん橋、落ちた」を英訳したところで意味ないよなあ、とか思って（笑）。

英訳『十角館の殺人』の好評の背景

綾辻　ワシントン・ポストや『EQMM』のレビュー以外にも、どうも海外のパズラーファンのホームページにレビューが出ているという情報を知らされて、ちょっと覗きにいってみたりもしたんですが。やっぱりいるんですね、国を問わず、黄金期のフーダニットなんかが大好きなパズラーマニアが（笑）。

つずみ　そのようですね。書評を見ていると、アメリカのミステリーマニアの方も、好みの傾向は日本と似ているのだなとすごく感じます。たとえば読んでいたら、「僕は中学生のときにクリスティに出会って大ファンになったんだ。『そして誰もいなくなった』はマイベストだったんだけれど、綾辻行人のこの作品は素晴らしいぞ。ポール・アルテの密室ものとちょっと似ているかなと思ったけれど、比べると『十角館』のほうが完成度が高い」などというコメントも読みました。

綾辻　ありがたい感想です。

つずみ　そういえば、面白かったのですが、英訳の感想を書いているブログがあって、そこのコメント欄に、翻訳者のホーリンさんが「ありがとう」と書き込まれてましたね。

綾辻　あ、それは見かけましたよ、僕も。今回、英訳されてみて感じたのは、『十角館』という作品は全体として、クリスティの『そして誰もいなくなった』へのオマージュになっているでしょ。「孤島の連続殺人」というあの設定を使って、そこで新たに何ができるかというチャレンジでもあったわけで、そういうところが英米の読者にも分かりやすい、アピールしやすいんでしょうね。クリスティのあの傑作に挑みつつ新たな局面を切り開いていると、そういう評価のされ方はまさに望むところですので。

　その辺で、期せずしてというのかな、親本を発表してからもう二十八年になるわけですけれど、ここにきて不思議な巡り合わせを感じますね。まさかこれが将来、英訳されて英米の読者が読むことになるなんて、書いた当時はまったく夢にも思っていなかったから。

　執筆当時は、大学のミステリークラブの学生がお互いを「エラリイ」だとか「アガサ」だとか呼び合っているのが非常に不自然で、そんな学生がいるわけがないだろ、と自分で突っ込みを入れながら書いていたわけです。本が出たときも、主に大学ミス研出身の書評家の皆さんからお叱りを……というか、まあ、実際のミス研を知っていると、「こんなことがあるかよ」みたいな感じで、生理的に気持ちが悪かったんでしょうね。そういうところで反感を買ったところもあったと思います。

　けれども、そこはかなり確信犯的にやったことだったし、結果として、発表後十年足らずでパソコン通信なんかが普及して、オフ会で変なハンドルネームで呼び合うけれども互いの本名は知らない、という事態がリアルになってしまった。『十角館』のあの設定も、そんなに不自然なものじゃなくなってしまったんですね。だから今の若い人が読むと、その部分については昔ほど違和感がないわけです。

つずみ　ええ、ないですね。

綾辻　――という不思議な巡り合わせの多い作品なんだけれども、執筆から刊行までの間に、作中のミステリ研の学生がどんなペンネームでお互いを呼び合っているか、という点については変更する余地があったんですね。変更とはつまり、「エラリイ」とか「アガサ」とかじゃなくて、もっと普通の、オリジナルの日本人のペンネームを作ってしまう、というやり方です。そのほうがやっぱり、「エラリイ」「アガサ」よりもナチュラルじゃないですか。

　そのように変更してしまうか、それとも「エラリイ」「アガサ」のままでいくか、というところでひとつ、決断しなければならなかったんですね。でもやっぱり、この作品はそもそも黄金時代のミステリーへのオマージュだし、『そして誰もいなくなった』だし……ここは不自然であろうが何であろうが、「エラリイ」「アガサ」「カー」……だよな、という選択をしたわけです。あと、そういう名前を使うと分かりやすいだろう、という考えもあった。

つずみ オリジナルのペンネームを作ると分かりにくくなりますね。

綾辻 そう。いきなり学生が大勢出てきて話をしている場面から始まるけど、そこで要領よく学生たちを描き分けるのは技術的に難しいし、当時まだそんな力量もなかったし。だからいっそ、分かりやすい既存の有名作家の名前を使って人物を記号化してしまったほうがいいだろう、そのほうが読者も入りやすいだろう、という計算もあったんだと思います。

それが、二十八年たって英訳されて向こうで紹介されるとなると、期せずしてとても内容を紹介しやすい、向こうの読者にも分かりやすい、という効用につながってしまったわけです。日本人の学生がたくさん出てきても、そこで呼び合う名前が「エラリイ」だったり「アガサ」だったりすると、向こうの読者的にも分かりやすいじゃないですか。書評なんかでも紹介しやすいし、ね。何とも不思議な巡り合わせというか、展開だなあ、と感じ入りますね。

パグマイア氏との交流

綾辻 にしても、パグマイア氏という人は本当にマニアなんですよね。僕は英語がほとんどできないことにしてあるのですが、それでもときどき、彼から直接のメールが来るんです。書評が出たりすると、「おめでとう」とメールしてきてくださる。

そんなパグマイア氏が自分で本を出版したときの儀式みたいなものがあって、英訳版の本が完成したとき、まず僕に三冊の本が送られてきたんですね。この三冊全部にパグマイア氏のサインがしてある。このうちの二冊に僕がサインを書き加えて、一冊はパグマイア氏に、一冊は翻訳者のホーリンさんに送るように、という指令があって(笑)。

つずみ 契約書みたいですね。

綾辻 コレクターなんですよね(笑)。自分が関わった本にはそういうサインを集めるという。法月綸太郎さんも、『EQMM』に短編が載ったとき、間にパグマイア氏が入っていたらしくて、同じようなサイン交換をさせられたと言ってましたから。こういうマニア気質というのは万国共通なんだなあと。

つずみ 保存用なわけですね。

綾辻 ですね。自分の出版社で出した本なのに……いや、だからこそ愛着があるのかなあ(笑)。

つずみ パグマイア氏の書棚にサイン交換本がたくさん並んでいるのかなと思うと、楽しいですね。

本日はいろいろと興味深いお話を聞かせていただき、どうもありがとうございました。

(一〇月一三日:京都にて)

※このインタビューが行なわれたのち、『パブリッシャーズ・ウィークリー』誌で「二〇一五年のベストブック」が発表されたのだが、その「ミステリー部門」のベスト10(順位付けは無し)に、〝The Decagon House Murders〟が選出されている。

翻訳とＨＯＮＫＡＫＵ

ウォン・ホーリン

「Ｍａｎｇａ」や「Ａｎｉｍｅ」などという日本語が既に世界中に広まっているのは、周知の事であろう。今オランダの本屋に寄っても、当たり前のように「Ｍａｎｇａ」という文字を見かける事がある。日本漫画の普及の原因の一つとしては、「Ｍａｎｇａ」という言葉の存在自体も挙げられるのではないか。このタイトルやあのタイトルと別々に認知するのではなく、一つの名を持つグループとして認識する事は大事で、覚えやすい。「漫画」を意味するオランダ語や英語はもちろん存在するが、「Ｍａｎｇａ」という言葉には、「日本産」や、「欧州伝統のコミックと異なる作風」など、色々な意味合いが含まれている。つまり、「Ｍａｎｇａ」は元々の「漫画」とは同じような、そうでないような言葉である。

初めて「Ｍａｎｇａ」という単語を聞いたのがいつなのかは覚えていないが、初めて「本格」と「新本格」を聞いた時はハッキリと覚えている。それは二〇〇八年、法月綸太郎の『都市伝説パズル』の英訳「An Urban Legend Puzzle」に付いていた紹介文を読んだ時だった。「新本格」は「New Traditionalist」と訳されていた。それ以外に、「本格」という言葉は「Orthodox」や「Authentic」と翻訳される事も多いが、去年から様々な方面で日本の本格推理を「Ｈｏｎｋａｋｕ」として世界中に広める動きが始まった。「Ｍａｎｇａ」の普及を思うと、「Ｈｏｎｋａｋｕ」というたったの七文字にも偉大なる可能性が感じられる。

「Ｈｏｎｋａｋｕ」を世界に送り出す動きの一環として、私は色々と翻訳させていただいたのだが、今年の一番大きなプロジェクトは、二〇一五年六月、「Locked Room International」という小出版社から出版された、綾辻行人の『十角館の殺人』の英語版『The Decagon House Murders』である。

出版者のジョン・パグマイアは以前から「Ｈｏｎｋａｋｕ」の海外進出に力を入れたい意欲があり、『十角館の殺人』をチャンスと見ていた。

私は新本格の誕生を本場にてリアルタイムで目撃したわけでもないし、そもそも日本の本格推理に興味を持つようになったのは比較的最近の事だが、『十角館の殺人』がもたらした影響はある程度解っているつもりである。だから翻訳家としてではなく、一介の「本格ファン」としては「もし、『十角館の殺人』が欧米のミステリー界でもGame Changer（大きな変革をもたらす存在）となって、欧米本格に新しい風を吹かせてくれれば」と願いを抱いていた。一方、それが不安の種にもなった。『十角館の殺人』の英語版の評価が思い通りに行かなかったのなら、「Ｈｏｎｋａｋｕ」の今後の発展はどうなるだろう、と。『十角館の殺人』の英語版とこれからの「Ｈｏｎｋａｋｕ」の行方が深く絡んでいるように感じた。

翻訳の事が決まって間もなく綾辻氏に連絡しところ、『十角館の殺人』を読んで感じた面白さを英語で読んでいる方にうまく伝えてくだされば、と言ってくださった。当然といえば当然だが、実はその一言ではかなり助かった。「Ｈｏｎｋａｋｕ」やら、「新本格」やら、『十角館の殺人』を巡る「大きいコンテクスト」は一旦置いて、小説の面白さを伝える事だけに専念出来た。『十角館の殺人』を初めて読んだのは、二〇一一年だが、真相が解った瞬間に感じたショックを今でも鮮明に覚えている。そのショックを頭に蘇らせながら、私は翻訳作業を始めた。小説の面白さをうまく伝える事が出来たら、「Ｈｏｎｋａｋｕ」の発展も付いてくる、と信じていた。『The Decagon House Murders』の評判は幸いとても良かった。英語版には『十角館の殺人』の歴史的な意味や「Ｈｏｎｋａｋｕ」という単語の説明などに触れる、島田荘司の序文も付いている。米紙『ワシントン・ポスト』のレビューでは「Ｈｏｎｋａｋｕ」という言葉が紹介され、『The Decagon Hosue Murders』が絶賛されたのだが、これでまさに「Ｈｏｎｋａｋｕ」の海外進出のチャンスが窺える。

ここでも「Ｍａｎｇａ」の前例を思い出した。オランダを例に挙げると、「Ｍａｎｇａ」や「Ａｎｉｍｅ」が明らかに社会に浸透し始めた時期は、ハッキリしている。それは『ドラゴンボールＺ』や『ポケットモンスター』の放送の後だった。日本でも大人気の作品はここでもブームとなり、それをきっかけに多くの人は「Ｍａｎｇａ」や「Ａｎｉｍｅ」に興味を持つようになった。つまり、一つの作品が成功したら、その後が続いていく可能性が多いにある。

「ジャパニーズ・本格」を世界に紹介するのには、『十角館の殺人』ほど相応しい作品はないと思う。なぜなら、登場人物は欧米のミステリーファンに「聞き覚えのある」名前を持っているからだ。アガサ、カー、エラリイ、それらの名前と彼らの作品は「Ｈｏｎｋａｋｕ」という単語のどんな定義よりも解りやすい。また、登場人物が殺される間、お寺の三男で神秘的な「ジャパニーズ要素」たっぷりの素人探偵が見せる活躍ぶり（?）も海外の人にとって魅力的であろう。

少々余談になるが、『十角館の殺人』ではエラリイが謎々を出すシーンがある。それを英語版では同じような答えになる英語の謎々に変えた。「Ｈｏｎｋａｋｕ」ではフェア・プレイが大事なので、小さな謎でも、出来るだけフェアで行きたいという考えだった。また、『十角館の殺人』ではとある有名な一行がある。あれは文法的に極めて単純な文で、単純さゆえに翻訳の仕方もそれほど多くないはずだが、実はその文を英訳する時には色々試してみて、長い間悩んだ覚えがある。

『The Decagon House Murders』の発売以来、「Ｈｏｎｋａｋｕ」という単語は推理小説に関する英語のブログなどに見かけられるようになったが、やはりより多くの人に認識してもらうには、これからももっと「Ｈｏｎｋａｋｕ」を出してほしい。二〇一五年九月に島田荘司の『占星術殺人事件』の英語版『The Tokyo Zodiac Murders』が再出版され、米国『ＥＱＭＭ』の二〇一五年一二月号にも私が英訳した甲賀三郎の短編「蜘蛛」（「Ｔｈｅ Ｓｐｉｄｅｒ」）が掲載されるが、それらの作品が欧米の読者に「Ｈｏｎｋａｋｕ」として認知、認識されるとうれしい。今は読者にいちいち「これがＭａｎｇａだ」といわなくてもいい時代となったが、「Ｈｏｎｋａｋｕ」にもいつかそういう時代がくればと思う。しかし、その時が来るまでは、やはりこれから英訳される本格推理にも、「Ｈｏｎｋａｋｕ」という言葉を沢山使ってほしい。

最後に「Ｈｏｎｋａｋｕ」のさらなる可能性について少しだけ述べさせていただくと、ここまで何回も述べた「Ｍａｎｇａ」や「Ａｎｉｍｅ」に目を向けたい。この三、四年、アニメや漫画の人気が驚くほど高まったので、海外版の出版も非常に早くなってきた。アニメとなると、日本と「ほぼ」同時配信するサイトもある。その中には、もちろん本格推理モノも含まれていて、多くの人に視聴されている。例えば、今期放送中のテレビアニメ『金田一少年の事件簿Ｒ』や『すべてがＦになる The Perfect Insider』はオランダでは、日本での放送が終わった後すぐに『Crunchy Roll』という動画配信サイトで視聴出来る。両作とも評判は良かったようだが、多くの視聴者がそれらの作品を「Ｈｏｎｋａｋｕ」と認知しない事はとても残念だと思う。「Ｈｏｎｋａｋｕ」をクロス・メディア的な概念として扱い、小説だけではなく、漫画、アニメ、ゲームといった「Cool Japan」的な媒体をも考慮せねばならない。そこには見逃せないチャンスがある。

日本作家の英米進出の現状と「HONKAKU」

松川良宏

昨年は「日本作家の英米進出の夢と『EQMM』誌」という記事を寄稿させていただいた。締め切りは十一月初旬だったのだが、原稿の提出後、日本ミステリーの英語圏での受容に関する大ニュースが翌月にかけて続けざまに入ってきた。少々時間が経ってしまっているが、まずはその辺りを紹介しておきたい。昨年（二〇一四年）十一月末〜十二月のトピックとは次の三つである。

（一）東野圭吾『悪意』、英国紙で年間ミステリーベスト5
（二）湊かなえ『告白』、米国紙で年間ミステリーベスト10
（三）中村文則、米国のミステリー雑誌の表紙を飾る

東野圭吾は二〇〇四年に『秘密』が英訳出版されたのが英語圏進出の最初の一歩だったが、このときはあまり大きな話題にならなかったようだ。その後、二〇一一年に大手出版社から『容疑者Xの献身』（ガリレオシリーズの第一長編）が英訳出版されると一躍注目の作家となり、同作は翌二〇一二年、エドガー賞最優秀長編賞にノミネートされた。続いてガリレオシリーズ第二長編『聖女の救済』が英訳出版され、二〇一四年には加賀恭一郎シリーズの『悪意』が英米で出版された。その『悪意』が昨年十一月末、英国『フィナンシャル・タイムズ』紙で二〇一四年のミステリーベスト5の一冊に選出されたのである。選者はイギリスのミステリー評論家、バリー・フォーショー。また同作は二〇一五年二月にはオーディオブックを対象とするアメリカの賞、オーディー賞（Audie Award）ミステリー部門の最終候補六作にも選出されている。

二〇一五年十月には『白夜行』が英訳出版され、来年にはガリレオシリーズ第三長編『真夏の方程式』が英訳出版の予定である。なお、東野作品の英訳は『秘密』を除いて、すべて日英翻訳家のアレクサンダー・O・スミスが手掛けている。

東野圭吾と、二〇〇四年に英訳版『OUT』（スティーヴン・スナイダー訳）で日本人初のエドガー賞最優秀長編賞ノミ

ネート者となった桐野夏生が欧米では現代日本を代表する二大ミステリー作家と見られているといってよいだろう。桐野夏生はミステリー長編では『ＯＵＴ』のほかに『グロテスク』と『リアルワールド』が英訳出版されている。

　桐野夏生と東野圭吾に続いて、最近欧米で名を上げつつあるのが湊かなえと中村文則である。湊かなえの初の英訳書『告白』（スティーヴン・スナイダー訳）は二〇一四年八月に出版され、十二月には米国『ウォール・ストリート・ジャーナル』紙で二〇一四年のミステリーベスト10の一冊に選出された。同作の評価はそれだけにとどまらず、二〇一五年二月には全米図書館協会がヤングアダルト世代に薦めたい一般書に贈るアレックス賞を受賞し、さらにアメリカのストランド・マガジン批評家賞最優秀新人賞と、心理サスペンスやホラー、ダーク・ファンタジーを対象とするシャーリイ・ジャクスン賞（長編部門）にノミネートされた。また、二〇一五年五月には『告白』の仏訳版も出版され、こちらはフランス推理小説大賞（翻訳作品部門）にノミネートされた。日本の作品が同賞にノミネートされるのは筆者の把握している限りで五年ぶり二度目のことである（二〇一〇年に島田荘司『占星術殺人事件』の仏訳版がノミネートされている）。今後欧米では湊かなえの別の作品の翻訳出版も予定されているという。

　中村文則は日本ではあまりミステリーの文脈で捉えられることのなかった作家だが、アメリカで二〇一二年に『掏摸《スリ》』、二〇一三年に『悪と仮面のルール』がミステリー（クライム・フィクション）として刊行されたこともあり、欧米では日本の新進気鋭のミステリー作家の一人とみなされている（英訳はどちらもサトコ・イズモ、スティーヴン・コーツ共訳）。『掏摸』はロサンゼルス・タイムズ文学賞ミステリー・スリラー部門の最終候補五作にも選出された。二作品の英訳版の刊行後、二〇一四年には優れたノワール作家に贈られるアメリカのデイヴィッド・グディス賞を受賞し、中村文則は英語圏のミステリー賞を受賞した最初の日本人作家となっている。この賞は二〇〇八年から隔年で授与されているもので、過去の受賞者は順にケン・ブルーエン、ジョージ・ペレケーノス、ローレンス・ブロックである。その後、作者自身が初めて明確にミステリーを意識して書いたと述べている『去年の冬、きみと別れ』が二〇一四年十月に英訳出版され（アリソン・マーキン・パウエル訳）、そして二〇一四年十二月、アメリカのミステリー雑誌『ミステリー・シーン』（Mystery Scene）一三七号（二〇一四年ホリデイ号）の表紙を中村文則の写真が飾ることになったのである。『ミステリー・シーン』は一九八五年創刊で年五回刊行。この前号の表紙はルイーズ・ペニーで、前々号はベン・H・ウィンタースだった。中村文則は今後、『銃』や『教団X』の英訳出版も予定されている。

二〇一五年に英訳版が出版された日本のミステリーは東野圭吾『白夜行』のほかにも数点あるが、やはり一番のトピックは、綾辻行人『十角館の殺人』が初めて英訳出版され、島田荘司『占星術殺人事件』の英訳改訂版がイギリスの出版社から刊行されたことだろう。『十角館の殺人』（一九八七）はいうまでもなく、新本格ミステリー・ムーヴメントの起点となった作品であり、『占星術殺人事件』（一九八一）はその来たるべき新本格の時代を準備した作品の一つである。

　本格ミステリ作家クラブ会長の法月綸太郎は、昨年十二月刊行の『２０１５本格ミステリ・ベスト10』に寄せたコラムで、「honkaku」という言葉が米国『エラリー・クイーンズ・ミステリー・マガジン』（ＥＱＭＭ）のブログで紹介されたことに言及し、『近い将来、二〇一四年は「Honkaku 元年」と呼ばれるようになるかもしれません』と述べている（なお、そのブログ記事の執筆者はミステリー評論家・仏文翻訳家のジョン・パグマイアであり、その記事の改稿版が昨年の『本格ミステリー・ワールド』に翻訳掲載されている）。今年一年の動向を見ていると、確かに二〇一四年を「元年」として、「ＨＯＮＫＡＫＵ」の時代は順調な滑り出しを見せたように思われる。綾辻行人『十角館の殺人』の英訳版（ウォン・ホーリン訳）は今年六月、ジョン・パグマイアが運営する「Locked Room International」（ＬＲＩ社）から刊行された。同社はパグマイアがフランスのポール・アルテの作品を英訳出版するために設立した小出版社だが、英訳版『十角館の殺人』は米国『パブリッシャーズ・ウィークリー』誌により「Best Summer Books 2015」のミステリー部門の一冊に選ばれるなど当初から高い評価を受け、同誌には作者インタビューも掲載された。また、七月には米国『ワシントン・ポスト』紙で、ピューリッツァー賞も受賞した高名な文芸評論家、マイケル・ディルダが『十角館の殺人』を絶賛。彼は記事中で「honkaku」という言葉の意味や日本での歴史を紹介し、「もっと多くの『ホンカク』に出会えることを心待ちにしている」（I myself look forward to discovering more “honkaku”）と述べている。英訳版『十角館の殺人』には日本の「honkaku」の歴史を紹介した島田荘司による丁寧な巻頭解説文が収録されており、その解説文と『十角館の殺人』という作品の持つ力により、日本のミステリーに「本格」というサブジャンルがあることは予想以上に広く知られるようになった。また、『ワシントン・ポスト』紙にレビューが載ったのとほぼ同じころ、本格ミステリ作家クラブ（英称：Honkaku Mystery Writers Club of Japan）が公式サイト内に英文ページを新たに設置し、「本格」とは何かを説明する法月会長の挨拶文などを掲載している。こういった動きも、英語圏への「honkaku」という言葉の普及を後押ししたといえるだろう。八月には米国の週刊誌『ウィークリー・スタンダード』のオンライン記事「The New Orthodox Art of Murder」でも日本の「本格」小史や本格ミステリ作家クラブの活動が紹介された。

本稿の締め切り間際になって朗報が入ってきた。英訳版『十角館の殺人』が米国『パブリッシャーズ・ウィークリー』誌により二〇一五年のミステリーベスト10の一冊に選ばれたのである（今年はたまたま十冊だったが、例年十冊前後が選出される）。東野圭吾や湊かなえ、中村文則の著作の英訳版と異なり、『十角館の殺人』はアメリカの小出版社からごく小部数で刊行された。それがこのように年間ベストの一冊にまで選ばれるとは、まさしく快挙といえるだろう。こうなるとLRI社からのさらなる「honkaku」の英訳に期待が掛かるが、実際LRI社は次に有栖川有栖『孤島パズル』の英訳出版を予定しており、また実現の可能性は未知数だが、大阪圭吉、山田風太郎の英訳単行本の刊行も検討しているという。

『占星術殺人事件』は二〇〇四年に日本の小出版社から英訳版が刊行され（ロス&シカ・マッケンジー訳）、二〇〇五年からは北米でも流通するようになっていたが、近年は品切れとなり英米のネット書店で古書価が高騰していた。その改訂版は当初は『十角館の殺人』と同じLRI社から刊行される予定だったが、イギリスのプーシキン社から声が掛かり、二〇一五年九月創刊の新レーベル「Pushkin Vertigo」の創刊ラインナップ四点に入ることとなった。そのような経緯から、今回の改訂版には編集者としてパグマイアの名が明記されており、巻末でLRI社のことも紹介されている。「Pushkin Vertigo」は世界の古典的名作ミステリー（主に一九二〇～七〇年代の作品）の英訳出版を旨とするレーベルで、創刊ラインナップのほかの三点はフランスのボアロー&ナルスジャック『めまい』（別題：死者の中から）、オーストリアのレオ・ペルッツ『最後の審判の巨匠』、イタリアのピエロ・キアラ『ジュリア夫人の失踪』（邦訳なし）。このうちの『めまい』（英題*Vertigo*）がレーベル名の由来になったと思われる。同レーベルからは続いて十一月にボアロー&ナルスジャック『悪魔のような女』、オーストリアのアレクサンダー・レルネット＝ホレーニア『姿なき殺人者』（『探偵倶楽部』一九五四年一月号に訳載）が刊行された。島田荘司は来年二月のイベントに招かれ、プロモーションも兼ねてロンドン等を訪れるという。なお、プーシキン社版『占星術殺人事件』の巻末の紹介文でも「honkaku」という言葉が使用されている。

島田荘司とジョン・パグマイアが組んで、米国『EQMM』に日本の本格短編を次々と紹介していくというEQMMプロジェクトでは、今年は八月号に島田荘司「発狂する重役」（辛島デイヴィッド訳）、十二月号に甲賀三郎「蜘蛛」（ウォン・

ホーリン訳）がそれぞれ英訳掲載された。また今後、大阪圭吉「寒《かん》の夜晴《よば》れ」の掲載も決まっており、二階堂黎人「霧の悪魔」の掲載の可能性もあるという。昨年、同プロジェクトでの英訳候補作には江戸川乱歩の本格短編「何者」も入っていると書いたが、乱歩作品の掲載はまだ叶っていない。

　ＥＱＭＭプロジェクトやＬＲＩ社の出版活動などにより、「honkaku」という言葉の英語圏での認知度はさらに上昇していくだろう。ただ、そこからさらに、フランス語由来の「ノワール」（noir）という言葉がミステリーのあるサブジャンルを指す外来語として日本語や英語のなかで使われているように、「honkaku」がその種の作品を指す外来語として英語圏で広く使われるようになるかというと、それはまた一つレベルの違う話ではある。しかし、『十角館の殺人』への好意的な書評群などを見ていると、本格ミステリ作家クラブの初代会長である有栖川有栖が二〇〇一年六月の総会で述べた、いつか「honkaku」をウェブスターの辞書に——というのも、決して単なる夢ではないのではないかと思えてくる。

　二〇一五年に英訳出版された日本ミステリーにはほかに桜庭一樹『赤朽葉家の伝説』、沼田まほかる『ユリゴコロ』、乙一『ＧＯＴＨ』（短編を追加収録しての復刊）がある。また電子書籍のみで英訳出版されたものとしては、宮部みゆき『模倣犯』（五分冊・刊行中）、京極夏彦『巷説百物語』（収録七短編を七分冊にして刊行中）、後藤均『写本室《スクリプトリウム》の迷宮』などがある。今後英訳出版が予定されているものには、すでに挙げた作品のほか、木内一裕『藁の楯』、横山秀夫『64（ロクヨン）』、綾辻行人『Another エピソードS』などがある。

昨年の記事の末尾に付した「米国『エラリー・クイーンズ・ミステリー・マガジン』掲載日本作品リスト」について三門優祐氏より、一九六七年十月号掲載の谷崎潤一郎「私」が漏れているとのご指摘をいただいた。三門氏も現物で確認なさったわけではないとのことだったので、昨年のリスト作成時と同様、宮澤洋司氏に現物（のスキャン画像）を見せていただき、確かにその号に谷崎潤一郎「私」の英訳〝The Thief〟が掲載されていることを確認した。米国『ＥＱＭＭ』一九七九年六月号に松本清張「地方紙を買う女」が英訳掲載された際、光文社『ＥＱ』同年九月号に関連記事が載っており、そこに「日本の作品が収録されたのはこれが初めて」などとある。それを鵜呑みにしてしまっていたのだが、この『ＥＱ』の記述は誤りだったことになる。リストだけではなく昨年の記事中でも、米国『ＥＱＭＭ』に載った最初の日本作品は松本清張「地方紙を買う女」だと書いてしまったが、正しくは谷崎潤一郎「私」であった。確認不足をお詫びし、訂正させていただく。

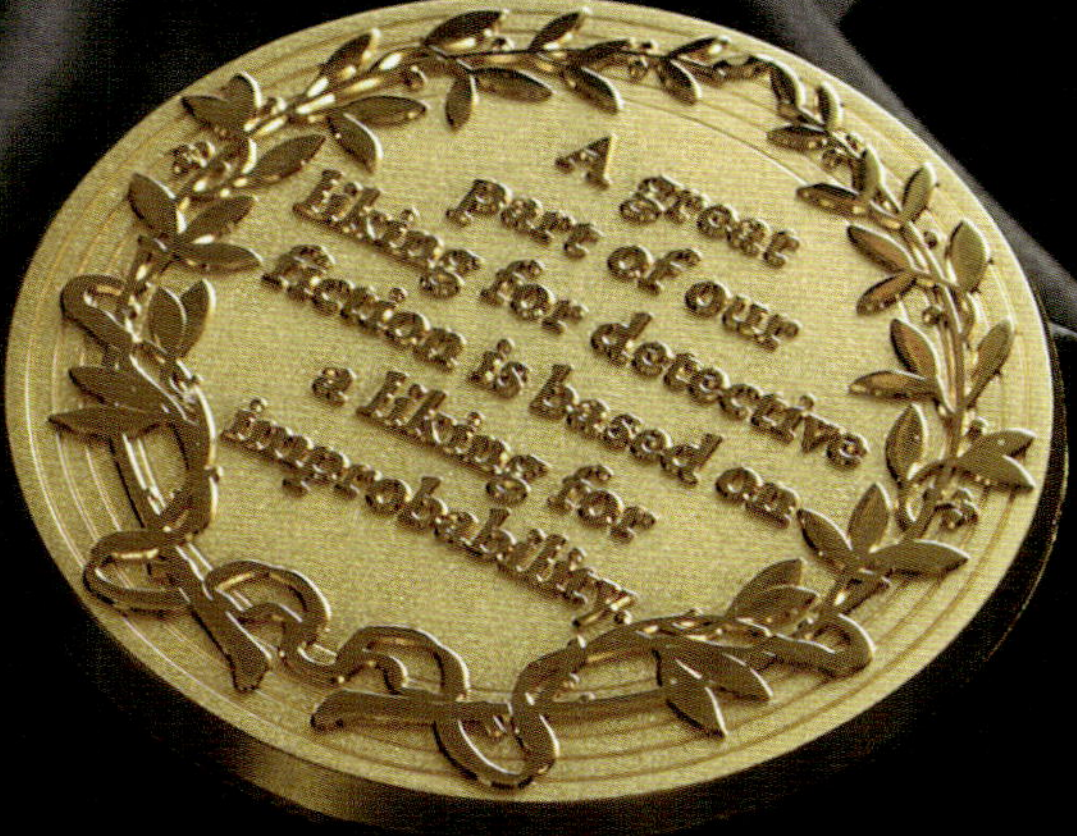

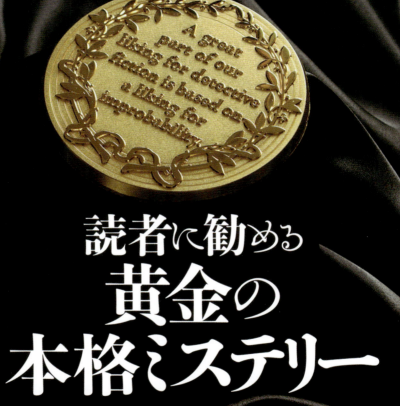

読者に勧める
黄金の本格ミステリー

ジグソー失踪パズル
堀　燐太郎
フリースタイル

オルゴーリェンヌ
北山猛邦
東京創元社

死と砂時計
鳥飼否宇
東京創元社

その可能性は
すでに考えた
井上真偽
講談社

ミステリー・アリーナ
深水黎一郎
原書房

片桐大三郎と
XYZの悲劇
倉知 淳
文藝春秋

赤い博物館
大山誠一郎
文藝春秋

新しい十五匹の
ネズミのフライ
島田荘司
新潮社

可視《み》える
吉田恭教
南雲堂

鍵の掛かった男
有栖川有栖
幻冬舎

オルゴーリエンヌ

北山猛邦

東京創元社

『オルゴーリエンヌ』は『少年検閲官』の続編になります。タイトルは『オルゴール』に女性形の『エンヌ』を付けた造語です。これを無理やり漢字にすると『少女自鳴琴』となり、なんとなく前作と対になりますね。その名の通り、今回はオルゴール少女を巡る物語になっています。

『オルゴーリエンヌ』は自分の理想とする本格ミステリーにかなり近づけたものと自負しておりますが、一方で本格ミステリーには不必要だと個人的に考える要素がメインテーマになっているという、奇妙な小説でもあります。

その不必要な要素とは、『登場人物（主に探偵役）の成長』です。

名探偵は名探偵として完結した存在であり、謎の解決にのみ殉じてこそ美しいものです。もちろんシリーズものの名探偵の中には年齢的に成長したり、いくつかの事件を経て成熟したりするキャラクターもいますが、人格の根幹に関わる部分が大きく変わることはあまりありません。本格ミステリーにおいては、探偵役がその立場をころころ変えていては、真実に揺らぎが生じる印象を与えかねないからでしょうね。しかし人間というものは時と場合によっていくらでも変化するものです。名探偵があまり変化しないのは、本格ミステリーにおいては人より神に近い存在だからかもしれません。

ともあれ『少年検閲官』のシリーズは検閲官のエノと、旅する英国人クリスの少年二人が、大人へと成長していく物語です。探偵役とワトソン役が少年なのには、そういう理由があります。本格ミステリーとしての純度を高めつつ、物語要素を思う存分描くという、作者としては難しくも楽しい挑戦しがいのある小説です。

主人公が少年なのにはもう一つ理由があって、それはこの物語が『終わっていく』世界を描いているからです。そのことはけっして彼らの『成長』と矛盾はしません。何故なら大人になるということは子供ではなくなるということ、つまり『少年であること』が終わるという意味もあるからです。彼らにとってそれは何かを得るばかりではなく、何かを失うことにもなるでしょう。

同時に彼らの物語もいつかは終わる時がきます。現時点では、次のシリーズ三作目がその話になる予定です。

ジグソー失踪パズル

堀 燐太郎

フリースタイル

ボクはじめての出版である本書の一篇が、ことしの春に、「第六十八回日本推理作家協会賞　短編部門」候補作に推されたり、いま年末には「黄金の本格ミステリー」の一冊に選ばれたりと茫然自失、一冊の本で予想外の結末の一年でした。

今回、「黄金の本格ミステリー」にご推薦いただいたのは、コナン・ドイルから都筑道夫、島田荘司の諸氏にいたる正統派に通底する遊戯文学としてのミステリーに必要な「稚気」を継ぐものとして、少しは認めてくださったのでしょうか。いやいや、辻真先氏、戸川安宣氏、二階堂黎人氏、尊敬するお三方の鑑識眼、そこまで甘いはずはない。駈け出しを励まそうと、評価に随分オマケしてくださったのでしょう。でも、グリコのオマケも大好きなボクはオマケ大歓迎、せっかくいただいた黄金のメダル、鍍金《めっき》が剝げないように大切にします。

おもちゃ探偵、物集修《もずめおさむ》が遭遇する不可解な事件簿は一人称一視点で書きましたが、ハードボイルドを意識したのではなく、敢えて表現しますと「ソフトボイルド」です。たとえ腕っ節は弱くても、これだけは譲れないという矜恃《きょうじ》を心の奥底に沈め、現代に生きる若者である主人公は、たとえば、まだいてほしいと願う女性の部屋を去るとき、こう言います。

「やさしくなければ生きていけない。だけど、しっかりしていないと生きていてもしょうがない」

おそるおそるではありますが、読者のみな様に、ぜひ、読んでいただきたい一冊です。五つの事件の謎は、おもちゃの専門知識がなくても解けると思います。

親しい友人をボクの小さな部屋に招き、お茶を飲みながら、不思議なおもちゃを披露する、そんな気持ちで書きました。

一日の終わりに、暖かい飲み物をそばに置き、お気に入りの場所でくつろいでミステリーを楽しむ。ミステリーを好きになったあの頃を思い出して、読んでいただきたいのです。

赤白チェックのジャケットをとると現れる赤一色の本書は、クラシックな洋書をイメージした意匠で、上に一行、「Missing White Piece」と、書名だけが書いてあります。

欧文書名は、「欠落したジグソーパズル空白のピース」と、「失踪した白雪姫の手掛かり」のダブルミーニングです。

いま、二冊目の「Vanishing Four Carta」という黄色い本を上梓したいと、おもちゃ好きの昔日《せきじつ》少年は、夢みています。

死と砂時計

鳥飼否宇

東京創元社

このたびは「黄金の本格ミステリー」に拙著『死と砂時計』をお選びいただき、ありがとうございます。

本書はホルヘ・ルイス・ボルヘスの形而上ミステリーとでも呼ぶべき「死とコンパス」にインスパイアされて企画した連作短編集です。とはいえ、あれほど高踏的な物語を紡げるはずもなく、内容的な関連はいっさいありません。タイトルで敬意を表せただけで、満足しています。

内容は、ジャリーミスタン首長国という架空の国家にある、世界中から死刑囚が集められた終末監獄で不可解な事件が続出し、それを監獄の牢名主と呼ぶべき老人とその弟子が解き明かすというもの。ふとこの設定を思いついた瞬間、魅力的な謎が四つ頭に浮かびました。「死刑囚は死刑執行前夜になぜ殺されねばならなかったのか？」「死刑囚は脱獄不能と呼ばれている監獄からどうやって脱獄したのか？」「死刑囚はどうして処刑後の遺体をバラバラにしたのか？」「死刑囚（女性）はいかにして監獄内で妊娠したのか？」これらの謎の解決策を考えながら、なんとか短編集としていけそうな見通しが立ってきたので、雑誌「ミステリーズ！」に連載として発表しました。

単行本化に際して見なおしたとき、ホワイダニットとハウダニットは二編ずつ含まれていますが、本格ミステリーの王道というべきフーダニットの謎がないのが気になりました。バランスを取るためにフーダニット物を入れようと考え、書き下ろしで加えました。最終話がそれですが、「死刑囚の父親は誰か？」という、終末監獄という設定とあまり相性のよくない謎になってしまったかもしれません。

力技でもってきたせいもあり、フーダニットとしてはいささか窮屈で、真相も弱いことが自覚できました。最後を締めくくるためには、もうひとつひねりを入れる必要がありそうです。四苦八苦して編みだしたのが、エピローグでの最後のどんでん返しです。あのエンディングに関しては、好き嫌いが別れるかもしれませんが、筆者としては、けっこう気に入っています。

ただ、あんなエンディングにしてしまったために、続編は書けなくなってしまいました。まだ魅力的な謎が案出できそうな設定だっただけに、ちょっとだけ残念です。

ミステリー・アリーナ

深水黎一郎

原書房

この度は、拙作『ミステリー・アリーナ』を黄金の本格に選んで頂きまして、どうもありがとうございます。

私の手帳の記録によると、原書房の編集のI氏と会食をして適当におだてられ、死ぬ迄にいつか書きたいと思っている夢の多重解決もののプランを、ついつい話してしまったのが二〇一一年の六月のこと。この時話したのは〈解を述べた瞬間に、正にその解が述べられたという事実によって、自動的にその解が不正解となるような多重解決、ただし平行世界《パラレルワールド》やループものなどのSF的手法には絶対に逃げないやり方で〉という大枠のアイディアだけで、中身は一行も考えていなかったのですが、直ちに「それをやりましょう」ということになり、うっかり話したことを後悔しても後の祭り。それから十行書いては五行消し、二十行書いては十行消し、また時には一行も書けていないのに百行消しという苦行の日々が始まりました。唯一の楽しみは、遅遅として進まない原稿の進捗状況を訴えると、たまにI氏が「栄養補給」と称して連れて行ってくれる酒肴の席のみ。そんなこんなで脱稿・出版に至るまで、四年の歳月（もちろん生きるために平行して他の仕事もしていましたが）を費やすことになりました。しかし今回黄金の本格に選ばれて、その苦渋の日々が報われた気分です。どんな分野であれそれまでの固定観念からかけ離れたことをやろうとすると、毀誉褒貶を免れることはできませんが、そんな時に「書いて良かった」という確信を与えて頂くこと以上に、次のチャレンジへの意欲を支えてくれるものはないのです。

もっとも本書は、私一人の手によるものではありません。I氏もよくぞ四年も待ってくれたものですが、先人たちの手による無数のミステリーのテクニックやガジェットに、多くを負っているからです。

もしも本書が本格ミステリーの富をより豊饒なものにすることに、ほんの少しでも貢献することがあるならば、これにまさる喜びはありません。そしてこの場をミステリーの先輩たちに、感謝の気持を伝える場とさせていただきたく思います。どうもありがとうございました。

A great part of our liking for detective fiction is based on a liking for improbability

その可能性はすでに考えた

井上真偽

講談社

このたびは「黄金の本格ミステリー」に拙作を選出して頂き、誠にありがとうございます。執筆中はここまで評価頂けるとは夢にも思わなかったので、幸甚の至りです。

本作には「奇蹟」を証明しようとする、一風変わった探偵が出てきます。古今東西、探偵とは一見不可解に見える「謎」を解明し、人々を真理に導く者――しかしこの探偵はあろうことか、その謎が真に「奇蹟」、つまり「解けない謎」であることを証明しようとします。いわば探偵の本分を逸脱しているわけです。

そんな探偵像も面白いのではないか――というくらいの安易な発想で出発してしまったのが、本作です。

そして案の定、着手後すぐに暗礁に乗り上げました。これが大層な難物だったのです。例えば「奇蹟」の証明法として、この探偵は例のホームズの有名な「消去法」を逆手に取り、「あらゆる可能性を検討し、その全てが否定できれば奇蹟」というやや無謀なローラー戦術をぶち上げます。が、ページ数が有限の小説内で、全ての可能性を否定するなど土台無理な話（さらに言えば、本作には『講談社ノベルスで手に取りやすい価格帯のページ数』という営業的縛りもありました）。ではいかにこれを物語にまとめあげるか――。

そこから本作の選んだ道には賛否両論あると思いますが、これも一つの試みとして愉しんでもらえれば幸いです。

また賛否両論あるといえば、本作に登場するキャラクターもそうかもしれません。彼らは大変漫画的ですが、これは元々設定が設定なので、その設定のエグみに負けないようキャラや世界観を強化していった結果の産物でした。いわばアクの強い食材をアクの強い香味野菜で打ち消そうとしたわけで、その結果パクチーてんこもりのパクチー鍋みたいになってしまったのは遺憾に堪えませんが、全てはトリックに奉じるためとしてどうかご容赦を。なお一応自分がイメージしたのは、山田風太郎先生の作風と、水滸伝や封神演義などの中国伝奇物です。

ただ、中国人キャラを出すと無理が利くというのは本当でした。ノックス氏はやはり卓見です(中国の方、すみません)。かように癖の強い本作ですが、現在懲りずに続編を執筆中です。珍味好きの方は次もぜひ。

赤い博物館

大山誠一郎

文藝春秋

このたびは拙作を「黄金の本格ミステリー」に選んでいただき、どうもありがとうございます。

ロンドン警視庁には、通称「黒い博物館《ブラック・ミュージアム》」という、犯罪事件の遺留品を警察官の教育用に展示する一室があります。その向こうを張り、建物全部がそうした展示施設である「赤い博物館」で、遺留品にまつわるカーばりの不可能犯罪が起きる——というのが、十年以上前に考えた当初の構想でした。最終的に、「赤い博物館」は事件の舞台ではなく探偵の所属する部署となり、収蔵された遺留品にまつわる事件を解決するというかたちになりました。

第一話「パンの身代金」は企業恐喝事件を扱っています。そのため、私にしては現実的な話となり、「現実的な事件にトリッキーな解決を配する」というシリーズのコンセプトがここで定まりました（行き当たりばったりですね）。

第二話「復讐日記」は学生時代からアイデアを温めていたもので、復讐手記ものの嚆矢となったニコラス・ブレイクの名作『野獣死すべし』とその影響を受けた法月綸太郎氏の『頼子のために』へのオマージュです。『野獣死すべし』の日記は六月二十日に始まって八月二十一日に終わり、『頼子のために』の日記はそれを受けて八月二十二日に始まって三十一日に終わるので、拙作の日記は九月一日から始め、両作へのオマージュであることを示しました。

第三話「死が共犯者を別つまで」は交換殺人ものです。法月氏は『キングを探せ』、「リターン・ザ・ギフト」、「宿命の交わる城で」、「ダブル・プレイ」と、交換殺人ものを長編短編合わせて四作も書かれています。法月ファンの端くれとして、氏が扱ったテーマはすべて自分も扱いたいと思っているので、本作で交換殺人に挑戦しました。

第四話「炎」は、ある古典的トリックを現代風にアレンジしたもの。そのトリックを使う犯人の動機に工夫を凝らしてみました。

第五話「死に至る問い」は、過去の事件ばかり扱うと話が静的になるので、一作ぐらいは現在の事件と絡めようと思って書いたもの。「模倣犯か同一犯か？」が謎となります。

幸い、続きを書いてもよいとのお許しが担当編集者から出たので、いずれ続編をお目にかけたいと思います。

A great part of our liking for detective fiction is based on a liking for improbability

片桐大三郎とXYZの悲劇

倉知淳

文藝春秋

自作解説を書けという指令なのですが、正直大変戸惑っております。私の本は難解なところは少しもないので、解説が必要だとは思えないのです。どなたでもお気楽にお手軽に楽しく読んでね、としか云いようがありません。だから解説はしないでおきます、と終わってしまってはこのページがまっ白になってしまうのでちょっとだけ裏話を。

今回のこの本は二段組で三九九ページあります。結構なボリュームです。しかし実は、最初の段階ではもっと分量が多かったのです。全体的にもっと長くて、こってりとしておりました。そこで編集のかたから「さすがに長いからちょっと削ろうね」と云われてしまいました。自分でも、いくら何でも分量多いなあと思っていたので、すぐにそのご指示に従いました。で、あちこち削りました。もう大幅に、大胆に、バッサバッサと切りましたね。そして削りまくった結果がこの完成形です。

いや、それでもまだ充分長いのでは？　というご意見もありましょうが、はいその通り、ごもっともです。長いです。どうも私は、長く長く書いてしまう癖がある。放っておくとついずるずるといくらでも書いちゃう。止めどなく書いちゃう。悪い癖ですね。これではいけないと思いつつも、いつも延々と書き綴ってしまうのです。この悪癖、もう二十年以上小説を書いているのに、未だに治りません。これはもう癖と云うより性分とか本能とか呼んだ方がいいのかも。だからまあ、多少長くっても許してね、本能だから仕方ないよね、などと言い訳してみたりして。

この本も、長いと思ったらごめんなさい。でも、楽しい時間が長く続くと思えば、それはそれで結構ではありませんか。じっくり時間をかけて長い間楽しんで読んでいただければ、私としても幸いであります。

A great part of our liking for detective fiction is based on a liking for improbability.

新しい十五匹のネズミのフライ

島田荘司

新潮社

この物語は前々から脳裏にあって、早く吐き出してくれと訴えていた。そろそろ文字化しないと忘れてしまうので、こちらから新潮社に働きかけ、首を傾げている編集者を説得して書いた。思えば二十五年の昔、『漱石と倫敦ミイラ殺人事件』も同様で、さかんに首を傾げる集英社編集者を、懸命に説得したものであった。

昔から書いていることだが、ホームズもののへんてこなところがぼくは大好きで、たとえば「赤毛組合」。どう見ても日本帰りとしか思えない依頼人に向かってホームズが、中国帰りですね、その鱗をほんのり薄紅色に染める入れ墨は中国にしかないものです、と知ったかぶりを言うと、その驚くべき大間違いに対し、ぜんたいどうしてそんなことまで解るんです？　と仰天してみせる依頼人は、人間ができすぎている。この種の入れ墨は、日本にはあっても当時の中国では不許可だった。銀行から質屋まで、質屋に知られずにトンネルを掘る？　少人数でやっと掘った狭いトンネル、這いずるのがやっとではないのか。トロッコなしで、金貨のぎっしり詰まった木箱という大重量物を何箱も、いったいどうやって運ぶ？

「まだらの紐」の奇怪な描写の連打。哺乳類でもない蛇が牛の乳が大好きで、匂いにつられて、ゆらゆら揺れる吊り紐を伝い登って飛んでくる？　隣室のかすかな口笛を、ない耳で聞く？　生物学者が卒倒しそうな、蛇には絶対にない超能力の数々。決定打は、ベッドで娘を嚙み殺してのちの帰路、いったいどうやって蛇は、ベッドの上から、空中高い吊り紐に飛び移ったのであろう。自己犠牲の精神に富む被害者が、蛇を持って紐に巻きつけてやってのち、嚙まれてやったのであろうか。

ホームズものを深く愛し続けるぼくは、ホームズ譚の信用を失わせかねないこれら数々の描写に積年心を痛めていたのだが、ある夜マザー・メアリーが夢枕に立ち、あるがままは駄目。これらすべてに説得力ある説明をつけ、ホームズ譚の生命を永遠にすることはあなたの使命よ、と言われた。

そこで全ホームズ譚を注意深く読み込み、彼が日に三度も打っていたというコカイン七％溶液にこそ、その回答があることをぼくは突き止めたのである。かくして、千枚近いこの長大な物語は生まれ落ちた。

鍵の掛かった男

有栖川有栖

幻冬舎

この作品についての楽屋話を一つ。

原稿の依頼をしてくれた幻冬舎のSさんと何度か打ち合わせをしながら、私の言うことはころころと変わった。火村シリーズでかっちりとした長編を書きたい、という希望は持っていたものの、「ノスタルジックに大阪を描いた作品」だの「無骨なまだにガチガチの本格」だの、その時の気分で適当なことを並べた。腹案はまったくなかったのだ。

ただ、こういう仕上がりにしたいというイメージはあって、こんな表現でぽろりとSさんに洩らした。

「『あなたの小説のどれかを英米で翻訳出版したい』というオファーがきた時に、『じゃあ、これ』と差し出す作品にしたい」

ちなみに、その時点で自著の中から〈英米向け〉の一作を選ぶとしたら『乱鴉の島』だった。「江神二郎が探偵役を務めるシリーズのどれかではないのか?」と思われる方もいそうだが、あのシリーズは青春小説の味が強くて、実は本格ミステリらしいアトモスフィアが弱い。弱いのに本格ミステリとして書き切っているところがユニークではあるけれど(といっても日本には青春本格ミステリの細い系譜があるので、さして珍しくもない)、英米ではヤングアダルト小説に分類されそうである。

幻冬舎から英語版を同時出版する計画があるでもなし、〈英米向け〉云々は例え話でしかなかったのだが、要するに目指そうとしたのはアダルトな本格。四捨五入したら還暦になるという年齢のせいだけでもなく、十代の頃の自分が大好きだったのは英米(特にイギリス)の「大人が余裕からくる無邪気さをもってミステリの世界に遊ぶ小説」だったことを懐かしく思い出し、原点回帰してみたくなったのだ。その成否は読者に判定していただくのみである。

ただ、「もういい齢だから」と路線変更をするつもりもなく、「外連味を前面に押し出した『悪魔の手毬歌』みたいなの」やら「ダークなゴシック本格」やら、あれにもこれにも挑戦してみたい。私は野良猫のように自由だ。本格ミステリ国の領土を見渡し、「未踏の地はたくさんあるな」と喉を鳴らしている。

可視える

吉田恭教

南雲堂

このたびは、拙著を「黄金の本格ミステリー」の末席に加えていただき、心から感謝いたします。また、本格ミステリー・ワールド・スペシャルシリーズで初の「黄金の――」入りということもあり、喜びも倍増といったところでしょうか。

さて、昨年の「作家の計画・作家の想い」で、私はこう書きました。『今後は新たなキャラクターによるオカルトミステリーを何作か書いていきたいと思っている。現在、第一弾を書き上げており、大袈裟ではなく、この作が今後の作家人生を左右するような気がしてならない』と。

その第一弾というのが『可視える』であり、奇しくも今回、「黄金の――」に加えていただけたということで、私の予感が良い方に当たって幸先の良い船出となりました。

もう三十年以上前になりますが、当時、私は東京で写真製版業に就いており、その時に幽霊画のポスター制作を依頼されたことがあります。持ち込まれたポジは「丸山応挙」の幽霊画で、気味が悪いと思いつつポスター制作を開始。その時に感じたのが、画家の想像力の凄まじさでした。『幽霊は可視えないのに、その可視えないものをこんなに悍《おぞ》ましく描くとは、どれほど想像力が逞しいのか』と。しかし同時に、もう一つの可能性も脳裏を過りました。『ひょっとしたら、丸山応挙には幽霊が見えたのではないか？　だから、こんなに不気味な絵が描けたのではないか？』と――。

結局、一時間ほどでポスターの原板ができ上がり、幽霊画のこともすっかり忘れていたわけですが、昨年、ひょんなことから再び幽霊画を目にすることになり、過去の記憶が蘇って『可視える』の構想が浮かんできました。更に、別の作品に使う予定だったトリックが、見事にこの作品にハマったことも幸いでした。今にして思えば、あの時、あの幽霊画のポジを見なければ、『可視える』も生まれていなかったかもしれませんね。何気ない経験や体験というものは、決して馬鹿にできないと痛感しております。

いずれにしても、今回「黄金の――」に選ばれたことで、『可視える』に登場したキャラクター達が再び文壇に登場する可能性も出てきたと感じています。続編もまた上梓され、再び「黄金の――」に選ばれることを切に願ってやみません。

読者に勧める 黄金の本格ミステリー！

対象二〇一四年一一月一日～二〇一五年一〇月三一日

［選者］辻 真先、戸川安宣、二階堂黎人

◉選出作品（刊行順）

北山猛邦『オルゴーリェンヌ』
堀燐太郎『ジグソー失踪パズル』
鳥飼否宇『死と砂時計』
深水黎一郎『ミステリー・アリーナ』
井上真偽『その可能性はすでに考えた』
大山誠一郎『赤い博物館』
倉知 淳『片桐大三郎とXYZの悲劇』
島田荘司『新しい十五匹のネズミのフライ』
有栖川有栖『鍵の掛かった男』
吉田恭教『可視える』

二階堂黎人　今年も、本格ミステリーの優秀な作品を選出して、読者に推薦しましょう。この一年間で、何か出版傾向などについて気づいたことはありますか。

戸川安宣　今年は〈ライトノベル〉ミステリーというか、その手の出版が盛んだったように思います。

辻真先　新潮社からも〈新潮文庫ｎｅｘ〉というのを出しましたね。

戸川　その手のものの刊行点数が多くて、五、六十点は出たかなあ。表題を見ると読むべきかなと思うものもあり、根こそぎ買ったは買ったのですが――。

辻　強迫観念だね（笑）。ラノベの場合、ミステリーには違いないけれど、〈本格〉とは言えないものが多いですね。でも、ラノベのお陰で作品の幅が広がったし、若い読者も増えました。マンガとタイアップしている叢書もあるのは、販路を広げられると思っているからでしょう。

　お仕事ミステリーは依然売れ線らしく、『ビブリア古書堂の事件手帖』や『珈琲店タレーランの事件簿』に似たものが多い。

戸川　アニメ絵の表紙も似通っている。

二階堂　僕の印象ですと、ラノベでは、書き手も読者も、ジャンルなんて意識していない。ミステリーでもＳＦでもファンタジーでも映画でもマンガでもゲームでも何でもいい。面白ければいいんです。

戸川　そうですよね。

二階堂　僕は、今年も、警察小説のブームが続いているなと思いました。本格作家にも書かせていますが、たいていは失敗している。何故、失敗するかと言えば、警察が解決できないような難事件を名探偵が解き明かすから面白いんです。それを警察官や刑事にやらせようとすると、リアリティの面でも破綻するわけです。

戸川　なるほどね。

二階堂　新人賞は不作でしたね。鮎川哲也賞が出なかったことが響いた。福山ミステリー文学新人賞受賞作が、神谷一心さんの『たとえ、世界に背いても』。メフィスト賞が井上真偽さんで、もう二作目も出ています。あと、江戸川乱歩賞が呉勝浩さん。

戸川　その中では、やっぱり、井上さんの作品が良かった。神谷さんのはサスペンスという感じだったし。

二階堂　井上さんは、『恋と禁忌の述語論理』と『その可能性はすでに考えた』の二冊ですが、どちらも良かった。

辻　井上さんの二冊を読まされると、この人は本物だろうという気がします。

戸川　二冊目が良いですね。より方向性が定まってきた感じがします。

辻　ええ。二冊目の方が、非常にはっきりと〈本格〉の旗印を高く上げていますから。

二階堂　僕はどっちも好きです。受賞作は表紙や主人公たちの関係が『ビブリア』ふうなのですけれども、でも、読んでいて解るのは、これは揶揄も含んで、明らかにわざとやっているなということです。

　しかも、短編集で話が四つあったのかな。どの事件もまず別の探偵が解いて、それを本命の探偵が「それは間違っている」と言ってひっくり返す。違った真相を持ち出してくるという二重構造になっているのが素晴らしい。高等数学を持ち出した装飾にも目が眩みます。

　そうしたら、二作目の『その可能性はすでに考えた』では、一作目で茶化された上《うえ》苙丞《おろじじょう》が主人公になっている。で、御手洗潔ふうの、名探偵らしい名探偵を据えて、作品の感じをがらりと変えてきた。トリックに関しては、確かに新本格にはあと一歩及ばないんだけれど、少年探偵とか、別の者が推理や想像をするのを、上笠がどんどん否定していくところに面白みがある。

辻　うん。あの辺は僕も感心した。論理もトリックもふんだんに出てくる。

二階堂　外連もたっぷりですしね。冒頭の、ホームズ役の上笠と、ワトソン役である中国人女性のフーリンとの掛け合いなんか、久々に興奮しましたね（笑）。フーリンが金貸しで、「お前、殺してやる」とか本気で言って、上笠が「俺は、名探偵だからいくら金を借りてもいいんだ」と言いきっちゃう。

辻　二作目は、小説としてもかなり出来がいい。三作目も絶対に違うものを書いてくるでしょう。期待しています。

戸川　次が勝負ですね。

二階堂　乱歩賞は、呉勝浩さんの『道徳の時間』。虐めに対する復讐みたいな話です。去年の下村敦史さんの作品が完璧だったから、それと比較すると、文章も含めて全体的に未完成な印象です。

辻　下村さんの受賞作は良かった。

二階堂　呉さんは、文章も話の作り方も動機も、明らかに新本格ミステリーの影響を受けている。読むと随所に、新本格作家の作品から持ってきた文言が入っているのが解ります。冒頭の「鯨幕がどうのこうの」というのは麻耶雄嵩さんの『夏と冬の奏鳴曲』で、他にもいろいろ出てくる。

戸川　なるほど。

二階堂　事件が現実的な話なのに、動機が新本格みたいに突拍子もない。それで、動機が浮いているんです。だから、選考委員の中でも今野敏さんや池井戸潤さんなどは「こんなのだめだ」と言っているわけですよ。

ただ、本格系の人は、この『道徳の時間』を読むと、今後に可能性があるかもしれないと思う。それで、有栖川有栖さんや辻村深月さんは推したのでしょうね。

戸川　まあ、二作目も読まないと判断ができませんね。

辻　下村さんの今年の作品は『生還者』。山岳ミステリーだった。僕は登山のことは知らないので、詳しく論評できないけれども、ものとしては大変面白く読みました。だから、これは小説の技術がいいのか、資料調べがうまいのか、山に詳しい方にお訊きしないと。

二階堂　事件が起きるのが海外の山ですよね。その点、グローバルになりましたね。昔は日本アルプスなどが舞台でしたから。森村誠一さんの『密閉山脈』を代表に、

辻　登山に関することを、体験なしに、自分の頭の中だけで書いたのなら、たいしたものですよ。山登りに関する最新装備のことがたくさん出てきますが、説明くさくない。プロットもいいし、結末の付け方もいいです。

二階堂　これが「このミス」や文春のベス

トだったら、僕は一位に選んでもいい。ただ、本格ミステリーとして考えると、ああいう結末は可能性について言及しているだけだし、あれが真相だとすると、素人が見抜けるような謎なら、たいしたことはない。警察だって真実にたどり着けるはず。

辻　周木律さんは、十和田只人の数学的ミステリー・シリーズ。これは、一作おきに、奇数のものがいいんだ（笑）。

二階堂　今回は五作目。だから、辻さんは〇なんですね（笑）

辻　うん。これは、夢中になった方ですね。

二階堂　今回も、館の仕掛けがかなり大がかりですね。こういうのを、毎回考え出すのは立派です。でも、シリーズ縛りも、森ミステリィ度も強すぎる感じがします。

辻　その点は不親切ですね。これで初めて読む人には、内容がよく解らないところもあるでしょうから。

戸川　ぼくは周木律さん、駄目なのでご免なさい。

辻　深木章子さんは、長編『ミネルヴァの報復』と、短編集『交換殺人はいかが？　じいじと樹来とミステリー』の二冊。

二階堂　僕は、深木さんの作品がすごく好きなのですが、今年の二冊はちょっと残念。『交換殺人はいかが？』は、短編ごとに不可能犯罪だとか交換殺人だとかテーマが決まっていて、それらに挑戦している。けっこう突拍子もないトリックも出てくるのですが、品行方正な、元刑事のおじいさんと、普通の子供が探偵役では――。

戸川　小学生だったかな。その二人が律儀に謎解きをする。

二階堂　よく言えば、都筑道夫さんの『退職刑事』や仁木悦子さんの短編ふう。悪く言えば、古臭い。

辻　光文社の編集さんに言われて、ラノベ路線を狙ったのかもしれませんね。でも、深木さんの本来の持ち味ではないですよ。

二階堂　だから、その手の短編集が今年はやたらに多くて、みんな似通っているんです。喫茶店、図書館、花屋、いい人、〈日常の謎〉、爽やかなイラストの表紙――。

辻　女性読者が手に取りやすいものを狙ってというか。日常の謎で、血なまぐさい場面がないから、お洒落に読めますよ、という売り方なんでしょうね。

戸川　その代わり、どれも話が弱い。中には、帯の惹句で、日常の謎でもなんでもないのに、そう書いてあったりする。あれは問題だと思いますね。

二階堂　『ミネルヴァの報復』は、弁護士会館の一室で女の死体が見つかるのが発端。この長編の場合、去年の『殺意の構図　探偵の依頼人』と同じ失敗をしている。前半は入念な作りで面白いのだけど、後半は安っぽいサスペンスになってしまっている。やたらに人が死ぬのも、場面転換で驚かしたいという作者の都合ですから。しかも、真相の半分は後出しジャンケンみたいなもので。

辻　本来、もっと書ける方ですよ。

二階堂　月原渉さんが、光文社から『火祭りの巫女』を出しました。

辻　去年、一昨年は、新潮社でＮＣＩＳ特別捜査官ものを書いていましたね。

二階堂　その二つは最前線的な設定で、今年は一転して、因習深き田舎の村を舞台にした不可能犯罪ものに挑戦しており――。

戸川　伝奇ミステリーですね。

辻　僕は、これは全部読んでいない。

二階堂　火炎によって密室を作るものです。あのトリックは、たぶん納得できない人もいるでしょう。でも、月原さんはいろいろなものに挑戦して頑張っているので、そのことは評価したいと思います。

辻　トリックものをやるのは、前に新本格の作品群があるからきついでしょうね。でも、頑張ってほしいね。

戸川　月原さんの創作姿勢には共感を覚えます。ずっと見守っていきたい。

辻　安萬純一さんは今年、南雲堂から『青銅ドラゴンの密室』を出しましたね。

二階堂　もう一作、締め切りギリギリに、東京創元社から『王国は誰のもの』が出ました。吸血鬼や狼男などの怪物が出てくるなど、ファンタジーものに分類しても良いのですが、話の弾け方がちょっと足りないと思います。

辻　『青銅ドラゴンの密室』はけっこう良かった。物理的なトリックが使われていますが、比較的納得がいきましたから。トリックだけで見せるのではなく、ドラゴンに関しての蘊蓄や前振りなどで話を膨らませてあるので、けっこう読ませました。

二階堂　舞台はドイツ。大きなドラゴン型の塔が庭に経っている旧家。そこで殺人事件が発生するけれども、過去に起きた奇怪な殺人と同じ状況だったというもの。過去の因縁話みたいな部分もたっぷりあり、大仕掛けなトリックだけで勝負した力作です。

戸川　安萬さんがアンチリアリティの世界で勝負しようとしているのは方向性として間違っていないと思う。あとは物語作家として腕を上げていくことでしょう。

二階堂　鮎川賞作家と言えば、市川哲也さんは三年目ですね。館ものとデス・ゲームの折衷のような作品で、著名な女流ミステリー作家が八人の若者を自分の家に閉じ込めて、謎解きを強要するという。

辻　その『名探偵の証明　密室館殺人事件』は、まずまずの出来でしたね。入選作に関して、僕らがいろいろ言ったので、ちょっと力が入りすぎたきらいはありますが。

二階堂　ただ、主人公である名探偵の蜜柑花子があまり印象に残らない。ヒッキーか喪女みたいで、そんなに使い勝手が良いとは思えませんし。にもかかわらず、彼女の存在があっての話なので、今一つ、盛り上がらない感じがします。

辻　作者本人にとっては、この子でないと、という理由があるのでしょうね。

戸川　それは安萬さんと同じことが言えるのではないでしょうか。

二階堂　ラノベ、アニメ、ゲーム、フィギュアといった、若者の好物と何か関係していそうですね。北山猛邦さんの『ダンガンロンパ』に出てくる霧切という名探偵にも似ているし。けれど、僕は寡黙な名探偵というものに魅力を感じないし、必要性が解らない。

辻　一作目は蜜柑だけではなくて、蜜柑を否定するような、もう一人の年輩の探偵がいたから、その二人の対比で蜜柑も立っていました。この作品では彼女しかおらず、一本立ちしているようには見えないので、作品的に弱いかもしれません。

二階堂　あと細かいことを言うと、プロローグがちっとも格好良くない。

戸川　プロローグが、ですか。

二階堂　あとで動機を説明するための、日常的な場面を切り取ってきただけ。もっと衝撃的な場面とか、重要な状況を見せるような工夫がほしいですね。

辻　市川さんも月原さんと同じで、トリックものをやっていくつもりらしい。大変だとは思いますが、頑張ってほしい。

戸川　繰り返しになるけれど物語作家としての腕をみがいてほしいと思います。

二階堂　福ミス作家の吉田恭教さんは、二冊出しています。『堕天使の秤』は、デビュー作以来の厚生労働省の向井俊介が活躍するやつです。これも、きっと出版社から警察小説ふうにしてくれって言われたんじゃないですかね。半分、そんな感じですから。でも、それで話が分裂した印象もあります。内容は臓器移植ものなんですが、最近、このテーマを扱った作品が多いでしょう？

辻　多いですね。

戸川　知念さんの長編にもありましたね。

二階堂　海外の映画やドラマにも、臓器移植、臓器販売ものが多いですからね。その辺で、流行なんでしょうね。

辻　〈本格ミステリー・ワールド・スペシャル〉から出た、吉田さんの『可視える』は面白かった。

二階堂　『可視える』は、吉田さんの新境地ですね。これは実に完成度が高い。

辻　あれもある意味、半分、警察小説だけど、でも残りの部分はきちんとしている。

戸川　僕も評価します。ただ、題名はどうかな？

辻　やさぐれた私立探偵と、強い女警察官の対比がうまいですね。事件も考え抜かれているし。トリックもある。

二階堂　犯人がこんなところにいたのかと、驚かされます。

辻　あの隠し方はうまい。それに、私立探偵のパートと、女警察官のパートが最後で綺麗に絡んでくる。犯人にも凄みがあるし。

戸川　そこはちゃんと成功していた（笑）。

辻　知念実希人さんは『仮面病棟』の他、さっき言ったように、ラノベで医療ミステリーを出している。でも、あの分野は難しい。訳の解らない、初めて聞いたという病名を出せば、造語と同じで困ってしまうから、なんとなく耳にしたことがあったぐらいがちょうどいい。伏線を張るのと同じで、あまり見え見えでも困るし、絶対解らないのも困るし。

二階堂　アナフィラキシーだって、以前は誰も知らなかった。今は有名になりすぎましたが。

辻　昔は、ノイローゼだって知らなかったですよね。

二階堂　綾辻行人さんがシックハウス症候群を使った時も、一番乗りだから良かったんです。

戸川　中町信さんがよく知らない病気をトリックに使っていたことを思い出しました。

二階堂　では、中堅です。まず村崎友さんの『夕暮れ密室』ですが、これは？

辻　『夕暮れ密室』は、横溝賞に落選した問題作ですね。

二階堂　ええ。デビューの前年の落選作みたいです。書き直したんでしょうか。

辻　どうでしょう。ただ、肝心のトリックは動かしていないでしょう。あのトリックは、僕は面白く読みました。学園的な雰囲気や何やらも伝わってきますね。僕の学生時代は、戦争で零戦を造っているような学校でしたから、そういう点はうらやましい。

戸川　話は、ちょっと緩いですよね。

辻　緩いです。あの密室トリックだけが、突出している感もあります。

二階堂　小島正樹さんが『浜中刑事の妄想と檄運』と『呪い殺しの村』と『モノクローム・レクイエム』を出しています。『モノクローム・レクイエム』も、警察小説＋本格といった体裁の短編集ですね。

『浜中刑事の妄想と檄運』は中編二つの書き下ろし。倒叙形式になっていて、普通の刑事ものかと思っていると、小島さんらしい大胆な物理トリックを犯人が仕掛けてきます。特に、ホテルのトリックが力業で良かった（笑）。

『呪い殺しの村』は名探偵・海老原浩一シリーズ。宮城県の旧村にある〈憑き物筋の家〉が舞台。千里眼や予知や呪殺などにまつわる、摩訶不思議な殺人が次々に起きるのは、〈やりすぎコージー〉と言われる小島さんならではの作品ですね。

辻　不可能犯罪てんこもりの『呪い殺しの村』も面白かったのですが、『モノクローム』の方は、小嶋さんの警察小説もここまで来たかと、ちょっと感心しました。

二階堂　新人女性刑事が、特捜五係に配属される。ここは、怪奇な事件やオカルト的な事件を専門に扱う場所だった、という設定。

辻　どの事件も不可解な事件が起きてトリッキーですが、背景の書き込み方や動機が不充分なものもありました。

二階堂　『モノクローム』は、今、辻さんが言われたような点で熟成不足だと思いました。『浜中刑事の妄想と檄運』と吉田さんの『可視える』の評価は◎ですが、僕も監修者の一人なので、いつもどおり○にしてあります。

『呪い殺しの村』の方は、被害者が瞬間移動した上で密室で殺されるとか、小島さんらしい離れ業が随所にあるので評価は高い。ですが、島田荘司さんの力作のような凄さや傑作感はなかったですね。

辻　もう小島さんくらいになると、こちらもだいぶうるさくなって、不可能犯罪ものはハードルが上がっていますからね。期待度も高いんです。一方、小島さんの警察小説の方はまだ発展途上だなと。ですから、今回はそっちに点を入れました。

戸川　ものすごい離れ技トリックで島田さ

んの直弟子という感じですが、それを納得させるのは島田さんの筆力が成せる技で、余人はよほどの修練を積まないと……。

二階堂　深水黎一郎さんの『ミステリー・アリーナ』は、今年一番の話題作でしょう。

戸川　そうですね。

辻　ある意味、問題作というか怪作です。おしまいの方に「純文学なにするものぞ」という啖呵が出てきて、またそれを犯人にやらせるところが嬉しかった。

二階堂　視聴者参加型の、大型ミステリー謎解き番組がある。その問題編が語られていく途中に、どんどん回答者が推理を繰り広げる。でも、問題編が進むとそれが否定され、また新たな推理が出てくる——という繰り返しで、全体が作られている。

辻　大変な労作ですね。

二階堂　これは賛否両論あるでしょう。ぜひ、読者に読んでもらって判断してほしい。

辻　それはそう。読んでから文句言えと。読まずに文句を言うことはない。無論、賞賛でもいいんですが（笑）。

二階堂　ただ、これは、メタ・ミステリーの領域にまで踏み込んでいるじゃないですか。そうすると、提供されている証拠や伏線や説明をどこまで読者が信じていいか解らないんですよ。枠組みがはっきりしないから。

　たとえば、密室になる階段のところを事前にワックスで掃除して足跡が付いていなかったから、誰も出入りしていないという説明があります。で、それはどうこういう理由だからとやった人物が言うんですが、それが本当かどうか、読者に判断しようがない。そういう箇所ばかりなんです。

戸川　なるほど。

辻　まあ、絶対の真相というのはないんでしょう。それが面白いと言えば面白いわけだ。

二階堂　偽の真相と本当の真相を繰り返し出してこなければいけないし、それを状況説明と一緒に提示するというのは、ものすごく書くのに手間がかかる。だから、細かいチューニングを、後ろを書きながら前へ戻ってフィードバックさせ、完成させていったんでしょう。

辻　大変な神経を使ったと思いますよ。まあ、好きでおやりなんでしょうけれど。謎があり、名探偵が出てきて、推理があり、カタルシスがあるというものではないですからね。

戸川　こういう思考実験みたいな作風は、それこそ著者の独壇場ですから、この線でどんどん書いてほしいと思いますね。

二階堂　門前典之さんは、『首なし男と踊る生首』という作品。題名どおり、首なし男が凶行に及ぶという不可思議な事件が連発する話です。

戸川　僕は、もう一つという印象でした。

二階堂　あれだけの不可能犯罪を支えるにしては、登場人物も物語も薄いですよね。「殺人計画書」どおりに猟奇殺人が進むとか、道具立ては良いのですが、緊迫感や恐怖感が不足しているし。

戸川　そうね。それは門前さんの特色というか。デビュー作の鮎川賞受賞作『建築屍材』以来、ずっとですね。

辻　ちょっと平坦に書いちゃう。不可能犯罪をやる時には、物語や話術や雰囲気で読者を騙さないといけないわけだけれど、それがひどく痩せているものだから。

二階堂　やはり熟成不足という感じですね。不可能犯罪ものですと、やはり島田荘司さんくらいに事件がグワッと迫ってこないと（笑）。

戸川　それは大変です。普通の人にはできません（笑）。

二階堂　大山誠一郎さんが『赤い博物館』。短編集では、鳥飼否宇さんの『死と砂時計』と並んで、僕の評価では今年一番でした。

戸川　一風変わった女性の上官が出てくる警察もの。

二階堂　その上司と、嫌々この部署に転属させられてしまった下っ端刑事の物語。

戸川　で、未解決事件を解決してしまう。

辻　コールドケースものです。

二階堂　話が四つあるんですよね。前半の二つが、アリバイものなんですよ。これがなかなか鮎川哲也先生ばりに凝っていて、じっくりとアリバイを崩していくというものです。「おっ」と思っていたら、後の二つは割と不可能犯罪ぽいものでした。

辻　短編集と言っても、これは一冊で四本だから、一つずつが割合ボリュームありますからね。それからこの設定もまあ面白い。全体では、やっぱりさすが大山さんで、この方は、引き出しがいろいろとありますよね。読み終わった時に、満足感がありました。

戸川　この本は、テレビドラマの『相棒』なんですよ。主人公二人が、組織から外されちゃっているから。しかも、博物館ものみたいな感じもある。

二階堂　初野晴さんの『惑星カロン』も、久しぶりに出たものです。

辻　シリーズで、前に三冊か四冊、『初恋ソムリエ』とかありましたよね。物語としては、非常に面白かったですよ。高校を舞台にした青春ミステリーで、〈惑星カロン〉というのは曲名。主人公二人は、楽団――。

戸川　いや、吹奏楽部員。

辻　愛読者はみんな、ハルチカのこの二人が、いつまで経っても卒業しねえなと、ぼやいている（笑）。このシリーズは、妙な、他の普通の学園ものとは違った味わいがある。

あの表題作だけで一冊になっていたら、文句なしに推すのですがね。シリーズの中でも一番良い本だし。

戸川　でも、あれで感心したのは、あの一冊で一つの仕掛けがあるから、あれはあれで独立して評価できると思うのです。

二階堂　それでは、ベテランに移りましょう。島田さんの長編は『新しい十五匹のネズミのフライ』。ホームズのパスティーシュにしてパロディという技巧的な作品です。

戸川　いやあ、堪能させてもらいました。

二階堂　で、けっこう分厚い。また（笑）。

戸川　そうなんです。『赤毛連盟』がこんな大長編になっちゃう（笑）。

辻　ねえ、驚いた（笑）。

二階堂　『赤毛連盟』を裏側から見ると、こうなるんだと、びっくりですよ（笑）。

辻　『まだらの紐』でも何でもいろいろと出てくるから、非常に面白かったです。これはやっぱり小説として面白いし、ミステリーとしても「やっとる、やっとる」という感じがあるので、僕は◎ですね。
戸川　お二人とも◎ですね。
辻　ワトソンさんの気持ちがよく解りましたので。
二階堂　これは、僕は、パスティーシュかパロディかどちらかだったら評価しなかった。でも、それを両方いっぺんにやっているという技巧性を買いました。ホームズものに対する批判もちゃんとある。それは、以前の『漱石と倫敦ミイラ殺人事件』の時からそう。
　それと、話の展開として『恐怖の谷』や『四つの署名』の後半みたいな、伝奇的冒険話が大幅に出てくる。ワトソンの従軍の話とかで。むしろ、主たる部分はそっちかもしれないから、それが嬉しい。島田さんは、ホームズものの神髄をよく解っていらっしゃる。
辻　それは言えますよね。
戸川　島田さんの物語作家としての才能が炸裂していますよね。
二階堂　石持浅海さんは、今年は二冊。いつもより少ない(笑)。文庫書き下ろしの『身代わり島』と、テロものの、『凪の司祭』。
辻　一人テロですよ。正確にはテロではなくて、女の子が二千人殺す話ですよね。いやー、殺した、殺した。
戸川　(笑)。
二階堂　まあ、本格としては――。
辻　本格ではないですよ。
二階堂　『身代わり島』は、いつも僕は石持さんの変な倫理を批判しているのですけど、今回は割とそれを封じて、普通に書いていたら、普通だった（笑）。

辻　だから、『凪の司祭』は普通ではないからある意味面白いんですよ。
二階堂　『身代わり島』で良かったのは、サークルのメンバーがいて、彼らの接着剤が、アニメだとかフィギュアだとかで今日的。それが動機とも関係してきますしね。
　だから、完全に孤島ではないのですけども、こういう島ものをやりつつ、その中に閉鎖的なサークルが投げ込まれ、共通因子として、ネットや秋葉原にふんだんに存在する材料が使われている。
辻　まさしく、時流を捕らえている。
二階堂　太田忠司さんも今年は四冊で、活躍しています。
辻　『幻影のマイコ』はSFでしたっけ?
二階堂　SFミステリーです。文体はハードボイルド的で、本格の要素もある。
辻　そうでしたね。
二階堂　モルディブに、日本の会社が軌道エレベーターを造るのですが、その雄大な光景がまず美しいんです。そして、そこで、日本人の入出管理官の女性が失踪して、元警備主任だった主人公が彼女を探すわけです。

辻　太田さんは、前にも、軌道エレベーターを使った作品を書いていましたね？

二階堂　『ルナティック・ガーデン』です。アーサー・C・クラークふうのSFでした。

辻　角川文庫の『目白台サイドキック』シリーズは、ラノベに近い、ライト感覚の短編集でした。

二階堂　『セクメト』シリーズの新作は、ホラーかな。とにかく、太田さんは器用で、いろいろなタイプの作品を発表しています。出した本も百四十冊を超えているんじゃないかな。新本格作家の中では、ずば抜けて書いた本が多いんです。羨ましいですよ（笑）。

戸川　おっしゃるように、太田さんは器用貧乏なところがあって損をしていると思うんですが、お話をきちんと紡ぐ力がありますね。

二階堂　麻耶雄嵩さんが短編集を二つ。どちらも連作と言っていいんですかね。『化石少女』と『あぶない叔父さん』。

辻　『化石少女』は去年のものかと思って、うっかり読まなかった。お二人は、読んでみてどうでしたか。

戸川　僕は無印です。

二階堂　摩耶さんらしい内容ですが、彼の本にしては水準。ものすごく高いレベルを期待しているもので。

戸川　麻耶さんには、もっといいものがありますから。

二階堂　ただ、どちらも、探偵の立脚点についての話だから、そこは麻耶さんらしい。麻耶信者には喜ばれる設定ですよ。特に『あぶない叔父さん』の方は、確かに危ない（笑）。

辻　あれは、いかにも麻耶さんっぽいですね。

二階堂　叔父さんの言っていることを全部本当に信じちゃっていいのだろうか、と思わせるところもたぶん、作者の狙いなんでしょうね。でも、連作短編だと結末が大事。一話目は設定で「またこんな変わったこと考えてきた」と驚かされるわけですが、結末的には——。

戸川　ちょっと尻つぼみ的でしたね。

二階堂　鳥飼否宇さんが、『絶望的——寄生クラブ』や『死と砂時計』など。

辻　『死と砂時計』は良かった。

二階堂　『死と砂時計』はファンタジー的というか幻想的というか、不思議な設定ですね。宇宙のどこかに犯罪の監獄みたいなものがあって、囚人の間で起きる不可能犯罪を囚人が解くという連作短編集です。チェスタートンをSFにしたような感じでしょうか。

辻　そうそう、変わっている。

二階堂　これは力作でしたね。根本的な刑務所の枠組みも、最終的に事件解決の結末に繋がるし。

辻　そう、最後は綺麗にまとまっています。

戸川　チェスタートンはもともとミステリー界のSF作家ですよ。

二階堂　有栖川有栖さんの『鍵の掛かった男』ですが、「十五年ぶりの長編」とか、帯の惹句で書いてありました。

辻　そんなに久々ですかね。

二階堂　法月さんの本にも、時々、何年ぶりとか帯にありますよね。あれは褒めているんですか、戸川さん？

戸川　知らない（笑）

二階堂　編集さんが、叱咤激励の意味で載せているんですかね。

辻　もしかして、嫌みだったりして（笑）。でも、僕なんかも、「四十年ぶりの」なんていうのがありましたよ（笑）

二階堂　自戒も含めて言いますが、普通は恥ずかしいことですよね。

辻　それだけ時間をかけて作った、というのだったらいいですね。映画やなんかと違うんですからね。「構想十三年、執筆半年」ならいいか（笑）。

二階堂　『鍵の掛かった男』は、地味な話ですが――。

戸川　地味、という印象はまったく受けなかったんですが。

辻　ただ、地味なものをこれだけ読ませるというのは、やっぱり小説に力がある。同時にミステリーになっている。最初読み出した時には、犯罪になるわけないじゃないかと。有栖川さんは純文学系に走るのかと思って、そんなはずはないと思いつつ、そうしたら、作中の〈有栖川有栖〉がいろいろと頑張るところも出てきて、なかなか面白い。ひょっとしたら、有栖川さんはすごく力を入れて新境地を開いたのかもしれません。

戸川　まさにそうですね。

辻　〈学生アリス・シリーズ〉はもう完結してしまったのでしょうか。だから、〈火村シリーズ〉では、新しい読者相手のミステリーを始めたのかと思いました。普段、ミステリーを読まない人でも、こういうのだったら手を出す気がしたから。

　そういう点で、僕は本格になるのかと、初めは本当にハラハラしてね、最後までちゃんと読み切れるかと思ったほど。だって、締め切り間際に出て、長いものだったから（笑）。

戸川　で？

辻　そしたら、これはたいしたものだぞ、と思って。

二階堂　最初は、ただ孤独な男が死んだだけで事件性もない。しかし、一緒のホテルにいた人が、殺人かもしれないから火村に調べてくれと頼み、事件探しが始まり、その男の身元を探る。でも、男の過去が解らない。その内にようやく、男の死の裏に犯罪もあるのではないかと思われてくる――。

　この手の話って、ロス・マクドナルドふうというか、人生を描くとか言う、一般のミステリーになりがちじゃないですか。そこをならないで、本格にしたまま結末まで到達するというのはさすが有栖川さんだなと感心する。その一方、でもだったら、この手の小説は、貫井徳郎さんとか、桐野夏生さんで読めばいいんじゃないかとも思うわけです。

戸川　でも、その二人だと本格にならないのではないですか。

辻　そうね。とにかく、本格で踏みとどまったという点が偉い。それから、僕は大阪を知らないのですが、中之島近辺のガイドブックとしても、非常によく書けているなあと思った（笑）。

戸川　確かに（笑）。

辻　それも現在の空間ではなくて、時間的にね。「なるほど、大阪の人が書けばこうなるんだな」という感じ。そういう意味でも、小説以外の面白さがけっこうあったので、それらにも吸い込まれて全部読んでしまった。

　もちろん、もう少し強いサスペンスか何

かが、中盤で欲しいとは思いましたけれど、そうすると、作者の狙いがかえって飛んじゃうのかな。その辺ははっきりしないですね。

要するに、僕は文学が解らない。読んだことないから。ただ、この間の鮎川賞の時に、太田忠司さんとおしゃべりした時に、彼もこれは有栖川さんの新境地だと誉めていました。

二階堂　有栖川さんにとっては、実験だったんじゃないですか。

辻　うん、そう。そうかもしれない。

戸川　辻さんは「本格でとどまった」とおっしゃるけれど、これは最初から最後まで本格でしょう。プロットの展開に工夫を凝らした、という点が「実験」だったのだと思います。

二階堂　途中で、サスペンス的な事件も起こさずに淡々と進んで、謎解きに至る長編。

辻　それで、どこまで純粋な本格ミステリーで行けるかという実験ですね。それはとてもいい言葉だ。

戸川　もし論理を主体にした謎解き小説をめざすとしたら、波瀾万丈のストーリーは必要ないんですよ。着実な推論や、その逆に飛躍した論理展開で充分なスリルを味わえる。そういう意味で、この作品は有栖川さんの新境地だとも言えるし、デビュー以来終始一貫した小説作法だとも言えると思うんです。

辻　逆の意味の不可能を、彼は成し遂げたのかもしれませんね。

二階堂　倉知淳さんの『片桐大三郎とXYZの悲劇』は？

戸川　僕は面白かったですよ。

辻　僕も面白かった。

二階堂　題名で解るとおり、エラリー・クイーンのドルリー・レーン・シリーズのパロディ。これはパロディ？

戸川　パロディ、というよりクイーンの作品に似せた、と思わせて……というものだから、本歌取りとでも言うのかな。

二階堂　オマージュを捧げながらのパロディかな。でも、一話一話のトリックや真相とかは、よく考えてありますよね。

辻　ねえ。

戸川　特に、最後の話の作り方がうまいと思います。

辻　僕も四話目。

二階堂　僕は、三作目が上等だと思いました。伏線もミスリードも絶妙です。

辻　そう言えばそうだ（笑）

二階堂　一話目を読んだ時、あのクイーンの時代の話を現代に持ってこられるんだなと思って、僕は着眼点に感心しました。ラッシュアワーなんて、昔も今も同じなんだから。

辻　この作品は、レーン四部作の元ネタを知っている人は、非常に面白いでしょうね。

二階堂　今年は、島田さんのやつがホームズでしょう、これがクイーンでしょう、僕の出したのはジョン・ディクスン・カーの擬作で、円居挽さんの『キングレオの冒険』もホームズもの。それで、みんな茶化してないんです。みんな、愛がある（笑）。

辻　翻訳も最近は、新訳がいろいろ出ていますからね、新しい目で評価することができますね。

戸川　『キングレオの冒険』は読みのがしました。どんな感じでしたか。

二階堂　短編集で、「赤髪連盟」とか「踊る人魚」とか、個々の題名を見るとホームズのパロディなのですが、中身はちゃんとしたオマージュになっている。で、円居さんのいつものシリーズとも密着していて、なかなか中身が濃いんですよ。

辻　ルヴォワール・シリーズですね。

二階堂　北村薫さんが、『中野のお父さん』と円紫シリーズの『太宰治の辞書』をでしています。

戸川　『中野のお父さん』は北村さんが実に幸せそうに書いているところが微笑ましい。

二階堂　『中野のお父さん』は出版社ものですよね。ありそうでなかったんですよね。

戸川　北村さんじゃないと書けないミステリーです。文士の話とか。

二階堂　短い話がいっぱい入っている。他の人の日常の謎ものとはやはりワンランク違うな、という感じですね。

戸川　これは正確にいえば、日常の謎ではないと思うんですよ。だから、「北村薫＝日常の謎」と決めつけるのはどうかな。犯罪は出てこないからと、日常の謎と書くのは間違いですよ。文芸評論的な洞察をベースにしている。

辻　帯に「日常の謎」とあるけど、読んでみて、そうかなあと首をひねった経験は僕にもあります。というか、そういうラベルを貼ると読者が手に取りやすいという狙いが、出版社にはあるんでしょうね。特に女性向きに。

二階堂　最近の帯の惹句は言い過ぎですよね。「すごいどんでん返し！」とか「最後の驚き！」とか。それじゃあ、驚けない(笑)。

戸川　予断を与えていますね(笑)。

辻　この間読んでいて面白かったのは、秋吉理香子さんの『聖母』。でも、「最後の二十ページで大きな驚きが」と。確かに帯に書いてある。思わず最後の二十ページくらいのところに指を入れて、「ここだな。じゃあ、そこまでは頑張って読もう」とやっちゃった(笑)。

戸川　僕は「最後の一行！」と帯でやったら、「この最後の一行って何だ！」と、読者に怒られたことがある。

辻　とにかく、言い過ぎはありますよ。でも、それぐらい親切にしないと、最近の読者はなかなか本を手に取ってくれないんでしょうね。

二階堂　メフィスト賞作家の早坂吝さんは二冊。『虹の歯ブラシ　上木らいち発散』という、例の援交している女性が主人公のもの。次の『RPGスクール』は、登場人物が超能力者で、RPGゲームの中に入って事件の謎を解くというもの。この題名は、昔あった『RPGツクール』というロール・プレイング・ゲームを作れますよというソフトから取ったものでしょう。

辻　どっちが良かったですか。

二階堂　『歯ブラシ』が○です。七色にちなんで事件があって、連作が成功した印象がありますから。

戸川　僕はどちらも無印ですが、面白かったことは面白かったですね。

辻　僕も両方面白く読みまして、『歯ブラシ』に○を付けています。

二階堂　前にも言っていますが、僕はSF〈本格〉ミステリーを書くことを推奨していますので、『RPGスクール』のような方向性は大歓迎です。ただ、素材を集めたけど、それをまとめて、膨らませる作業が少し足りなかった感じがします。そこがもったいなかった。

戸川　北山猛邦さんは、少年検閲官シリーズを出しましたね。『オルゴーリェンヌ』です。

辻　これは良かった。終わりにトリックがバババッと重なって。

戸川　すごい力作ですよね。ちょっと米澤さんの『折れた竜骨』を思い出しました。

二階堂　三人の主人公がいて、三つの解決が、多重解決でありながら並列解決にもなっている。もちろん、少年検閲官シリーズの世界観が今回もしっかり出ていて、ファンタジー系本格の中ではピカイチでした。

辻　ファンタジーだけれども、確かに本格ですよね。

二階堂　東川篤哉さんの『探偵少女アリサの事件簿　溝ノ口より愛をこめて』は、やっぱりうまいですよね。初期にはユーモアを無理やり作っていたところもありますが、本当に自然になった。

辻　今はそうですね。結局、キャラクターを作るのが非常にお上手になったわけですね。

二階堂　でも、今回の探偵は確か小学校四年でしょう？　無理がありますよね。

辻　それは『名探偵コナン』の脚本を書いていると、いつも常にある。あれは、小学校一年生ですから、無茶苦茶です（笑）。

二階堂　コナンくんは頭は高校生なのでしょう？

辻　そうだね。それで逃げ道がある。

二階堂　でも、探偵少女アリサはそうではないから。けっこう大人みたいな推理しているのに、何か訊かれると「その言葉知らない」とかで誤魔化すか、逃げちゃう。

戸川　それはないだろうと（笑）。

二階堂　ちょっと、そのあたりのレベルの調整が良くない。設定的には難しいでしょうが。

戸川　堀燐太郎さんの『ジグソー失踪パズル』は、オモチャ探偵もの。内容的にも良かったですよ。

二階堂　ええ。オモチャと本格は、ネタ的に合いますよね。

辻　最後の話は情感もたっぷりありますしね。

戸川　あの人は、自分でオモチャを作る人なんですよ。だから、彼の、オモチャへの愛がよく解る。

二階堂　森谷明子さんは、『花野に眠る（秋葉図書館の四季）』を出しました。

戸川　図書館ものの第二弾で、司書の女性が主人公というもの。

辻　十年ぶりかな（笑）。

戸川　前のものより、ずっと良くなっている。今度のものは、ちゃんと死体も出てくる。日常の謎ものばかりという内容ではないんです。この一年の収穫のひとつです。

二階堂　前作より、謎は濃くなっていますね。連作形式になっていて、五話目で全部が繋がるようになっている。

辻　綺麗に収まっていますね。

二階堂　最後が、流行りの警察／パニック／いじめ関係もの。この分野では、やはり麻見和史さんが頭一つリードしている。警察本格もの系の作品を、今年は四冊も出していますが、全部、内容は濃かった。出版社が違うこともあって、消防士とか、緊急救命士とかが主人公になっているものもあります。

辻　僕は、消防士ものの『深紅の断片　警防課救命チーム』を推します。消防士はやれる範囲が警察官より少ないから、それで話を作るのは大変だっただろうと思いますね。

二階堂　仕事の内容や状況を、よく調べてありますしね。

辻　ええ。調べないと書けないですよ、あいうのはね。

二階堂　ただ、これだけ冊数を書くと、ちょっとルーチンワーク的になってきている。フォーマットが同じというか。似た感じでプロローグがあって、通常ではない死体が見つかって、捜査が始まって——という具合に物語の構造がほぼ同じなんですね。もちろん真相は違うのだけれど。

辻　書きすぎると、どうしてもそうなりますね。

二階堂　だから、売れっ子になるのは良いことだけれど、ちょっとだけ心配です。

それでは、まとめてみましょうか。評価の高かったものは、北山猛邦さん『オルゴーリエンヌ』、鳥飼否宇さん『死と砂時計』、深水黎一郎さん『ミステリー・アリーナ』、この三作は完全に決定ですね。

戸川　短編集だと、堀燐太郎さんの『ジグソー失踪パズル』。

辻　新人は、井上真偽さん『その可能性はすでに考えた』で決定ですね。

戸川　これは問題ない。

二階堂　それから、倉知淳さんの『片桐大三郎とXYZの悲劇』、大山誠一郎さんの『赤い博物館』、島田荘司さん『新しい十五匹のネズミのフライ：ジョン・H・ワトソンの冒険』、有栖川有栖さんの『鍵の掛かった男』、吉田恭教さんの『可視える』も順当ですね。

戸川　それで、十作。

辻　十作ちょうどですね（笑）。けっこうバラエティーに富んでいていいですね。

二階堂　それでは、この十冊を〈黄金の本格ミステリー〉として選出したいと思います。

戸川　最後に、ぼくは今年で引退しますので一言。

ぼくはきょう、お二人の話をただただ感心しながら拝聴していましたが、今年の傾向として大事なことに思いつきました。それはこの数年でデビューし、意欲的に本格ミステリーを書き出した有望な書き手が少なからずいるということ。そのことにまず意を強くしました。その反面、自己の趣向や方向性を極めようとして、物語作家としての手腕が伴っていかない。トリックや論理性が研ぎ澄まされていくのと同時に面白い物語を紡いでいくことができるようになるといいのですが。トリックや論理的展開、物語の設定等、頭で考え出す部分に意を注ぐのはもちろんのことですが、それを面白い物語に仕立て上げるのは、天性の才能だと思うんです。それと、これまでの読書歴がものを言うかもしれませんね。例に引きやすいので言いますが、島田さんの才能には惚れ惚れします。でも、誰もが島田荘司になれるわけじゃない。驚天動地のトリックだけで喜ぶ読者もいるでしょうが、少なくともぼくは、やっぱり面白いお話が読みたい。難しいけれど、作家としてやっていくからには挑戦し続けてほしい。その意味で、ぼくの本年度ナンバーワンは米澤穂信さんの『王とサーカス』でした。

辻　お疲れさまでした。

作家名・作品名　◎：特に優れたもの ○：優れたもの ※：その他（惜しいもの、気になるもの、等）	二階堂黎人	戸川安宣	辻真先
麻耶雄嵩『**化石少女**』(徳間書店)			○
市川哲也『**名探偵の証明 密室館殺人事件**』(東京創元社)	○		○
北山猛邦『**オルゴーリェンヌ**』(東京創元社)	◎	○	○
堀燐太郎『**ジグソー失踪パズル**』(フリースタイル)	○	○	○
森谷明子『**花野に眠る(秋葉図書館の四季)**』(東京創元社)			○
麻見和史『**女神の骨格 警視庁捜査一課十一係**』(講談社)	○		
安萬純一『**青銅ドラゴンの密室**』(南雲堂)	○		○
井上真偽『**恋と禁忌の述語論理**』(講談社)	◎		○
鳥飼否宇『**死と砂時計**』(東京創元社)	◎	○	◎
早坂吝『**虹の歯ブラシ 上木らいち発散**』(講談社)	○		○
太田忠司『**幻影のマイコ**』(祥伝社)	○		
小島正樹『**呪い殺しの村**』(双葉社)	◎		
鳥飼否宇『**絶望的――寄生クラブ**』(原書房)			○
門井慶喜『**東京帝大叡古教授**』(小学館)		○	○
麻耶雄嵩『**あぶない叔父さん**』(新潮社)	※		
小島正樹『**浜中刑事の妄想と檄運**』(南雲堂)	○		○
大倉崇裕『**福家警部補の追及**』(東京創元社)	○		
麻見和史『**深紅の断片 警防課救命チーム**』(講談社)			○
知念実希人『**天久鷹央の推理カルテIII:密室のパラノイア**』(新潮社)			○
松尾由美『**ハートブレイク・レストラン ふたたび**』(光文社)	○		
深水黎一郎『**ミステリー・アリーナ**』(原書房)	○	○	○
周木律『**教会堂の殺人～Game Theory～**』(講談社)			○
法月綸太郎『**怪盗グリフィン対ラトウィッジ機関**』(講談社)			○
下村敦史『**生還者**』(講談社)	※		○
岡崎琢磨『**季節はうつる、メリーゴーランドのように**』(角川書店)			○
米澤穂信『**王とサーカス**』(東京創元社)		○	◎
早坂吝『**RPGスクール**』(講談社)	※		
月原渉『**火祭りの巫女**』(光文社)	○		
深緑野分『**戦場のコックたち**』(東京創元社)			◎
井上真偽『**その可能性はすでに考えた**』(講談社)	◎	○	◎
倉知淳『**片桐大三郎とXYZの悲劇**』(文藝春秋)	○	○	○
大山誠一郎『**赤い博物館**』(文藝春秋)	◎	○	○
初野晴『**惑星カロン**』(角川書店)	※	※	○
島田荘司『**新しい十五匹のネズミのフライ**』(新潮社)	◎	○	◎
北村薫『**中野のお父さん**』(文藝春秋)	○	○	
有栖川有栖『**鍵の掛かった男**』(幻冬舎)	○	○	○
吉田恭教『**可視える**』(南雲堂)	○	○	○

作家の計画・作家の想い

青井《あおい》 夏海《なつみ》

九四年に『スタジアム　虹の事件簿』を自費出版で出版。〇一年に東京創元社から創元推理文庫として刊行される。主な著作に『陽だまりの迷宮』『星降る楽園でおやすみ』『からくりランドのプリンセス』など。

拙著デビュー作の野球ミステリー『スタジアム 虹の事件簿』（創元推理文庫）が、もとは趣味で自費出版した本であることは、同書あとがきを始めいくつかの媒体に書いてきました。当時はそれがデビューのきっかけになるとは思わず、でもそういう本を書いたことは誰かに知ってほしかったので、ほとんど唯一の営業活動としてとある野球ファンの会あてに送ってみました。見ず知らずの人に「本を読んでくれ」なんてとても迷惑なお願いで、返信はなくてもともとのつもりでした。

ところが数日後、事務局のSさんという方から思いがけなく電話をいただきました。Sさんの本業は、実はフリーの編集者で、想像以上に真剣に目を通してくださったようなのです。そして、「野球のことを書くのになぜ殺人などという血なまぐさい事件を絡ませなければならないのか（大意）」と、厳しいご批評を頂戴しました。うーむ、そこか。

ほかにもここにはとても書けないくらい、その電話は酷評の嵐だったのですが、Sさんは会報に本の紹介文を載せてくれたり、観戦会に誘ってくれたり、ついにはその会に入会させてくれたりしつつ、「野球小説を書きたければこういう作品に触れなさい」と、いろいろな映画や書籍を紹介してくれました。それで私も、次の課題はミステリーではない野球小説かもしれないと思い、発表のあてもなく書き始めたのです。

けれどもそれは途中で話が進まなくなり、何となくそのままになってしまいました。今では何を書こうとしたのか満足に覚えてすらいません。いかにも素人にありがちな杜撰な構想でしたが、それが当時の自分の限界と思うほかありません。

その後Sさんは体を壊し、音信も途絶えがちになりました。『スタジアム……』の公刊をご報告することはついに叶いませんでした。Sさんのことを忘れたことはありませんが、私はやっぱりミステリーが書きたくて、非ミステリー野球小説を書くという宿題はずっと忘れたふりをしてきました。

めぐりめぐって今、その宿題を執筆中です。ミステリーでないものの話ですみません。無事提出を果たした暁には、そこから得たものを糧にまたミステリーをがんばりたいと思いますので何卒よろしくお願いいたします。

青崎　有吾

あおさき　ゆうご

一九九一年神奈川県生まれ。明治大学卒。二〇一二年『体育館の殺人』で第二二回鮎川哲也賞受賞しデビュー。他の著作に『アンデッドガール・マーダーファルス　１』『風ヶ丘五十円玉祭りの謎』『水族館の殺人』。

もう一年経つなんて早いなあと思いながら去年の『本格ミステリー・ワールド』を読み返したところ、二〇一四年の私は「来年は本がたくさん出ます！」という予告とともに四冊くらいの本の宣伝をしていました。では実際たくさん出たのかというと、あれ？　単行本が一冊文庫化しただけだぞ？　まあ世の中いろいろありますよね。いろいろあるんですよ。あるんですよいろいろ……。

しかしご安心めされ、タイミングが合わなかっただけです。今年出せなかった分これから立て続けに出ます。何か去年もそう言っていた気がしますが、とにかく今回は大丈夫です。

まずは講談社タイガさんより『アンデッドガール・マーダーファルス』というシリーズが始まります。この本が出た次の週くらいには第一巻が発売されているのではないでしょうか。もしかしてもう出てるかも？　どんなジャンルのお話かというと、なんちゃってパスティーシュゴシックホラー怪奇ロマン特殊設定本格ミステリです。よろしくどうぞ。

さらに東京創元社さんより『図書館の殺人』も出ます。裏染君のシリーズの四作目ですね。図書館と期末テストとダイイングメッセージにまつわるお話です。年明け、一月下旬発売予定。少なくともこの原稿を書いている時点ではそうなっています。一月中に出なかったら何か悲劇が起きたと思ってください。

どんどん行きましょう。次。二月ごろには徳間書店さんより『ノッキンオン・ロックドドア』という連作短編が出ます。雑誌『読楽』にて不定期連載していたシリーズです。得意分野が異なる二人の探偵が協力したりケンカしたり無駄口を叩き合ったりしながらどうにかこうにか謎を解いていきます。こちらもぜひ。

さあ他には？　どうした？　もうないか？　ないようです。春以降の計画としましては、仮の予定ですが、『アンデッドガール・マーダーファルス』の二巻が出たり、『水族館の殺人』の文庫が出たり、筑摩書房さんからミス研が舞台のぐだぐだ学生ミステリが出たりするかと思います。

というわけでいろいろある世の中ですが、来年もがんばっていきましょう。

青柳 碧人

あおやぎ あいと

一九八〇年千葉県生まれ。早稲田大学教育学部卒。二〇〇九年『浜村渚の計算ノート』で第三回講談社Birth小説部門を受賞しデビュー。近著に『恋よりブタカン!? 池谷美咲の演劇部日誌』『彩菊あやかし算法帖』など。

二〇一五年は様々な新体験をした年であった。

一つは漫画界へのチャレンジ。厳密に言えば二〇一四年からやっていた仕事であるが、少女漫画誌「なかよし」と、少年漫画誌の「週刊ヤングマガジン」でそれぞれ一作品ずつ、原作を担当させていただいた。毎週毎週話を展開させていくことの難しさ・面白さは少なからず糧になったはずである。

もう一つはテレビ界へのチャレンジ。テレビ朝日の人気クイズ番組に出演させていただいた。クイズ研究会出身という経歴を生かすような活躍ができたかの判断は視聴者の皆様にお任せするとして、多くの出演者やスタッフがひしめき合うスタジオでの収録は、かなり刺激的な体験であった。

思えば僕は、高校時代には演劇部に所属し、大学時代はクイズというよりイベントが好きでサークル活動をしていた。多くの力を結集して大々的な物を作るのが好きな側面を持つ人間であったことを、遠き昔日のスクリーンに映し出すような体験であった。

現在の自分の仕事の風景を顧みる。毎日パソコンに向かい、他人行儀な白い空間を自らの発想で埋めていく。今書いていることが、面白いのかどうか、わからずに悩む。静かで孤独なうえ、報われることが約束されていない。……しかしこれを続けていけるのは、読者の顔を想像すればこそであろう。

孤独な日常に一抹の彩りを。戦い続けるすべての作家に花束を。

ではここで、二〇一六年の刊行の予定。まず、昨年出すと宣言しておきながら出せなかった建造物ゆるミステリ『ヘンたて』3巻を早いうちに。それから、講談社の新レーベル「講談社タイガ」ではSFミステリを一冊（タイトル未定）。続いて、数学少女の活躍する看板シリーズ『浜村渚の計算ノート』（講談社）と、演劇部ミステリ『ブタカン』シリーズ（新潮社nex）も新作を刊行予定。雑誌連載中の作品は、『綾志別町役場妖怪課』（sari-sari／KADOKAWA）、『国語、数学、理科、漂流』（別冊文藝春秋／文藝春秋）、『彩菊あやかし算術帖』（ジェイ・ノベル／実業之日本社）、『ほしがり探偵ユリオ』（ミステリーズ！／東京創元社）である。

その他、面白いものは随時計画中。二〇一六年もよろしくお願いします。

秋梨　惟喬

あきなし　これたか

一九六二年岐阜県生まれ。広島大学文学部卒。二〇〇六年「殺三狼」で第三回ミステリーズ！新人賞を受賞。近著に『矢澤潤二の微妙な陰謀』『黄石斎真報』『天空の少年探偵団』など。

実は、活字の仕事はなかったのですが、ちょっと変わった仕事がひとつありまして。何とトークイベントです。武侠小説の大家・金庸様を日本に紹介したことで知られる早稲田大学学術院教授・岡崎由美先生と名城大学助教・松浦智子先生訳の『楊家将演義』（勉誠出版）刊行記念のトークイベントに、お招きいただきました。元来口下手なところを、勢いに任せてあれこれ喋ってしまったようで、よかったのだろうかあれで、と反省しきりです。岡崎先生、松浦先生、勉誠出版の荻野さん、東京堂の清都さん、ありがとうございました。

というわけで、今後は新たな方向性も考えていますよ。意外な題材の作品が生まれる可能性も。キーワードは〝猫〟。もともと猫好きなのですが、最近猫の絵を描いている人たちとの関係ができまして。猫物を書きたい、という衝動が。とはいえそこは秋梨惟喬、ねこちゃん可愛いー、というわけにはいかず、やはりどこか変な世界になってしまいそうな気配が。でも作者の場合、それが売りですから――少なくとも本人はそう思い込んでいます。少しだけご期待ください。

『仮面ライダードライブ』は期待を裏切らない面白さでしたなあ。ラストの着地も見事。脚本メインが『～W』の三条陸というところで、探偵Wと刑事ドライブの共演Vシネも見たいところです。そして新作『～ゴースト』。主人公が死人、目玉で変身、偉人の魂でフォームチェンジ、しかもライダーが服を着ている。どこまで行くのか仮面ライダー。偉人のダークな部分がクローズアップされてくれれば面白くなりそうな気配です。そして意外に嵌ったのが『夜ノヤッターマン』。連発されるパロディの元ネタは世代的にぴったり、最終回は不覚にもぐっときてしまいましたよ。

などとのんびりしている場合ではありません。今年は結局作品を発表できませんでした。あれこれ書いてはいるのですが、そこはそれいろいろ難しいんです。一番は自分の未熟なんですけどね。とはいえ、もろこし物と矢澤物はいずれも単行本一冊程度の短編が上がっています。みなさんの後押しがあればなんとかなるかも。自信作もありますよ。後押ししてくださいい、ぜひ！

麻見《あさみ》 和史《かずし》

一九六五年千葉県生まれ。立教大学文学部卒。〇六年『ヴェサリウスの柩』で第十六回鮎川哲也賞を受賞しデビュー。近著に『蝶の力学 警視庁捜査一課十一係』『深紅の断片 警防課救命チーム』『警視庁文書捜査官』など。

麻見和史です。二〇一五年は『石の繭　警視庁殺人分析班』（講談社文庫）がＷＯＷＯＷさんでドラマ化されるという、大変幸運な出来事がありました。如月塔子を主人公とするこのシリーズでは過度な残酷描写をせず、スピード感を出すよう心がけてきました。今回そうした部分に注目していただけて、本当に嬉しく思っています。

さて、二〇一五年の新作刊行は三冊となりました。

まず一月に角川書店さんから『警視庁文書捜査官』という警察小説を刊行させていただきました。他人の書く文字に興味を持つ女性警部補が、部下の男性刑事とともに文章の謎を解いていく物語です。小さな問題をクリアしていくと、やがて事件の全体像が明らかになるという趣向です。

五月には『深紅の断片　警防課救命チーム』が講談社さんから出ました。これは「本格ミステリー・ワールド」の二〇一一年版で、まもなく刊行できそうです、とご報告した救急医療ミステリーです。諸事情あって四年かかってしまいましたが、無事に刊行することができました。

同じ五月には十一係シリーズの四作目である『虚空の糸』が文庫化されました。現在、ノベルスから約二年後に文庫版が出るというペースになっています。

そして十二月、同シリーズ七作目の『蝶の力学　警視庁捜査一課十一係』が講談社ノベルスから出ているはずです。過去六作で毎回不可解な事件現場を描いてきましたが、今回は鷹野ら先輩捜査員にも動機がまったく推測できないという、かなり難度の高い事件が発生します。また、本作では登場人物たちの人間関係を深めることにも力を注ぎましたので、どうかご期待ください。

二〇一六年の予定ですが、春から初夏までにオーソドックスな警察小説を一作、冬までに十一係シリーズを一作出したい考えです。そのほか、以前からお約束している件に着手して、今までとは違ったタイプの作品を執筆します。

こうして継続的にお仕事をいただけるのは本当に嬉しいことです。何年か前には新作刊行の当てもなく、非常に苦しい毎日を過ごしていました。当時のことを忘れず、これからも全力を尽くしてまいりますので、どうぞよろしくお願いいたします。

天祢　涼

あまね　りょう

二〇一〇年『キョウカンカク』で第四十三回メフィスト賞を受賞してデビュー。ほかの著作に『葬式組曲』『セシューズ・ハイ　議員探偵・漆原翔太郎』『都知事探偵・漆原翔太郎』『謎解き広報課』『ハルカな花』など。

昨年のこの欄で刊行を予告した五作のうち、世に出すことができたのは三作。一応、勝ち越しですが、文庫化、昨年から書いていた小説、連載原稿をまとめたもの、と、新規で書いた原稿は一つもないので、実情は敗北です。「書くのが遅い」という悩みは変わっておりません。

決して手をこまねいているわけではなく、いろいろと試行錯誤を繰り返してきました。その甲斐あって、自分に合った書き方を見つけつつあります。来年はペースよく書けることでしょう！

と、風呂敷を広げたところで、恒例の予告です（タイトルはすべて仮題）。

①「レンタル家族ミステリー」。シェアハウスに入居した女の子が、怪しげな大家さんのもと、格安家賃に釣られて方々の家族に「レンタル」され、その度に事件に巻き込まれるコメディタッチの連作ミステリーです。年明けから『ジェイ・ノベル』（実業之日本社）で連載開始予定。本になるのは再来年になりそうです。

②「バック・イン・ブラック」。角川書店の文芸誌で連載予定の長編。昨年のこの欄では「廃墟で追いかけっこをしていたら殺人が起こる長編」と予告していましたが、そちらはなかったことにしました。代わって、昨年の時点では書くとは思いもしなかった、でも馴染みがないわけではない業界の小説を準備中です。プロット通りにいけば、天祢涼史上、最もシリアスな長編になることは確実。

③「ニュクス」。ずっと「ゼロ・トレランス」というタイトルで予告していたデビュー作「美夜シリーズ」のエピソードゼロです。完成寸前までこぎ着けた原稿が気に入らなかったので全部破棄して、ゼロから書き直しております。既に脱稿寸前なので、来年こそ出ます。

このほか、昨年から進めている「見ようによってはレアな本」を刊行予定。また、まだ担当編集者には話していませんが、あるテーマのミステリーを書きたくて資料を当たっております。最近、非常に気になっているテーマなので、なんとか世に出したい。

いろいろ構想は練っておりますので、来年もよろしくお願い致します。

安萬純一

あまん じゅんいち

「なあセンセ、あんた、近ごろ殺し方にパンチが足らねえとは思わねえか」

「そうかなあ。熊さんはそう思うかい」

「そうだよ。まえは三十人以上を爆弾で吹き飛ばしたりしてたじゃねえか。いやいいよ。殺しは数じゃねえといいてえんだろ。だけどよ、ひとつひとつ取ったって、もっと工夫っつうか、ようするに迫力が欲しいじゃねえの。ほら、いつか時代劇の話しただろ。俺が見てえのはたとえば、額に青筋立てた山崎努が出刃包丁構えてまっしぐらに駆けてくるみてえなさ、そういうのね」

「それ恐すぎるよ。それに出刃包丁じゃ時代劇じゃないね」

「じゃああれ時代物じゃなかったのかな。それとも刀だったか。知らねえか？ 原田芳雄をぶっ刺すやつ。震えが来るほどすげえ迫力だったぜ」

「知らないな。僕は山崎努といえばやっぱりあのボキボキッてやつだよ」

「ああ、あのレントゲンが出るやつな。うんうん、あれもたしかによかった。そうだ、あんたもレントゲン出せよ。本に付録でつけるんだよ。DVDでもいいからよ」

「なぜ、なんのために」

「殺人のリアリティのためだよ。当たりめえだろ。ほら、ここには顔のレントゲンがいくらでもあるじゃねえか。うひょひょ、いいぜ。モノクロのレントゲンってのはただでさえ不気味だからなあ。ふーむふむ、どんどん話がわいてきた。

舞台は紀州、中上健次のセカイだ。私生児の主人公が出刃包丁と素手のボキボキで次々に自分と血の繋がりのある村人を殺していく。殺しのシーンと歯を抜くときのレントゲンが重なる。メリメリッ、ああ痛そーってな。みんな悲鳴を上げるぜ。頭に懐中電灯さしゃ本格ファンにもアピールするよ。最後に殺すのはもちろん放火魔の実父だ。これ最高だろ」

「中上健二にカタカナのセカイって似合わないね」

「カタカナでいったかどうかどうしてわかんだよ」

「いずれにしても今回は熊さん、肩に力が入りすぎだよ。ほい、腕を上げてリラックスね。コチョコチョコチョ」

「ああっ、やめろよ。おい、医者が患者にそんなことしていい――イヒヒッ、イヒヒヒヒッ」

一九六四年東京都生まれ。東京歯科大学卒。二〇一〇年『ボディ・メッセージ』で第二十回鮎川哲也賞を受賞しデビュー。他の著作に『王国は誰のもの』『青銅ドラゴンの密室』『モグリ』『ポケットに地球儀 探偵作家アマンと謎の密室魔』など。

綾辻 行人

あやつじ ゆきと

一九六〇年京都府生まれ。京都大学教育学部卒。八七年『十角館の殺人』で講談社よりデビュー。主な著作に『暗黒館の殺人』『霧越邸殺人事件』『Another』など。

二〇一五年は江戸川乱歩について語る機会が多くあった。乱歩の没後五十年という年だったからである。

記念企画がＮＨＫ方面で同時多発的に立ち上がり、それぞれから番組出演の依頼を受けた。なぜに自分ばかり？　と戸惑いつつ、これも巡り合わせかと思ってすべてお引き受けした。結果、制作・放送されたのが次の三つの番組である。

1「ＮＨＫアーカイブス　すべては乱歩から始まった〜日本ミステリーの父　没後50年」（総合、七月十九日放送）

2「妖しい文学館　あなたの知らない明智小五郎と怪人二十面相の秘密」（ＢＳプレミアム、七月三十日放送）

3「ＥＴＶ特集　二十の顔を持つ男〜没後50年　知られざる江戸川乱歩〜」（Ｅテレ、八月一日放送）

佐野史郎、高橋源一郎、壇蜜の三氏ともに乱歩作品を「深読み」する、という2が最もハードな内容で、事前に相当な準備が必要だった。課題作は『Ｄ坂の殺人事件』『屋根裏の散歩者』『青銅の魔人』。久々にこれらを精読してみたところ存外に面白くて、新たな発見も多々あった。番組全体としても、なかなか面白い「深読み」が提示できたと思う。

1は〇七年制作の「その時歴史が動いた『日本ミステリー誕生　江戸川乱歩・大衆文化との格闘』」を観ながら、外枠でゲストが感想を語るという番組。綾辻ともう一人、「ももち」こと嗣永桃子嬢がゲストだったのだが、この組み合わせには意表を衝かれた人も多かったようである。

3は名古屋放送局制作のドキュメンタリー。名古屋・大須に乱歩趣味のルーツを見出そうとしているところが、さすがな感じ。綾辻の他、中村文則氏が取材を受けて乱歩への想いを語っている。

ところで、これらのどの番組でも大きな問題として言及されたのが、戦前・戦中における言論・表現の弾圧の実情であった。乱歩が「検閲酷烈」「探偵小説全滅」と書き記した当時の状況を思うと心底、暗然としてしまう。二度と同じような状況の到来を許してはいけない、と改めて痛感する。

さて、そんなわけで今年も懸案の社会派ノワール超大作『大馬鹿野郎ども』の執筆は止まったまま、である。再開の目算はまったく立っていない。あしからず。

有栖川 有栖

ありすがわ ありす

一九五九年大阪府生まれ。同志社大学法学部卒。八九年『月光ゲーム――Yの悲劇'88』でデビュー。〇三年『マレー鉄道の謎』で第五十六回日本推理作家協会賞受賞。〇八年『女王国の城』で第八回本格ミステリ大賞を受賞。

永らく二つのシリーズを書き続けてきた。デビュー作で登場させた江神二郎《えがみじろう》を探偵役としたものと、犯罪学者の火村英生《ひむらひでお》を探偵役としたもの。前者は長編五部作（加えて短編集二冊）で完結させる予定で、後者は名前を並べるのもおこがましいがエラリー・クイーンやエルキュール・ポワロと同様に作家生活の終りまで書くことになりそうだ。彼にそのように活躍してもらうのは、当初からの計画である（どこかでシリーズを完結させる可能性もなくはないが）。

多作な方ではないから探偵キャラクターをたくさん抱えていても仕方がない。この二人で充分だと考えていたのだけれど、思いもよらない作品を生み落してしまうこともあるもので、〈ここではないもう一つの日本〉を舞台とした長編シリーズを六年前に書き始め、空閑純《そらしずじゅん》という少女を探偵役に起用した。これで三人。

いや、もう一人、初期の短編集に出した地蔵坊《じぞうぼう》という怪しげな山伏がいた。わが〈有栖川プロダクション〉に所属するタレントは締めて四人。ささやかな〈事務所〉だから、ここらが限度だろう。

と思っていたら、予期せぬ新入りが現われた。超自然現象を扱うからミステリではないのだけれど、怪談専門誌『幽』で濱地健三郎《はまじけんざぶろう》という私立探偵の短編のシリーズを二年前から書きだしたのだ。よって計五人。

ただ、地蔵坊はワンステージだけの契約で、すでに引退したタレントだから実は面倒をみなくてもよい。濱地にいつまで働いてもらうかは不透明だが、とりあえず今の〈公演〉が終了するまではケアが必要だ。

今でさえマネジメントに追われて所属タレントたちを使いこなせていないから、これ以上は増やしたくない。「彼の充電期間が長すぎるな」「このところ彼女に仕事を与えていない」など常々気になっている。

こんなふうに自分の創ったキャラクターたちをタレントに喩えていたら、ますます責任を感じてくるから妙なものだ。彼らと彼女に〈探偵としてのよき人生〉を全《まっと》うさせてやるために、がんばってマネジメントしていかなくては。〈事務所〉を倒産させないようにして。

石崎 幸二《いしざき こうじ》

一九六三年生まれ。埼玉県出身。東京理科大学理学部卒。二〇〇〇年『日曜日の沈黙』で第十八回メフィスト賞を受賞。他の著作に『鏡の城の美女』『皇帝の新しい服』『第四の男』『記録の中の殺人』『♯の殺人』など。

二〇〇〇年の十二月に『日曜日の沈黙』で作家デビューしてから、二〇一五年の十二月で十五年が経ちました。新作が出せていれば、作家生活十五周年で騒ぎたいところですが、このところ新作が出ていないので、独りで静かに飲みたいと思います。

デビュー作以降、講談社ノベルスから女子高生の御薗ミリア&相川ユリが活躍するシリーズを出しています。その作品に登場するもうひとりの主人公である石崎幸二と同様に、作者の石崎幸二もサラリーマンをしています。冴えないサラリーマンであるところも作品中の石崎と同じです。

どんなに冴えていなくても、会社に行くのがサラリーマンの仕事ですから、かれこれ三十年近く電車を利用して通勤しています。学生時代の通学を含めると、電車の利用期間はもっと長くなります。

そんな通勤電車で、本を読んでいる人を見かけなくなりました。ここ数年で特に減ったような気がします。混雑していることもあるのでしょうが、余裕のある帰りの車内でも同様です。専用端末で電子書籍を読んでいるような人もほとんど見かけません。

そんななか、文庫本を読んでいる高校生を見かけると、ほっとします。まだ絶滅していないな、よかったなと。参考書を読んで勉強している高校生は時折見かけるのですが、文庫本を読んでいる高校生は、絶滅危惧種かと思われるくらい見かけなくなりました。

埼玉の田舎から東京へ向かう路線の、限られた時間帯での個人的な印象です。

そんな電車内で、自分は何をしているかというと、ミステリのネタやトリックを考えています。二〇一六年は新作が出せるようにと。

そんなわけで、二〇一六年の計画ですが、まずはミリア&ユリのシリーズの新作を出したいです。また、幾つか抱えているものも、しっかりとした形にできればと思っています。

よろしくお願いいたします。

石持《いしもち》　浅海《あさみ》

二〇一五年は、珍しく新刊の少ない年でした。なんと、長編が一冊と、連作短編集が一冊だけ。とはいえ、この長編『凪の司祭』が構想十年、四百字詰め原稿用紙換算で九百枚超、四六判二段組という気合いの入った作品ですので、満足しています。

代わりといっては何ですが、文庫が五冊も出ました。そのうちの一冊で、こっそり温めてきた企画が実現しました。その名も『第一話』。今までに僕が出してきた連作短編集の第一話のみを集めるという、過去にあまり例のない一人アンソロジーです。新作長編と文庫企画のおかげで、個人的には充実した一年になりました。

二〇一六年の刊行予定は、実は現段階ではほとんど決まっていません。連載完結の目処が立っているのが、長編『鎮憎師』(ちんぞうし、と読みます)です。事件を解決するのではなく、事件に絡む憎しみの連鎖を断ち切る人の話。年の後半には刊行できそうです。

一九六六年愛媛県生まれ。九州大学卒。〇二年『アイルランドの薔薇』が光文社「Kappa—One登竜門」の第一弾に選ばれデビュー。近著に『罪人よやすらかに眠れ』『凪の司祭』『相互確証破壊』『身代わり島』『御子を抱く』など。

他の仕事も目白押しです。継続中の連作短編は、座間味くんシリーズ第三シーズンと殺し屋探偵シリーズ。どちらも一六年中に一冊分揃う予定で、刊行は翌年になるでしょうか。宿題になっている案件も数多くあります。まずは二年越しの架空国家長編を仕上げなければなりません。それから待ってもらっている長編もあります。構想にゴーサインをもらっているものだけでも三本。どれも書きたくてたまらない物語なので、早く取りかかりたいと思います。ひとつはカウントダウン式の島もの。ふたつは魅力的なヒロインが登場する話です。今のところ。

最後に、カッパ・ツーに言及しなければ。年明けに、光文社さんの新人発掘企画「カッパ・ツー」の選考が行われます。前身のカッパ・ワンでデビューした東川篤哉さんと僕が審査委員を担当します。僕たち二人が、いったいどんな作品を選ぶのでしょうか。今から怖いです。

市川 哲也

いちかわ てつや

一九八五年高知県県生まれ。二〇一三年『名探偵の証明』で第二三回鮎川哲也賞を受賞しデビュー。他の著作に『名探偵の証明 密室館殺人事件』

いやはや難産でした。

三部作です、キリッ！　とぶち上げた『名探偵の証明』の完結編をようやく書き上げられました。これまでの執筆人生で最大の苦闘でありましたよホントに……。

とはいえ、名探偵というテーマで書きたいことは、これで一応は書けましたし、ひとまず名探偵蜜柑花子を解放できて肩の荷が下りました。順調にいけば来年には出版されるはずです。

ただし最大の懸案事項がひとつ。タイトルはいったいどうするか……。

タイトル付けが苦手すぎて『最後の聖戦』とか『THE LAST MISSION』などしか思いつきません。正直、『キン肉マン』や『とっても！　ラッキーマン』よろしく読者の方々に募集をかけたいです。

どうにか捻り出すしかないのですが、発売されたあかつきには「は～ん、こんなタイトルねぇ」とニヤついてあげてください。

と、お知らせがもうひとつ。三部作三部作と言っておいてなんですが、実は短編集が出そうな気配です。これも来年の発売を目指して進行しております。舞台は蜜柑の高校時代。本編の方は硬く暗めの内容でしたが、こちらはわりとお気楽な雰囲気です。ポテチ片手に軽い気持ちで読める内容にしております。

え、なに？　あぁ……「お前は『名探偵の証明』関連以外書けんのか」という声が聞こえてきますが……安心してください、書いてますよ。

某社からループものの作品を出す予定です。ゲームや小説で、特に最近は数多描かれてきた設定ですが、それらとはおそらく多分多少は違った味わいの物語になるかと思われます。

今年はほとんどインプットができなかったので、残りはインプットしつつ目の前の作品に手をつけていく日々になりそうです。超長いと噂の『WHITE ALBUM 2』もプレイしたいし、『ハウス・オブ・カード』のセカンドシーズン以降も観たいし、読むべき小説も山のように……なんて忙しい。

それでは興味がある人もない人も、ぜひ来年もよろしくお願いいたします。

一田 和樹

いちだ かずき

一九五八年東京都生まれ。二〇一〇年『檻の中の少女』で第三回ばらのまち福山ミステリー文学新人賞を受賞しデビュー。近著に『ネットの危険を正しく知るファミリー・セキュリティ読本』『天才ハッカー安部響子と五分間の相棒』など。

例年この時期に、こちらに寄稿いたしております。毎回その時点でわかっているスケジュールを中心にご紹介しているのですが、まったくもって予定は未定でその通りに進んだことがありません。

今年は、『天才ハッカー安部響子と五分間の相棒』（集英社）や『オーブンレンジは振り向かない』（原書房）、『ファミリー・セキュリティ読本』（原書房）を上梓した他、『サイバーミステリ宣言！』（角川書店、共著）という初の評論にも挑戦しました。私は実作で用いられるトリックの解説を行い、評論っぽいことは共著の各位におまかせでした。

評論と連動する形で本格の在り方を問う短編「サイバー空間はミステリを殺す」をミステリ専門誌「ジャーロ」に寄稿しました。冒頭で最近の本格をボロカスに書いたのですが、本格界隈は鷹揚にガン無視でした。

毎年三冊から四冊の紙の本を世に出しており、来年もそのペースを維持できそうです。現時点の希望的観測では来年前半までに長編四本を書き上げることになっているのですが、そんなに書けるわけないのできっと変更になります。

書き下ろし以外では、足かけ七年におよぶ長期連載となった『工藤伸治のセキュリティ事件簿シリーズ』が来年も続く見込みです。出版社さんやサイバーセキュリティ関連企業のＷＥＢサイトでのサイバーミステリの連載も始まる予定です。

来年もサイバーミステリに明け暮れた一年になりそうです。現実の世界ではさまざまなサイバーインシデントやテロが日常茶飯事となっており、サイバーミステリは他のどんなジャンルのミステリよりも身近なものになりつつあります。現実の数歩先をゆく物語を書き続けたいと思います。

個人的にインターネット上に「告白死」という連作短編を三年前から掲載しております。内容はサイバーとはまったく関係なく、よく言えば耽美でゴシックな文芸作品です。あまりにも問題が多いため長らく商業出版は難しいと考えていましたが、某文芸誌から「告白死」のような味わいの短編の依頼をいただきました。実現するかどうかわかりませんが、うまくいけばサイバーミステリとは違う昏く淫靡な世界をみなさんにお届けできると思います。

井上 雅彦

いのうえ まさひこ

一九六〇年東京都生まれ。八三年、叙述トリックを扱った「よけいなものが」で星新一ショートショートコンテスト優秀作受賞。主な著作に『燦めく闇』『竹馬男の犯罪』『夢魔の幻獣辞典』『遠い遠い街角』『四角い魔術師』など。

この随筆もそうなのですが、毎年立冬が近づいてくると、来年の予定を書いて欲しいという原稿の依頼をいくつか頂戴して、それを書いておかないと無事新年を迎えられないような気がする一方、これまでの経験では、出版予定などは、〈外的〉な要因で先延ばしになったり、なかには、消滅したりするものだってあるわけなのです。

しかし、その一方で――絶対に変わらぬものが〈内的〉な目標というか、私の場合、毎年、自分自身に対しての約束を考えているわけで、よくよく考えてみれば、これこそ、ここで書くべきことかもしれません。

レイ・ブラッドベリのエッセイを読んだのは、三〇年ほど前で、自分がまだフルタイムの作家ではなかった頃でしたが、当時、衝撃を受けたのは、彼はデビュー前から、一週間に一作、短篇作品を書きあげる行動を続けたということで――それは時には、短篇一作ではなく、長篇の一章であったこともあるというのですが――その習慣は二〇一二年に亡くなる頃まで続いていたとのこと。

この習慣について読んだ頃の、短篇作家を志向する私にとって、これこそ理想の執筆生活像だと考えていましたが、さて、プロとして飯を食う生活の最中に、いつしか忘れていたことでもありました。

それを思い出したのは、二〇一五年秋からやっている新聞の週刊連載のおかげで、この『幻想探偵日誌《ダイアリー》』（福島民報、静岡新聞）は、主人公が事件を解決する一話完結のショートショート（本格推理あり、幻想怪奇ありの、原稿用紙五枚強です）。

この一週一作（最低でも一作）はショートショートと向き合う……というサイクルが、スイッチを入れてしまったのでしょう。アイディア出しの準備運動（我流ですが）で始まる一日が、脳という身体《しんたい》に心地好く反応してしまったのかもしれません。半年分のアイディアが完成した今となっては、連載以外に、一週一作、長めの短篇（連作用）を書きあげることが、習慣となりつつあります。

まあ、「作家の夢」としてはささやかなことかもしれませんが、この習慣を続けていくことが、現在の私の夢であり野望なのです。

植田 文博

うえだ ふみひろ

一九七五年熊本県生まれ。二〇一四年『経眼窩式』で第六回ばらのまち福山ミステリー文学新人賞を受賞しデビュー。他の著作に『エイトハンドレッド』。

今年は、原書房さんより『エイトハンドレッド』を出版させていただきました。新宿中央公園のホームレスになった男の話です。ホームレスの日常をできるかぎり詳細に描き、そこから違法治験の現場、新薬の開発へと転がっていきます。復讐譚を主軸に、新薬の果てに辿り着く結末とは。その辺りを楽しんでいただければと書きました。

そんなところで話は変わるが、皆さんは「できるかな」というNHKでやっていた子供向けテレビ番組を覚えているだろうか。二十代も前半の方だと、わからないかもしれない。「できるかな」は工作番組であり、「ノッポさん」というお兄さんと、「ゴン太くん」という着ぐるみの茶色い生物がいろんなものを作って遊ぶのを鑑賞する、という番組だった。この二人？　は一切しゃべらない。「ゴン太」くんが時々「フゴフゴ」と鳴くのみだ。その代わり、「声だけのお姉さん」のナレーションが入り、状況を詳しく説明して番組を盛り上げるという構図になっていた。

番組を見ていた幼少の頃、私はずっと「声だけのお姉さん」がいるとは思わず、「ゴン太くん」がナレーションもこなしているのだと思っていた。

しかし、「ゴン太くん」が「フゴフゴ」と鳴くことも私は承知していた。時に別人のように鳴き声とナレーションがかぶる。「ゴン太くん」が「フゴフゴ」と鳴きつつ、ナレーションもこなすのには矛盾があることも理解していた。

この矛盾を解決するために私が考えていたのは、「ゴン太くん」は二つの意識、あるいは頭脳を持っているという設定だった。「ゴン太くん」はまったく別の二つの意識を体内に生じさせているので、一方の意識で「フゴフゴ」と鳴きつつ、もう一方の意識でナレーションもこなしているのだと。

私はそう考えながら番組を見て過ごし、そのうち大人になって忘れていった。だが、あるとき友人にその話をすると、「ゴン太くん」にそんな異様な設定があるわけないし、幼少期にそんなこと思う方がおかしいと指摘された。数人に聞いたが同じ答えだった。

ふむ。

さて、あなたの「ゴン太くん」はどうだっただろう。

内山 純

うちやま じゅん

神奈川県生まれ。立教大学卒。二〇一四年『B《ビリヤード》ハナブサへようこそ』で第二四回鮎川哲也賞を受賞しデビュー。

二〇一四年に鮎川哲也賞を受賞させていただいたおかげで、二〇一五年前半はイベントで講演を行ったり知人のパーティでサイン本を売らせてもらったりと、作家らしい活動をちょっぴり行うことが出来ました。お声をかけてくださった皆様、ありがとうございます。

そのかたわらで執筆に七転八倒しているうち、あっというまに秋を迎え、去年こちらで「二〇一五年中に受賞後第一作を出す」と宣言したのに実現できませんでした。

凹んでいると、娘がこんなニュースを見つけたと言ってきました。

『江戸川乱歩の手記発見　創作の苦悩つづる』

娘は既に社会人ですが小説をまったく読みません。本好きの親からどうしてこんな子が出来たのかと思うほどで、母の大切なデビュー本も、どのくらい読んでくれたかな～と部屋をのぞきに行ったら、ベッドに寝転んだ彼女の顔の上にアイマスク代わりに開かれていました（泣）。

そんな娘が、落ち込んだ母を見かねて慰めてくれました。

「乱歩でさえ書くのに苦労していたんだよね」

今般発見された手記には、「小説作りはおぞましき現実」など創作の悩みが吐露されていたとのこと。あの大先生でさえそのような思いをなさっていたのなら、駆け出し作家の悩みなんぞ米粒くらいのもの、さらに精進せねば、と気持ちを新たにした次第です。

この一年は作家デビューのおかげで新しい出会いがたくさんありました。意外だったのは、お目にかかったほぼ全ての方に「内山さん、女性だったんですね。作品を読んで男性だと思っていました！」と言われたことです。

確かに受賞作は、ビリヤード屋が舞台で淡々とした男子が語り手を務め、妙ちくりんな常連客たちが騒いでいるという設定で、女性らしいムードは皆無でした。

ちょっと反省（?）して、新作は少々変わったお洒落なヨーロッパ風カフェを舞台にし、妙齢の女性を語り手に抜擢しました。おちゃめな探偵役と楽しい脇役たちが、有名な童話に絡めて謎を解き明かすレトロでハッピーな世界をご案内したいと思っております。

願わくは二〇十六年中に！

大倉 崇裕

おおくら たかひろ

一九六八年京都府生まれ。学習院大学法学部卒。九七年「三人目の幽霊」で第四回創元推理短編賞佳作を受賞。九八年『ツール&ストール』で第二十回小説推理新人賞を受賞。近著に『ペンギンを愛した容疑者　警視庁総務部動植物管理係』など。

一月に、約一年にわたって連載してきた「GEEK STER」が本にまとまる予定だ。秋葉原を舞台にした小説なのだが、同じ版元であるKADOKAWAさんからだした「BLOOD ARM」の影響で、警戒する方もいると思う。が、今回はけっこうミステリーになっている。少なくとも怪獣は出てこない。約束する。

三月には、光文社さんの「ジャーロ」で連載してきた「問題物件シリーズ」がまとまる予定だ。タイトルは仮題だが「問題物件2」を予定している。

ここ数年、お約束のように越年している書き下ろし、今年こそはと今年も言っておく。

完成に一番近いのは、スーツアクターを探偵役とした連作中・短編ミステリーだ。二〇一五年中の刊行を目標としていたが、果たせず、申し訳なさでいっぱいである。全四話収録予定であり、現在、最終話にとりかかっているところ。なるべく早く完成させたい。

もう一つは樹海を舞台とした同じく連作短編集。一昨年に取材に行ったものの、なかなか進められず、今に至っている。担当の編集者さんが単身、追加取材に行ってくださったこともあり、今回ばかりは何とかしなければと気合いを入れ直している。

連載では、東京創元社さんが刊行している「ミステリーズ！」に不定期ながら、福家警部補シリーズを掲載の予定。新作の犯人は医師を予定している。利己的で冷酷な、これぞ犯人！という人物との対決としたい。

もう一本は祥伝社さんで、詳細はほとんど決まっていないものの、山岳ミステリーの連載を予定している。そのための取材に、約二十年ぶりの登山を敢行。周囲の皆さんの助けもあって、無事下山できた。天候にも恵まれ、素晴らしい体験だった。

その他、あとは書くだけくらいに温めているものが何本かあるのだが、何せ、書きたいからと簡単に書ける時代ではない。タイミングなども含め、なるべく、周囲の皆さんに迷惑がかからないよう、発表していきたい。

大崎 梢

おおさき こずえ

早いもので、という言葉を毎年この時期に思い出しますが、来年はデビューして満十年という区切りになります。年明けからも多発しそう。

一年と同じくいろいろあったけれど、「ああ、もう」です。今年を振り返れば、上梓できたのは単行本と文庫の一冊ずつ。そのうち単行本は、祥伝社からの『空色の小鳥』です。私にしてはダークな雰囲気の漂う出だしで、今までとはずいぶん違うねと言われました。嬉しい。タイトルは「空の色って水色とは限らない。灰色かも、白かも、黒かも、青かも」という意味で付けました。最終章で主人公の仰ぐ空の色を一緒に見てください。

文庫は『ふたつめの庭』新潮文庫。こちらは保育園が舞台です。絵本にちなんだ謎がちらりと出てきます。胸キュンの恋愛ストーリーもめざしたのですが、ミステリーに負けず劣らずむずかしい。意識すればするほど、相手の表情、言葉、仕草、行動、容易には解き明かされない謎ばかりですよ。

これからの刊行予定としましては、すでに原稿が揃っているものが二本。『誰にも探せない』幻冬舎と、『スクープのたまご』文藝春秋です。まだ途中なのが「ミステリーズ!」東京創元社で始めた移動図書館の話と、「メフィスト」講談社での、横浜を舞台にした新シリーズ。もうひとつ、光文社でも連作が開始のはず。

東京都出身。二〇〇六年『配達赤ずきん』で東京創元社からデビュー。近著に『空色の小鳥』『だいじな本のみつけ方』『忘れ物が届きます』『ようこそ授賞式の夕べに』『ふたつめの庭』『クローバー・レイン』など。

来年は文庫化も含めていろいろ出る予定です。手にとってくださる心優しい方が多いことを、今から切に祈っています。

そうそう、今年はアンソロジーの新企画にも参加しました。書き手の側からテーマや参加者を決め、出版社に持ち込んで書籍化をめざすという試みです。

快く乗ってくださった文藝春秋社さん（「さん」を付けたくなる感じ）より、第一弾の『捨てる』が十一月に発売されました。九人の女性作家がそれぞれ意欲作をぶつけています。リーダー役も固定メンバーも決めてないアバウトな会なので、これからも風通し良く、面白い本が続々と生まれていきますよ。ご注目ください。

目下、そのアンソロジーの打ち上げ会が楽しみです。しゃべって笑って飲んで食べて。来年もたくさんの人にとって、良い年でありますように。

太田　忠司

おおた ただし

一九五九年名古屋市生まれ。名古屋工業大学卒。八一年ショートショート『帰郷』が「星新一ショートショート・コンテスト」で優秀作に選ばれる。近著に『クマリの祝福―セクメトⅡ』『伏木商店街の不思議』『死の天使はドミノを倒す』など。

プロ作家生活二五周年だった二〇一五年も滞りなく終わり（原稿はいろいろと滞っておりますが）、明けて二〇一六年も淡々と、これまでどおりに仕事を続けていくことになりそうです。

書き下ろしは『ゾディアック計画　セクメトⅢ（仮題）』を執筆中。これが終わったら名古屋の喫茶店を舞台にした連作を書く予定です。その後もアイドルものとか少年探偵団ものとか孤島ものとかクトゥルーものとか、予定は続いております。

おかげさまでいろいろな出版社からお声がけいただいて、書き下ろしの注文はずいぶんと溜まってしまいました。こうなってくると一社でシリーズものを書くことが難しくなりますね。昨今のキャラミスなんか特に顕著ですが、シリーズの新作を数ヶ月のスパンでどんどん出していかないと本が売れない。これはよほどの速筆か、それ一本に絞って書き続けないと難しい状況です。今の僕には到底そんなことはできないので、続編の執筆が数年後というのを承認していただけない限り、一冊で完結する作品を書いていこうと思っています。

他に「ミステリーズ！」で連載している『優しい幽霊たちの遁走曲』も完結すれば本になるでしょう。

少し毛色の変わったところでは、児童向けの小説にもチャレンジしようかと思っています。これまでも『黄金蝶ひとり』『まいなす』といった若年層の読者のための小説は書いてきましたが、今度はもっと年少向けに書こうと考えています。慣れないジャンルなので、今は手さぐりの状態です。はたして形になりますかどうか。

ショートショートに関しても、いろいろと動きがあります。この文章を書いている時点では公になっていませんが、もしかしたら昨年末に大きなプロジェクトの発表があったかもしれません。それに関与しつつ、さらに変わった形での作品発表を行う予定もあります。

引き続きショートショートについては、執筆依頼をお待ちしております。

大村　友貴美

おおむら　ゆきみ

岩手県生まれ。中央大学文学部卒。二〇〇七年『首挽村の殺人』で第二十七回横溝正史ミステリ大賞を受賞しデビュー。近著に『奇妙な遺産　村主准教授のミステリアスな講座』『前世探偵カフェ・フロリアンの華麗な推理』『存在しなかった男』など。

最近気になるのは、運動不足で筋力が落ちていること。毎日一時間以上歩きますが、それでは足りないようで。試しにフィットネスクラブでトレーナーの指導の下、マシーンを使ってみました。筋肉にキテるのを感じる！　二か月通えば、なんとかなりそうな予感がしてきました。

さて、本題を。二〇一五年、月刊小説誌「小説すばる　九月号」（集英社）に、短編『スウィング』を発表しました。東日本大震災がテーマの、四年経った今だからこそ綴れる作品で、初めてミステリーではない物語を書きました。十月に刊行された『あの日から　東日本大震災追悼　岩手県出身作家短編集』（岩手日報社）にも収録されました。短編集に掲載されたすべての作品が岩手県内で朗読劇化され、『スウィング』は既に十一月に上演。来年の再演が決まっています。

そして、昨年から一年間「岩手日報」で毎日連載してきた新聞小説『ガーディアン』について。連載八か月で終わる予定が丸一年。約九百三十枚の原稿を八百枚以内に収め、かつ内容を見直して、現在改稿作業中。よりおもしろくなると思います。なお、冒険小説『ガーディアン』は、角川書店刊にて単行本化される予定です。

来年一月発売の「小説すばる　二月号」より、『太陽にふれる月』の連載が始まります。主人公一ノ瀬観月は、同居する夫とその家族から家政婦兼ＡＴＭの扱いを受け、孤独を募らせています。離婚を望みますが、夫は応じる気がありません。経済的にも苦しい今の生活から抜け出したい彼女の目の前に、ある日大金が。観月はつい持ち帰ってしまいます。それは犯罪が絡んだ金でした……。

来年夏頃から、月刊小説誌「小説宝石」（光文社）にて、ミステリーの連載を予定しています。こちらは、デヴュー当時以来ごぶさただった禍々しい雰囲気の物語にするつもりです。時代がかった設定の予定なので、わたしとしても楽しみです。

昨年も書きましたが、文庫と単行本の書き下ろしも進めていきたいと思っています。ですが、すべての作業がズレており、約束の順番も前後しています。お付き合いいただいている編集者さんたちにはほんとうに申し訳なく思いますし、お読みいただいているみなさま、一つ一つクリアしながら進んでいきますので、よろしくお付き合いいただければ幸いです。

大山 誠一郎

おおやま せいいちろう

一九七二年埼玉県生まれ。二〇〇四年『アルファベット・パズラーズ』で作家デビュー。一三年に『密室蒐集家』で第十三回本格ミステリ大賞小説部門受賞。近著に『赤い博物館』。

南雲堂さんの長編、原書房さんの『続・密室蒐集家』、小学館さんの『仮面幻双曲』の全面改稿文庫版が最上位の目標です。あとは雑誌の短編連載をこなしたいと思います。

『赤い博物館』（文藝春秋）という短編集で交換殺人ものを書いたのですが、その際に「交換殺人分類」を考えました。

（1）交換殺人であることが始めから明かされるもの。

交換殺人は基本的に、犯人A、犯人Aが狙う被害者´A、犯人B、犯人Bが狙う被害者´Bの四つの項から成ります。犯人Aが被害者´Aを、犯人Bが被害者´Bを殺すと、動機からすぐに犯人が特定されてしまうので、犯人AとBが被害者を交換し、犯人Aが被害者´Bを、犯人Bが被害者´Aを殺し、互いの犯行時間帯にアリバイを作っておく。そうすれば、犯人たちは、実際に殺した相手に対しては動機がないので捜査線上に上がらず、殺したい相手が死んだ時間にはアリバイがあるので嫌疑を免れる……。この基本パターンのどこかに欺瞞が隠れています（よろしかったら図にお描きください）。

・交換殺人の項同士に、見かけとは異なるつながりがあるもの。犯人Aと被害者´A、あるいは犯人Aと被害者´Bが実は共犯。両者は殺し殺される関係だと思われているので、共犯の可能性は想定外となる。

・交換殺人の項が、見かけより多いもの。二人の犯人による交換殺人と見せて、実は三人以上の犯人による交換殺人。

・交換殺人の項が、見かけより少ないもの。①犯人Aと被害者´Aが同一人物→犯人Aは犯人Bに頼んで殺してもらうので、一種の自殺。②犯人Aと被害者´Bが同一人物→犯人Bに狙われている被害者´Bが、犯人Aに化けて犯人Bをだまし、自分が殺したい被害者´Aを殺させる。③犯人AとBが同一人物→交換殺人そのものが作り話。④被害者´Aと´Bが同一人物→´Aと´Bは同一人物が二重生活をしている姿で、犯人AとBは実は同一人物を殺したいと思っていた。

（2）交換殺人であることが真相として明かされるもの。①無関係に思えた複数の事件が実は交換殺人。②連続殺人に見えた事件が実は交換殺人。

説明が短すぎますし、挙げていない作例（特殊なシチュエーションなので、紹介するだけで作品が特定される）もありますが、紙幅が尽きたのでこれぐらいで……。

折原一

おりはら いち

一九五一年埼玉県生まれ。早稲田大学第一文学部卒。八八年『五つの棺』でデビュー。九五年『沈黙の教室』で第四十八回日本推理作家協会賞受賞。近著に『侵入者』『グランドマンション』『潜伏者』『帝王、死すべし』『追悼者』など。

作家デビューしてから、一年に最低一作は書くよう自分に課していたが、二〇一五年にそれが終わってしまった。うーん、残念。

予定では十一月か十二月刊行ということだったが、年末のバタバタしている時期より年明けの二月か三月のほうがいいだろうという出版社の判断で延期になったのである。十月の刊行めざしてもう少し頑張っておけばよかったと後悔している。そうはいっても、ロートル作家になって、頭の中がすっかすっかの状態で、小説作りがむずかしくなっているのも事実だ。作家の寿命は二十年くらいと言われている。それが本当なら、私も寿命が切れかかっているのに、その事実に目をつむりながら無理に頭を動かしていたのかもしれない。

二十年以上も書いている同業者の一人にそんな弱音を吐いたところ、「八十代でも頑張っている人が何人もいるじゃないですか」と逆に励まされる。

これからは流し運転ではなく、だまし運転にしようと自分に言い聞かせる。だまし運転とは、手抜きをするということではなく、自分をだまし、読者をだますような小説を書くという意味である。

新作は二〇一六年一月以降の予定。タイトルは『死仮面』。いかにも横溝正史風だが、中身はそれとは関係ないサスペンス。二年間同居した内縁の夫が病気で急死し、その死亡届を出す時、偽名だったことが判明。さて、夫は誰だったのか。夫が大学ノートに遺した小説(らしきもの)をもとに、主人公がその正体を探っていくというストーリー。

私は以前、同じような発端の『誘拐者』を書いているが、元ネタは同じ「山森将智家事件」である。関東地方の「折原」というところに興味半分で行った時、このストーリーのプロットがぼんやり浮かんできたのである。私にしては、ちょっと変わり種の部類に入るかもしれない。

霞《かすみ》流一《りゅういち》

一九五九年岡山県生まれ。早稲田大学政治経済学部卒。九四年『おなじ墓のムジナ』で第十四回横溝正史賞佳作入選しデビュー。近著に『フライプレイ！　監棺館殺人事件』『奇動捜査ウルフォース』『落日のコンドル』『スパイダーZ』など。

何故か、初体験の多い一年でした。その一つが、デパートの店内放送でミステリ小説をラジオドラマのように流し、お客様に謎解きを楽しんでいただくというイベント。十月に開催された恒例の恵比寿文化祭において、三越デパートが仕掛けた企画です。その原作を私が担当したわけです。

物語の舞台は実際の三越。執筆に際し、様々な配慮が必要でした。何せ、デパート。お客様に不快な思いをさせてはならないので、殺人は駄目。窃盗も店内放送で紛らわしい事態になりかねないので不可。どうすりゃいいんだ？　のっけから頭を抱えましたが、ファンタジー要素を入れて、マネキン人形が人間に化けてお客様の中に紛れ込むという設定のもと、店員が共犯者のフーダニットとマネキン消失のハウダニットを入れ、本格として着地させました。「マネキン人形逃走事件を追え！」と題し三日間の興業、なかなか貴重な体験でした。

聴覚系の初体験がもう一つ。ミステリではありません。ノンフィクション季刊誌「レポ」が主催し、恥ずかしい曲（洋楽）を集めた「レポＣＤ」です。執筆陣が恥ずかしい体験をした際に流れていた曲の数々、加えて、そのビターな思い出のエッセーを掲載したブックレット、これらがセットになったアルバム。お得だと思いますので、どうぞ、とここで営業。

ちなみに季刊「レポ」は六月の号をもって終刊となりました。五年に渡る私の連載「団地人」も完結し、赤羽台団地を通した自分なりの昭和の笑話史を総括できたと感無量です。

また、初体験と言えば、町内の中学校で職業インタビューという課外授業に招いていただきました。生徒さんたちが様々な職種の社会人を取材し、コミュニケーション能力をはかり、未来への視野を広めるための勉強だそうです。私の話を聞いて将来に絶望していないことを祈るばかりです。

あ、そうそう、拙作（「フライプレイ！」）が本格ミステリ大賞の候補になったのも初体験でした。結果は衆知の通りですね。期待とは気体のようなものだと実感しました。

さて、初体験ではない通常運転のお仕事ですが、今現在、愉快犯を専門に捜査する警視庁特殊チームの物語が企画進行中です。珍妙な愉快犯の犯行現場と不可思議な密室殺人とがリンクし、双方の謎と解決が有機的に結びつく本格ミステリの妙味を味わっていただける、はずです。楽しみですね。

鏑木 蓮

かぶらぎ れん

二〇一六年は、江戸川乱歩賞を受賞して一〇年。デビュー一〇周年を迎えます。とても早かった一〇年でしたが、作家になったらぜひ叶えたいと思っていたことがありました。

一つは新聞連載、二つ目は大学の後輩に小説の素晴らしさと創作の醍醐味を伝えること。そして多くの方に読んでもらえるようになることとです。

運良く、六年目に『京都西陣シェアハウス～憎まれ天使・有村志穂～』を京都新聞など地方紙で発表することができ、大学の教壇に立つこともできました。

そして二〇一五年、二年前に文庫化された『白砂（双葉文庫）』が累計で二二万部を越えました。ベストセラーの仲間入りを果たせたと言っていいでしょう。

これもひとえに支えてくださった関係者と読者のお陰だと感謝しています。本年刊行の『イーハトーブ探偵　賢治の推理手帳Ⅱ　山ねこ裁判（光文社文庫）』、『転生（KADOKAWA）』も後に続いてほしいものです。

またこれまでの作品を映像化したいとのお話も頂戴しています。実現すれば、本とは違うメディアで取り上げていただくことで作品の世界が広がり、作者としても嬉しいです。

さて二〇一六年は一〇周年にふさわしく、精力的に書き下ろしを上梓するつもりです。

『時限』のキャラクター、京都の花街上七軒に住む、刑事・片岡真子が放火殺人の謎に挑む作品、探偵小説の興味を失わずヒューマンストーリーに仕上げた作品、また京都を舞台に歴史を絡ませたミステリー作品、さらに本格ミステリーに属する作品や深い社会派ミステリーなどを計画中。

合わせて『見えない鎖（潮文庫）』と『甘い罠（講談社文庫）』の出版も予定しています。

一〇周年を一つの契機として、これからも「人間苦」を見つめ、そこに謎を見い出すミステリー作家として、さらなる飛躍を遂げたい、と思っていますので、皆さんどうぞよろしくお願いします。

ここで川柳を一句。

入力の　文字にじゃれつく　猫二匹

一九六一年京都市生まれ。〇四年「黒い鶴」で第一回立教・池袋ふくろう文芸賞を受賞。〇六年『東京ダモイ』で第五十二回江戸川乱歩賞を受賞しデビュー。近著に『転生』『イーハトーブ探偵 山ねこ裁判――賢治の推理手帳Ⅱ』など。

叶《かのう》 紙器《しき》

一九六五年大阪府生まれ。二〇一〇年『伽羅の橋』で第二回ばらのまち福山ミステリー文学新人賞を受賞しデビュー。他の著作に『回廊の鬼』。

いきなりですが、一一月に発売された光文社の雑誌『ジャーロ五十五号』に、拙作「美しすぎる教育評論家の依頼」が掲載されています。きっと、掲載されているはずです。

ここから十行ちょっと、ややこしくなりますが、見捨てず最後まで読んで下さい。

「美しすぎる〜」とは、昨年の「本格ミステリー・ワールド２０１５」紙上で予告した、短編のことなのです。

当時、二〇一五年前半にでも発表予定、と書いたのですが、一一月発売号に掲載延期が決まり、一二月に発売される、この「本格ミステリー・ワールド２０１６」紙上で告知することを前提にして、同じく十月現在の今、この原稿を書いています。

犯人を追っていたつもりが、いつのまにか追い越してしまい、仕方なく前を歩いて尾行する、へっぽこ探偵のようなものでしょうか。

そこへ、今回も頂いたお題は「作家の計画・作家の想い」で、二〇一五年一二月から、来年にかけての予定・近況など、と決められているものですから、一一月の予定を書いている以上、惜しいかな条件を満たしていません。

遅筆家・寡作家、ついでに浪費家・厭世家と蔑まれる身としては、精一杯に抗った結果なので、と言い訳しようかとも考えましたが、これでは寝覚めが悪くっていけません。

ではここで、改めて来年の予定をば。というより胡散臭い予言か、いちかばちかの大博打、それとも、当たるも八卦の易占トリックか。

「美しすぎる〜」には、前日譚、後日譚ほか「続・美しすぎる〜」やら「それでも・美しすぎる〜」とか「美しすぎるはつらいよ」等々、あるとかないとか――。

長編か短編か、どちらに転ぶか分からず、内容も固まってはいませんが、書きたいことはまだあります。なるべく早くお披露目できるよう、鋭意プロット作成中ですので、応援していただいている皆様、今しばらくのお待ちを。

以上、大胆にも来年の予定《うらない》でした。外れた際は平にご容赦願います。

当たらぬも八卦、ですから。

加納　朋子

かのう　ともこ

福岡県出身。九二年『ななつのこ』で第三回鮎川哲也賞を受賞しデビュー。九五年『ガラスの麒麟』で第四十八回日本推理作家協会賞受賞。近著に『トオリヌケ キンシ』『はるひのの、はる』『無菌病棟より愛をこめて』など。

二〇一五年はとうとう新作を出せずに終わってしまいました。時間は溶けるように流れていきます……恐ろしいですね。

一部読者様にご心配いただいているようなので明記しておきますが、おかげさまで私は元気です。ありがたいことです、本当に。

『小説すばる』さんで隔月連載している『我ら荒野の七重奏』を、二〇一六年にはどうやら一冊にできそうです。テレビドラマ化でご好評（？）いただいた、『七人の敵がいる』の続編になります。中学の吹奏楽部の舞台裏で、悪戦苦闘する親たちの物語。

今作を執筆するにあたり、吹奏楽部の役員をされていた方に色々お話を伺ったのですが、聞いているだけで倒れそうでした。私たちが中学生の頃は、ここまで親の負担は重くなかったように思うのですが……部活によるのかしら？　ＰＴＡの時にも思いましたが、子供の数は減っているのに、なぜだか子供にまつわる役員仕事はまったく減らないばかりか逆に増えている！

『七人の敵がいる』が出た時、未婚の女性から「子供を生むのが怖くなりました」というご感想を頂戴してしまいました。実に申し訳ないことです。が、何かを変えるためには、まずは現状を知ることも、大切だと思うのです。

とまあ、真面目な話になってしまいましたが、本作はあくまでコメディ（のつもり）です。ヒロインの山田陽子が相変わらず猪突猛進しています。前作以上に陽子がやらかしちゃっています……ほとんど悪役レベルで……。そんな陽子の活躍（？）に「あちゃー」と思いつつ、笑い飛ばしていただくのが正しい楽しみ方だと思っています。

それにつけても、親であることの難しさよ……。大人だって、親だって、迷いもすれば失敗もします。いつまで経っても完成形にはほど遠い、未熟な一個の人間なのだと、自らを省みては強く思います。悩み事や不安とも、長く連れ添ったお友達。私が子供だった頃、確かに親は絶対的存在でした。もしかしたら昔の方が人はシンプルに親や子でいられたのかもしれませんが、今にして思えば、やっぱり悩みや迷いと無縁だったはずもありません。そういう話を母としておけば良かったのにと、近頃とみに思うのです。

神谷 一心

かみや いっしん

一九八〇年生まれ。同志社大学法学部卒業。二〇〇九年第一六回電撃小説大賞にて『精恋三国志Ｉ』で電撃文庫MAGAZINE賞を受賞。一四年『たとえ世界に背いても』で第七回ばらのまち福山ミステリー文学新人賞を受賞。

はじめまして、神谷一心と申します。

二〇一五年の五月、長年の希望だった初の長編ミステリーを出版することができました。これもひとえに関係者の皆様のおかげです。本当にありがとうございました。

受賞作である『たとえ、世界に背いても』は私にとって二冊目の本となります。二〇〇九年にライトノベルの賞を頂き、一冊だけファンタジー小説を出版したのですが、色んな事情で後が続かず二作目が発表できませんでした。

それ以降、働きながら何度か公募型の文学賞にチャレンジしていたのですが、なかなか受賞には至らず「本を出すというのは本当に難しいものなんだな」と考えておりました。幸い、島田荘司先生のおかげで賞を頂き、ようやく自分が描きたかった主題を物語として世に発表することができました。自分にとって二〇一五年は特別な一年となりました。

さて、自著である『たとえ、世界に背いても』について少しだけ。物語はスウェーデンのノーベル賞の授賞式、その晩餐会から始まります。冒頭、受賞者である天才女性科学者はとある病気の治療薬について語り始めます。彼女の息子は奇病に冒されていて、その病を治すために治療薬の開発に心血を注いだのだと。しかし、息子の死がいじめによるものであったことを告発した後、博士はとある犯罪を犯したことを告白します。そして、その告白は前代未聞の復讐劇へと繋がっていく……というのが、冒頭です。

この物語の着想を得たのは今から十年以上も昔です。いつか、世に問いたいと考えていた主題で、最終章では自分が高校生の頃に牧師から聞いたヨブ記に対する思索を浅井博士の言葉を借りて描いています。

現代において宗教や文学や医学は全く別の領域のものであると考えられています。しかし、それら諸学問の根底にあるものは古代から現代にいたるまで細い糸で繋がっているのではないか？　科学が重要性を増した現代において、宗教や文学は目に見えて力を失っていますが、人類史におけるそれらの貢献は計り知れないものがあったのではないか？　という私の想いを、苛めで息子を亡くした母親の言葉として描いています。次の作品ではより大きな、より現代的な主題を描くつもりです。ぜひ、読んでいただけたら嬉しいです。

川辺　純可《かわべ　すみか》

広島県生まれ。日本女子大学文学部卒。二〇一四年『焼け跡のユディトへ』で第六回ばらのまち福山ミステリー文学新人賞優秀作を受賞しデビュー。

本年中は、様々なすばらしい出会いを賜り、心より感謝申し上げます。実は未だ次作に苦戦しておりまして、お話することがなく……うむ。「母アレンジによるお正月黒豆（土井式）」でもご伝授いたしませうか。実はこれ、案外悩ましいのです。シワになったりぱさぱさになったり。あたかもエイジングの進んだお肌のごとく、お正月早々そこはかとない鬱。はい。分量は正確に。私同様、常に適当な方も、今ばかりは器具を引っぱり出し、きっちりとご計量くださりませ。

材料は黒豆三〇〇g、黒砂糖二五〇g、醤油五〇cc、塩小さじ一・五、重曹小さじ半、錆びたくぎ数本（ざっと洗ってガーゼの小袋に縫い込みます）。

まずは豆。ざるで水気を切っておきまする。大鍋に水一〇カップ、煮立ったら砂糖、醤油、重曹、くぎ袋を入れて火を止め、黒豆をどばどば入れて「五、六時間漬けておく」。「五、六時間漬けておく」。はい、大事なことなので二度申しました。就寝前に仕込んで「おやすみなさい」てな感じですね。

翌朝、鍋をまんま中火にかけまして、煮立ったら悪、もといアクをとり。差し水一〇〇cc。再度煮立ちましたらもう一度差し水一〇〇cc。さらにアクをすくい取ります。

あとは落としぶた、そして鍋のふたをして、火はごく弱火。吹きこぼれぬよう八時間、ひたすらコトコト煮続けます。正直一日つぶれます。年末の忙しい時に。先生も借金とりも走り回るこの時期に、買い出しにすら出かけられません。

さらに注目。この間、決して鍋のふたを開けてはなりませぬ。開けたら呪いが罹ります。大人もお子たちも厳重注意。ごく弱火で煮汁がひたひたになるまで、地獄の釜のごとく煮続けるのです。ただひたすら……ぐつぐつぐつぐつ。

そして八時間経過。豆がふっくら、家中においが充満いたしましたら火を止め、くぎ袋、落としぶたのまま、ふたを閉め、トドメの二十四時間。しつこく味をしみこませます。

コツなどありません。必要なのはとろ火の維持。そして忍耐と愛。いやはやこれぞ夫婦円満の極意でございますね……。

では皆さま。艶々な黒豆とともに、マメなお年をお迎えくださいませ。そして私ごと。昨年は旅行記、今年はお料理。来年こそ仕事の報告ができますように。

北村 薫《きたむら かおる》

埼玉県出身早稲田大学第一文学部卒。八九年に「空飛ぶ馬」でデビュー。九一年「夜の蝉」で第四十四回日本推理作家協会賞（連作短編賞）を受賞。〇九年『鷺と雪』で第百四十一回直木三十五賞を受賞。

本格ミステリに収穫の多い、嬉しい年だった。そんな中で、穂村弘さんの『にょにょっ記』（文藝春秋）を読んで、唸った。「2月1日　お星さまひとつ」を、本格の秀作——と思ったのだ。

《外出から戻ると、妻の姿がなかった。
リビングにたくさんの紙が散らばっている。
不思議に思って拾い上げると、こんな言葉が書かれていた。

お星さまひとつ
プチンともいで
こんがりやいて
いそいでたべて》

（中略、どの紙にも同じ言葉が書かれている）

《不安になる。
何があったんだろう。
帰ってきた妻にさり気なく尋ねてみた。
「あの、この紙、どうしたの」》

ここでページが終わる。めくったところにある残りの二行で、全てが解決される。推理の材料は与えられている——といえなくもない（まあ、無理だけれど）。ネタばれになるから、勿論、続きを書くわけにはいかない。

魅力的な謎と合理的な解明が、ここにある。これに類したことが実生活で、あったのだろう。

しかし、わたしは思った。

《お星さまひとつ……》は穂村さんの創作だろう。いかにも穂村的な言葉の列ではないか。見事だが自分は、これをそのまま事実と受け取るほどの甘ちゃんではない。似た言葉であったとしても、表現の魔術がここに働いている。トリックは、こういう脚色の手腕によって輝くのだ。——と。

ところが、穂村さんにうかがったら、

「あれは実話で、言葉も実際の通りなんです。面白いテキストですよね」

事実はこうやって名探偵に牙をむく。冷徹な推理の筈だったのに……。

鯨《くじら》 統一郎《とういちろう》

覆面作家。一九九八年『邪馬台国はどこですか?』で東京創元社よりデビュー。近著に『神話ゲーム　歴史バトラーつばさ』『作家で十年いきのびる方法』『大阪城殺人紀行』『狂おしい夜』『ドラゴンリップ　刑事・竜めぐみの体当たり捜査』など。

僕が出演した映画の中で最も印象深いのは『病院坂の首縊りの家』だ。

といっても僕は俳優ではない。三十年ほど前、エキストラのアルバイトをしていたというだけの話だ。それでもかなり長い間やっていたので、そこそこ多くのテレビドラマ、映画に〝出演〟したのだ。『病院坂の首縊りの家』がなぜ印象深いかというと桜田淳子さんとお会いできたからである。

この映画は横溝正史原作で一九七九年に公開された。監督は市川崑。出演は石坂浩二、佐久間良子、草刈正雄、桜田淳子などの豪華キャスト。老推理作家の役で横溝正史ご本人も出演している。つまり僕は横溝正史さんと〝共演〟しているのだ。

次に印象深いのは『白昼の死角』。

なぜ印象深いのかといえば、夏八木勲（当時は夏木勲）さんの滑舌の良さに感嘆したからだ。

この映画は高木彬光原作で村川透監督。一九七九年公開。出演者は夏木勲、竜崎勝（高島彩さんのお父さん）、島田陽子、千葉真一などなど。また千葉真一の部下役で高木彬光氏も出演している。つまり僕は高木彬光氏とも〝共演〟しているのである。当時の夏木勲さんは三十代後半。

ところが――。

それから約三十年後、夏八木勲さんと再会することになった。テレビ朝日の二時間サスペンスドラマ〈土曜ワイド劇場〉で僕の作品を原作とする『ミステリー作家六波羅一輝の推理②』が放映されることになり、夏八木勲さんが出演したのだ。主演は上川隆也さん、相手役に横山めぐみさん。

撮影現場にお邪魔して夏八木さんの演技も直接拝見させていただいたのだが、以前と変わらぬ声量と声の張りに驚かされた。それほどの〝気〟を放っていた夏八木さんも二〇一三年に病を得て亡くなられた。

次に印象に残っているのは『黄金のパートナー』だ。やはり一九七九年に公開されたこの作品は西村京太郎『発信人は死者』が原作（ただし原作と違い十津川警部は登場しない）。監督は西村潔。出演者は三浦友和、藤竜也、紺野美沙子など。

ラストシーンで当時のエキストラ仲間のアップが映り、羨ましかったものだ。

倉阪《くらさか》 鬼一郎《きいちろう》

一九六〇年三重県伊賀市生まれ。早稲田大学第一文学部卒。八七年『地底の鰐、天上の蛇』でデビュー。九七年『百鬼譚の夜』で再デビュー。近著に『ようこそ夢屋へ　南蛮おたね夢料理』『大いなる闇の喚び声　美術調律者、最後の戦い』など。

　アスリートが引退を決意する理由にはさまざまなものがあるだろうが、イメージと肉体の動きとの乖離というのもその一つではないかと思う。以前は跳べていたはずのハードルが跳べない。足がイメージどおりに上がらずに引っかけてしまうようになった。おそらくそのようなところから引退の二文字がちらつくようになるのではなかろうか。

　アマチュアアスリート（と名乗るのはいかにもおこがましいけれど）、トライアスロンで徐々にハードルをクリアしているし、フルマラソンやウルトラマラソンなどでもまだまだ自己記録を更新するつもりなのだが、問題は仕掛け本からバカミス・シリーズへ続く一連の仕事だ。

　これまでは一作ごとに何かハードルを上げることに腐心してきたのだが、一月刊行の『桜と富士と星の迷宮』（講談社ノベルス）ではイメージどおりに跳べなかったところがいくつかあった。ここからさらにハードルを上げるのはいかにもきついから、もうそろそろ潮時だろう。新刊の売れ行きにもよるのだが、構想がほぼまとまっている「北十字館南十字館連続炎上（仮）」はことによると幻の作品になってしまうかもしれない。

　ただし、ミステリー界から引退するわけではない。一連の仕掛け本とバカミスで、私なりに前人未踏の（だれも登ろうとしない）山へ登ったという自負心と達成感はある。だれもいない頂上から遠くを眺めると、はるか彼方に街の灯りが見える。せっかく登った山だから、さてどういう下り方ができるか、目下いろいろと思案しているところだ。

　具体的には、「江戸の闇はバカミスの背景にはうってつけではないか」「時代小説では定番になっている料理屋などの舞台設定ができれば、ギミック満載の短篇連作になるぞ」「多島斗志之さんの衣鉢を継ぐ文芸路線も魅力だなあ」「時刻表と地図があればいくらでも時間をつぶせるのだからトラベル（ホラー）ミステリーだって書けるはず」等々。

　さて、足元が危ういかもしれない下山道からはどんな光景が見えるだろう？

黒田 研二

くろだ けんじ

一九六九年三重県生まれ。信州大学経済学部卒。〇〇年『ウエディング・ドレス』で第十六回メフィスト賞を受賞しデビュー。近著に『CUTE & NEET』『さよならファントム』など。

皆様、一年ぶりのこんにちは。気がつけばアラフィフ。江戸時代なら、棺桶に片足を突っ込んだ年齢となってしまいました。しかし、この年になっても、まだまだ知らないことがたくさんあって、「ええ？　マジ？　ヤバくない、それ？」と女子高生のように騒ぐ毎日。熟れたゴーヤの中身が赤くなると知らず、変な虫でも湧いたんじゃないかと大騒ぎしたことも、今となっては懐かしい思い出であります。

最近一番驚いたトリビアは、携帯電話から聞こえてくる人の声が、あらかじめ登録された数千の音声データから抽出された合成音だということ。データ量を減らすため、声の特徴を取り除いた音韻情報に、話し手の声に似た音声データを付け加えて、相手に届けているんだとか。すげえ。まるでSFぢゃん。オレオレ詐欺にうっかり騙されてしまう人が多いのも、もしかしたらこれが原因なのかもしれません。で、こーゆー話を聞くと、なにかのトリックに応用できるんじゃないかと考えてしまうのが、ミステリ作家の悲しい性。技術さえ持っていれば、自分のしゃべった言葉を、リアルタイムで別の人の声に変換することが可能ってことですよね？　このトリックを使えば、被害者の死亡時刻をごまかすことなんて簡単なわけで。……こんなことをあれこれ考えている時間が、実は一番楽しかったりします。

携帯電話といえば、こちらがしゃべってから相手に伝わるまでには微妙なタイムラグがあって、ごく普通の会話なら気にならなくても、たとえば電話口で合唱しようとすると声がずれまくって全然うまくいかないんですよね。友人とどうすれば携帯電話で合唱できるか、あれこれ試行錯誤したこともありました。バカですね。そして、この現象もなにかのトリックに使えるのではないかと、やっぱり考えてしまうあたり、もうほとんどビョーキとしか思えません。だけど、それが楽しい。ほかのミステリ作家の方たちも、こうやってトリックを思いつくんでしょうか？

突然、島田荘司先生の『殺人ダイヤルを捜せ』を思い出しました。大好きな作品です。きっと島田先生も電話口でその現象に気づき、「これはトリックに使える！」と興奮したのではないでしょうか。……そんな妄想を抱いてにやけていたら、ちょうど枚数となりました。それでは皆様、また来年！

小島 正樹

こじま まさき

埼玉県生まれ。主な著作に『呪い殺しの村』『浜中刑事の妄想と檄運』『モノクローム・レクイエム』など。趣味は散歩とリバーカヤック、酒。

大根の葉と油揚げの煮びたし。

これがああた、とにかく美味しくて、酒に合うのです！

閑話休題。

お蔭様で今年も新しい物語を上梓できました。

恐縮ですがその宣伝をば、させてください。

『呪い殺しの村』（双葉社）

海老原シリーズの書下ろし長編です。

千里眼、予知、呪殺を自在に操る「憑き筋の一族」。一族の住む東北の寒村では、かつて奇妙な神隠し事件が起きていた。そして東京で、村の出身者が相次いで殺される。

『呪い殺しの村』を含めてあと三冊で、海老原シリーズ完結の予定です。最後までおつき合いくだされば、とても嬉しいです！

『浜中刑事の妄想と檄運』（南雲堂）

鄙びた村の駐在を志す、群馬県警の浜中康平。ところがうっかり手柄をあげ続け、気がつけば群馬県警本部捜査一課の刑事になっていた。

嫌なのに事件を解決してしまう浜中。彼の相棒で、強くて優しい好漢、夏木大介。二人の活躍をぜひお楽しみください！

『モノクローム・レクイエム』（徳間書店）

奇怪な謎や不可解な出来事を専門に扱う「警視庁・特別捜査対策室五係」。

ネット上で奇妙な体験談を買い取るという「怪譚社」。

そのふたつを舞台に、白き正義の刑事と黒き憎悪の探偵がぶつかり合う。

群像劇の要素を持つ新シリーズで、私にとって初の連作短編集です。

突然現れた戦時中の亡霊。

深夜、ひとけのない公園に浮遊する無数の光る目。

密室の中、飾られた剣から次々に血が湧き滴る。

これら奇怪な謎が理論的に解明されて、連作のための「ささやかな仕掛け」もあります。

三冊すべて、全霊で書きあげました。お手に取ってくだされば幸甚です。

小林 泰三

こばやし やすみ

一九六二年京都府生まれ。九五年「玩具修理者」で第二回日本ホラー小説大賞短編賞を受賞しデビュー。二〇一二年『天国と地獄』で第四三回星雲賞日本長編部門受賞。二〇一四年『アリス殺し』で啓文堂書店文芸書大賞受賞。

二〇一五年の四月には光文社文庫より連作短編集『幸せスイッチ』が刊行されました。

また、八月には幻冬舎より長編ミステリ『記憶破断者』が出版されました。これは倒叙型ミステリで、超能力を持つ犯人に対し、ハンディキャップのある探偵が立ち向かうという特殊な構成になっています。

この他にも、アンソロジーや雑誌に作品を発表しました。「小説新潮」三月号には「愛玩」が、八月号には「イチゴンさん」が、十一月号には「食用人」という短編が掲載されています。

早川書房から刊行された円谷プロと早川書房のコラボ企画アンソロジー『多々良島ふたたび／ウルトラ怪獣アンソロジー』に「マウンテンピーナッツ」というウルトラマンが登場する作品が収録されています。この作品は、「S‐Fマガジン」一月号に寄稿したものです。

続いて、雑誌やウェブサイトで、現在連載中の作品についてお知らせいたします。

電子書籍雑誌「文芸カドカワ」七月号より「失われた過去と未来の犯罪」を連載しています。全人類が前向性健忘症に陥った世界での混乱と再生、そして発生する異様な犯罪を描いています。

「ミステリーズ！」六月号(vol.71)より「クララ殺し」を連載しています。これは二〇一三年に上梓した『アリス殺し』の正当な続編です。

「Web光文社文庫」には、八月から連作短編ミステリ「安楽探偵」を連載しています。ただの安楽椅子探偵ではなく、特異な依頼者ばかりが訪れる探偵事務所を舞台にしています。

「S‐Fマガジン」十二月号から円谷プロと早川書房のコラボ企画の一つである「ウルトラマンF」の連載を開始しました。

さて、二〇一五年の暮れから二〇一六年にかけての計画です。

二〇一五年の十二月には、日経文芸文庫からファンタジー長編『世界城』が出版される予定です。

二〇一六年は、右で述べた連載作品が順次書籍化される予定です。また、これ以外にも数本の書き下ろし作品の準備を進めております。

本年も、ミステリ、SF、ホラー、ファンタジーの作品を発表していきますので、どうかよろしくお願いいたします。

小森 健太朗

こもり けんたろう

一九六五年大阪生まれ。九四年『コミケ殺人事件』でデビュー。二〇〇八年『探偵小説の論理学』で第八回本格ミステリ大賞評論部門受賞。一〇年『英文学の地下水脈』で第六三回日本推理作家協会賞評論その他部門受賞。

今年はふがいないことに、夏期に体調の一部が思わしくなく、あまり原稿が書けなかった（でも艦これはプレーしていたのだが）。それにしても、電子書籍で読める本の幅が広がって、特に英語での版権切れの著者の充実はすごいものがある。フリーのテキストが置いてあるページがいくつもあるのだが、ＡｍａｚｏｎでもＤｅｌｐｈｉの個人全集は大体が一律３００円で、プラトンやアリストテレスなどのギリシアの著作家の全集（英訳）から、シェイクスピア、ディケンズにコリンズ、オスカー・ワイルドにＤ．Ｈ．ロレンスといった文豪の全集が入手できてしまう。この版元で英語全集を二〇セットほど買ったので、読書人生は、これを読もうとするだけで終わってしまいそうなほどのボリュームである。そのうち完読したのは今のところウィリアム・ブレイクだけ。Ｄｅｌｐｈｉではないが、エミール・ガボリオの英訳全集も買って、そのうちのミステリ作品は全部読み通した。インド思想家では、イナヤット・ハーン全集（全一五巻）に続いてラーマティルタ全集（全七巻）を完読。などなど読書ライフは充実している。

秋には、母校の高校で講演会をする機会があった。高校時代に乱歩賞の候補作に選ばれたときはひっそりと、カミングアウトせずに過ごしたので、同級生で私がそんなことをしていたのを知っているものがいなかったので、三〇年以上たって、その話をする機会が巡ってくるとは思わなかった。花束をもらって、三〇年遅れで、そのときのことを祝福してもらった気分である。

本郷篇は四部に再構成して、三部と四部は去年のうちに書き上げたのだが、一部の上海篇を書き悩んでいるところである。はー、しかし、いろいろとアニメをみていると、私もひとつ、アニメの話をつくってみたいという気持ちもむくむくとわきあがってくる。そういう機会も得たいものだと思うので、なにか書いてみたく思うのであった。

坂木 司

さかき つかさ

一九六九年生まれ。二〇〇二年『青空の卵』で東京創元社よりデビュー。近著に『何が困るかって』『肉小説集』『ホリデー・イン』『僕と先生』など。

最寄り駅の駅ビルに入っていた書店が閉店した。そこは学生時代から長い間お世話になっていた店で、今、私は呆然としている。だってまさか、閉店はないと思っていたのだ。元が商店街の個人店だから、駅ビルを撤退してもまた小さい規模でやれるのだと。

個人経営の書店が、潰れていることは知っている。出版不況とか紙媒体が売れないとか、言葉の上ではいくらでも理解していたはずだった。でもまさか、自分の住んでいる場所が駅前に書店のない街になるなんて、想像したこともなかった。

都内に住んでいるから、電車で一駅移動すれば、大きな書店に行くことはできる。ネット書店だってある。けれど、それは健康な大人に限った話。

あの店には午前中、幼児連れのお母さんとお年寄りが多く来店していた。ベビーカーや車椅子でも入りやすいように、通路を広げたのだと店主は言っていた。あの人たちは今後、どこへ行くんだろう。お母さんは、わざわざ電車で一駅乗ってまで、絵本を見せたいと思うだろうか。お年寄りは、大きなチェーン系の書店まで歩こうと思うだろうか。

「もう、アルバイトさんたちのお給料しか出せなかったんだよ」

最後の日、せめてたくさん本を買おうと訪れた私に、店主は笑った。

「数ヶ月、自分の給料がなくなってね、なんていうか疲れたね。跡継ぎもいないし、もう店はいいかなって」

駅ビルの持ち主は鉄道会社の系列企業だが、今私は、文句をつけたい気持ちで一杯だ。

街の商店街にあったあの書店を、駅ビルができるからと誘致したのは誰だ。最初は賃料の安い二階にあったのに、空き店舗が出たからと一番高額な改札近くに移動させたのは誰だ。そのくせ賃料を下げず、敷地面積も小さくさせなかったのは誰だ。

書店の未来を考え続けた店主から、未来を奪ったのは誰だ。この街を、文化のない街にした奴は、一体誰なんだ。

今年は連載の年で、新刊が出ませんでした。せめてあの書店が閉まる前に出せていたら、と思うばかりです。

来年は光文社から『和菓子のアン』の続編と、新潮社から『女子的生活』が出る予定です。

沢村　浩輔

さわむら　こうすけ

一九六七年大阪府生まれ。阪南大学経済学部卒。二〇〇七年「夜の床屋」で第四回ミステリーズ！新人賞を受賞。一一年『インディアン・サマー騒動記』でデビュー。他の著作に『北半球の南十字星』。

今年の一月に、東京創元社のミステリ・フロンティアから、長編『北半球の南十字星』を出すことができました。

世に出せて本当によかった。

しかし念願だった二冊目の刊行が叶ってほっとしてしまい、実は年の前半はちょっと気が抜けた状態でした。

ぼんやりしていたにもかかわらず、とても有り難いことに、いくつか仕事の依頼を頂きました。

私も気合いを入れて半年間の冬眠（正直に書けば、それ以前も冬眠と大差なかったのですが）から覚め、主観的にはガツガツと、客観的にはどう見てもノンビリと、作業を進めております。

そのうちのひとつは、何とか形になりました。

八月から「別冊文藝春秋」で短編を連載しています。

サラリーマンをやりながら週末だけ探偵事務所を開く二人の若者が主人公で、ときどき舞い込んでくる、お金にはならないが少し不思議な謎を、新米探偵たちが大真面目に解いていく、という趣向です。

第三話が、十二月の発売号に掲載される予定です。お楽しみ頂ければ幸いです。

と、なにやら澄ました感じで書いておりますが――。

今回、初めて隔月の雑誌で連載することになり、まあ締め切りといっても、二ヶ月に一度だから何とかなるんじゃないかな、という楽観的な気分で引き受けたら、ぜんぜん予想していたのと違いました。あっという間に締め切りがやって来ます。速いです。六十日ってこんなに短かったっけ。小学校の夏休みなんてわずか四十日なのに、なかなかずっしりした時の重みがあったような気がするんだけど……。

などと文句を言ってますが、楽しいです。

仕事として小説が書けるっていいなあ、としみじみ思います。

他には書き下ろし長編の話も、少しずつ進めています。

来年には、何とか形にできるように頑張ります。

それでは皆様の来年が、よい年になりますように。

獅子宮《ししぐう》 敏彦《としひこ》

うーん、もう一年経ちましたか。確か昨年も、こんな書き出しだったような気が。（敢えて、昨年の文章は見ていません）ファンタジー風、歴史伝奇風、懐古探偵小説風と、書かなければいけないものはあるのですが、生来の怠け癖と実力不足のため、現状では具体的な報告ができない状態です。

そこで、今回は、こんな話を——。

以前、テレビを地デジ対応に変えた時、ＢＳチャンネルがたくさん映るようになり、放映されていた『機動戦士ガンダムＳＥＥＤ』をたまたま観て、おもしろく思い、その後、若者向けの作品を書くことにもなったせいで、アニメなるものをまた観るようになりました。

ただ、さすがにギャップが激しいのか、おもしろいと思えるものになかなか出会えず、『宇宙戦艦ヤマト２１９９』ぐらいか、もう歳だなと思っていたところ、最近、結構はまる作品と出くわすようになっています。

今、一番はまっているのは、『蒼き鋼のアルペジオ』と『ＧＡＴＥ　自衛隊彼の地にて、斯く戦えり』です。

それで、この『蒼き鋼』の第九話『決死の脱出行』を観て、驚きました。ミステリーになっているのです。（すでにネットなどで指摘している人がいることでしょうが、これも敢えて検索せずに書きます）

小説でいえば、〇〇トリック（〇〇は漢字）で、エラリー・クイーンの『悲劇四部作』にも擬えられる趣があり、映像作品としては、綾辻行人・有栖川有栖両氏の原作による『安楽椅子探偵』シリーズの第一作と通じるものがあるように思います。私は、だまされました。

興味を持たれたら、一度ご覧になって下さい。その際は、クイーンの『悲劇四部作』が、『Ｘの悲劇』から読んだ方が驚きが大きいのと同様、第一話から観て下さい。第九話だけを観ても、全く意味がありません。その前回や前々回辺りから観ても、効果はなしです。

ところで、今回、アニメの話を取り上げたのは、この件だけではなく、他にも理由があるのですが、現状では、具体的なことを書くことができず、一年後には書けるか、あるいは、わかっていただけているのではと、願う次第です。

来年こそは、いい報告ができるよう頑張ります。

奈良県出身。龍谷大学卒。〇三年『神国崩壊』で第十回創元推理短編賞受賞。〇五年『砂楼に登りし者たち』を刊行。他の著作に『アジアン・ミステリー』『卑弥呼の密室』『君の館で惨劇を』『天命龍綺』「神国崩壊　探偵府と四つの綺譚」。

篠田 真由美

しのだ まゆみ

東京都出身。早稲田大学第二文学部卒。九一年に『琥珀の城の殺人』が第二回鮎川哲也賞の最終候補となり、翌年東京創元社よりデビュー。近著に『誰がカインを殺したか　桜井京介returns』（講談社）『黎明の書：巻之伍』（徳間書店）など。

三月の終わりの二週間、ロンドンに行って来た。寒いのは承知だが、気候が良くなればホテルも航空券も高くなるので、そこは忍の一字。ヴィクトリア朝末期のロンドンを舞台にした軽ミステリを書こうというので、というか資料を山ほど掻き集めて書き出してみたのだが、建物の中ならともかく街のスケール感は想像では補えないと意を決して出かけたのだ。

ロンドンの中心部では、住宅も軽く百年二百年は経っているのがざらで、インテリアを含めて美しく保存公開されているものも多い。画家レイトンのイスラム風邸宅、風刺雑誌パンチで活躍した漫画家サンボーンのテラスハウス、郊外ハムステッドに建つアダム様式のケンウッドハウスなども建築好きにはこたえられない。車を馬車に代え、電灯をガス燈に代えれば、S・ホームズの時代を脳内によみがえらせることも楽々だ。ただし切り裂きジャックとなると話は別というのは、元の貧民街イーストエンドで大規模な街並みのリノベーションが進行しているからで、仁賀克雄氏の著書を手にホワイトチャペル駅に降り立ってみても面影はさらになく、ガーキンビルの特異な形状ばかりが目に突き刺さる。

物価高と円安に泣いた。かつて百五十円を切っていた一ポンドが二百円に近づいていた（現在は二百円に達している）。ホテルも高い、食事も高い、デパートは見物するだけで、なにひとつ買う気になれないくらい高い。逆にイギリス人が日本に来れば、かつて我々がスペインやギリシャで「なんでも安いなあ」と感じたのと同じ気分になれるだろうが。

有り難いのは本は比較的割安感があるのと、大英博物館やテイト・ブリテン、ナショナル・ギャラリーなど世界一流の収蔵品を誇る博物館美術館の多くが只で見られることで、付け加えるなら博物館のセルフ・カフェは、茶葉たっぷりの紅茶とぼってりボリュームのあるケーキが安くて美味い。

書き上げたヴィクトリアン・ミステリは、来年二月講談社の新レーベル講談社タイガから刊行予定。風変わりな貴族未亡人の奥様と、一癖ある執事に侍女、小姓、料理人たちが織りなす物語。もちろんメイドも出るけれど、『エマ』のヒロインのような健気な美少女ではないし、秋葉原の路上でチラシを配っているミニスカートの女の子のようでも全然ありません。男子の萌え要素は意識的に排除したので念のため。

島田 荘司

しまだ そうじ

一九四八年広島県生まれ。武蔵野美術大学卒。八一年『占星術殺人事件』でデビュー。「御手洗潔シリーズ」「吉敷竹史シリーズ」が代表作。近著に「新しい十五匹のネズミのフライ」『幻肢』『星籠の海』『アルカトラズ幻想』『ゴーグル男の怪』など。

二〇一六年は、御手洗物の映画「探偵ミタライの事件簿星籠の海」が六月初旬公開予定なので、これに合わせ、出版社が映画支援のために毎月、御手洗関連の書物を出してくれます。一五年末には『星籠の海』ノベルス版刊行。これにはウプサラから御手洗が電話してきて、日東第一教会事件の総括を、石岡君に講義するという巻末付録がつきます。

正月か二月から、赤名修さんによる漫画版『星籠の海』が、講談社ヤングマガジンに、連載スタートします。三月には講談社文庫『星籠の海』が発売。四月には御手洗もの三百枚の新刊書き下ろし。五月には赤名さんのコミックス、『星籠の海』が上梓。六月には新潮文庫NEXから『御手洗潔の追憶』刊行、そうした上で映画封切り、こういう段取りになっています。しかし計画立案はやすしで、これはかなり無理な予定だから、果たしてこの通りに実現するものか否か、少々あやしい。

この間、『星籠の海』の試写会は、たぶん何度か行われるでしょう。私はもう大泉学園の東映試写室で観ていますが、さすがに和泉聖治監督で、出来はよいですよ。福山、鞆、そして瀬戸内海の情景が美しく映っています。玉木宏さんの御手洗は、放蕩新次郎さんと全然違って知的言動格好よく、広瀬アリスちゃんは綺麗で可愛く撮れています。クライマックスは興奮させられ、ラストの海底シーンはうっとりもの。岩代太郎さんのオーケストラも、大変よい効果をあげています。

映画「星籠祭り」がすんで落ち着いたら、金沢舞台の吉敷ものを、久々に書く予定にしています。これは初体験の、全国七紙に配信しての新聞連載。連載開始は再来年で、北國新聞を軸に、秋田から神戸、広島、熊本までをカヴァーします。

各紙の連載時期はズレており、最後の紙が終了するのは一八年秋になります。終了と同時に文藝春秋で上梓。それまでに脚本化し、全面金沢ロケで映画も完成しておいて、上梓と同時に映画も公開、とそういう段取り。しかしこれもまた、果たして計画通りにいくものかは未知数。

金沢は映画向きの美しいたたずまいの街。しかし現代物の金沢映画はまだないのだそうで、すべて時代劇。だから初挑戦ですね。こちらも、吉敷ものだけどマジックのような不思議な展開を夢想しています。果たしてうまく行きますか、こちらもまた挑戦。

嶋戸 悠祐

しまと ゆうすけ

一九七七年旭川市生まれ。北海学園大学卒。二〇一〇年第三回ばらのまち福山ミステリー文学新人賞優秀作を受賞。一一年『キョウダイ』でデビュー。他の著作に『セカンドタウン』。

なかなか思うようにいかない、ここ一、二年ですが二〇一六年こそ良い年にできればと考えております。

現在は昨年こちらでご報告いたしました第三作目の長編がようやく完成し、それに磨きをかけているところです。前作『セカンドタウン』の流れを汲んだディストピア感溢れる作品となっています。来年の早いうちに刊行できるよう頑張ります。

あとはどういう形になるかわかりませんが、海外を舞台にした館物のホラーを書いています。ミステリーの要素はあるのですが、私がこれまで書いてきた作品のなかでは、一番ホラー寄りの作品と感じております。アイデアの元となったのは私が敬愛する江戸川乱歩の作品のなかで、最も好きな長編『孤島の鬼』です。

これをアイデアの源泉とし、恐れながら『孤島の鬼』現代版にできれば、という想いを持ちながら書いております。

これも来年中に発表できるよう努力いたします。

もはやなりふりかまわずという状況で色々考えております。結果を出すために、私のなかでの一大プロジェクトも進行しています。これが形になればきっとうまくゆくはず、と勝手に思っております。

それと今まで自分の仕事を題材に小説を書くのには抵抗があったのですが、そういう壁もとっぱらい面白い小説を書くことを最優先に何でもやっていこうと思っています。

二年前に転職をしまして、なぜか転職先も同じような業界なので、かれこれ十五年ほど同じ業界にいます。

なんとなくずっといる感は否めないのですが、今までの経験をつなぎ合わせて面白い作品を一つくらいは書けるような気がします。

それと猫小説も書きたいですね。結婚してから、妻が元々飼っていたこともあり、猫との生活がはじまったのですが、今や、猫のいない日々は考えられません。

なにかとりとめのない文章となりましたが、とにかく闇雲にでも書き続けようと思いますので、どうか見捨てずお待ちいただければありがたいです。

周木《しゅうき》 律《りつ》

某国立大学建築学科卒業。二〇一三年『眼球堂の殺人～The Book～』で第四七回メフィスト賞を受賞しデビュー。近著に『猫又お双と教授の遺言』『教会堂の殺人～Game Theory～』『暴走』など。

昨年、僕はこの欄に「二〇一五年こそ五冊の本を出すぞという強い意気込みで取り組む」と書きました。

前年にも五冊刊行という志を立ててはいたものの、結果的には四冊刊行となり、目標が達成できなかったので、次こそリベンジしてやるぞ、という趣旨でした。

結果としては、今年も目標達成とはなりませんでした。講談社からは堂シリーズの五作目『教会堂の殺人』、KADOKAWAからは『暴走』『猫又お双と消えた令嬢』『猫又お双と教授の遺言』の計四冊。

また一冊及ばず、残念――しかし、それでもまた四冊も世に出せたのですから、まずは読者の方々、そして各出版社の関係者各位に、心より感謝する次第です。

なお目標未達の原因は明らかで、つまりは僕のアウトプットが十分に追い付かなかった、ということです。今さらながら、気持ちだけが先行しても小説は書けないものなのだなと思い知りました。これは裏を返せば、きっと年四冊、つまり四半期に一冊程度という刊行ペースが、僕の最大効率なのだということなのでしょう。今後は、大それたことは言わず、「年四冊でも出させてもらえれば十分、本当にありがたいこと」と、各方面へ深く頭を垂れつつ、これからも執筆に励もうと、強く誓ったところです。

さて、二〇一六年ですが、構想はさまざまありますが、まずは堂シリーズの六作目を出したいと考えています。堂シリーズは七作で終わる構想ですので、ラスト前の重要なパートになろうかと思います。

また、猫又お双シリーズの三作目や、『アールダーの方舟』の続編となるもの（「一石シリーズ」というべきでしょうか）、それ以外にも必ずしも本格ミステリの枠組みには入らないものも含めて、前向きに取り組むつもりでいます。

小説家としてこの世界に拾い上げていただいてから、気が付けばもう三年目。なかなか、こうした稼業を続けるのも難しいものだなと痛感しつつも、三年目だからこそ原点に戻り、「商いは、短く持ってコツコツ当てる」まずはしっかりと目の前の仕事をきっちり仕上げつつ、小説家として腕を磨いていきたく考えております。

ともあれ、二〇一六年もよろしくお願いいたします。

菅原　和也

すがはら　かずや

一九八八年生まれ。二〇一二年『さあ、地獄に堕ちよう』で第三二回横溝正史ミステリ大賞受賞しデビュー。他の著作に『CUT』『柩の中の狂騒』。

作家の計画ということだけれど、ぼくは子供のころから計画が立てられない人間でした。仕事の計画どころか人生そのものが行き当たりばったりで、こんな適当な生き方でよくこの歳まで死なずに済んだな、と自分でも思うこと常々。

やりたいこと、書きたいことは腐るほどあるのだけれど、何しろぼくは無計画で、怠け者で、そのうえ自分に嘘を吐くのが得意な人間なので、言い訳ばかりで一向に進まない。そもそも作家なのかすら疑わしい。二〇一五年は一冊の本を出すこともなく、ただ酒に溺れて過ごしてしまいました。色々と地獄の一年でした。

一行も書けずにうんうん唸り、最後には酒に手を出して酔っ払って寝る、という生活をくりかえしてきたこの一年ですが、良いこともありました。人との出会いです。

基本的にぼくは人との繋がりを持つのが苦手な人間なのですが、今年は色んな授賞式に参加して先輩の作家さん方（中には憧れのあの人も！）とお話しができたり、誘っていただいた飲み会で同年代の作家さんとお会いすることができたりもしました。いやぁ、ホント、あのときは誘っていただいてありがとうございます。楽しかったですマジで。

他の作家さんたちがバリバリ書いているのを見て、怠け者のぼくもさすがに反省しました。

来年からがんばろう！（これを書いているのは十月）。

一応、来年の予定を。おそらくですが、春ごろには書き下ろし長編が出るんじゃないかと思います。これまでは角川さんとしかお仕事をしたことがなかったのですが、初めて他の出版社さんから本が出ることになります。さらに言うと、これまでのぼくの作品はどちらかといえばグロやバイオレンスに頼ったものが多かったのですが、今回は可能な限りそういった要素は封印しました。初めて書いたタイプの小説だと思います。いやぁ、本当にきつかったです、書くの。

また別の出版社さんとも、長編の計画を立て始めたところです。まだプロットの段階ですが、悪くはないんじゃないだろうか、と自分では思っていたりします。

今年は一冊も本が出せなかった分、来年は二冊、できれば三冊！　と考えています。まあ、実際どうなるかはわかりません。予定は未定なので。

高井 忍

たかい しのぶ

一九七五年京都府生まれ。立命館大学産業社会学部卒業。二〇〇五年に短編「漂流巌流島」で第二回ミステリーズ!新人賞を受賞。〇八年『漂流巌流島』を刊行。他の著作に『柳生十兵衛秘剣考／水月之抄』『蜃気楼の王国』『本能寺遊戯』など。

平成二十七年はまことに奇妙なめぐり合わせで、『柳生十兵衛秘剣考／水月之抄』が六月に上梓の運びとなり、十一月には『本能寺遊戯』が文庫化されることになった。さらに『ベスト本格２０１１』（「聖剣パズル」収録）、『ザ・ベストミステリーズ２０１２』（「新陰流〝月影〟」収録）の文庫化が同じ年内に重なった。それぞれ二〇一〇年度、二〇一一年度を対象にした短編のベストアンソロジーである。

まっさらの新作は『柳生～』のみ、これは前作からおよそ四年ぶりとなるシリーズ第二集で、続編を期待する読者にはずいぶん待たせてしまったが、それでも筆者にとっては意外に早い出版だった。雑誌連載の『蜃気楼の王国』を別にすると、一冊分の脱稿から一年以内に刊行されたのも当初にうかがっていた予定通りの時期に出版していただけたのも今回が初めてである。初著書の『漂流巌流島』はその時その時の守ってもらえないスケジュールの繰り返しで、当初の予定から二年遅れての刊行だったし、『柳生～』前作にいたっては原稿を渡してから一年が経ってもまだ読まれていなかった。『柳生～』を進めてもらうため、おとなしく要請に従って手がけたのが『本能寺遊戯』である。そうした事情で、アンソロジー掲載の年次は逆転してしまったが、実のところ「新陰流〝月影〟」は「聖剣パズル」よりも二年近く前に執筆したものだったりする。まるで時間錯誤のトリックである。

実も蓋もなくいってしまえば時代ミステリは人気がない。あべこべに歴史ミステリ（ただし現代人が解説するスタイルに限る）は売れ筋ということになっているらしい。いくつかの先行作のヒットでよほどアジを占めたと見えて、どこの出版社も柳の下の泥鰌を欲しがっている。作家志望で、興味本位のバカみたいな空説や偽史のたぐいに抵抗がないという方々は挑戦してみたらいい。難しくはない。派手な結論を初めに用意しておき、歴史の上の事実を差し替えたり、曲解したり、不都合を隠したり、でっち上げたり、もっともらしく理屈をこじつけて検証の体裁を装えればいいのである。本能寺の変の真相だの、東洲斎写楽の正体だの、坂本龍馬暗殺の黒幕だの、基本のパターンはどれも同じだ。お手軽に勉強気分を味わえるものが書けたなら、引く手数多の人気作家になれるだろう。筆者は関わりを持ちたいとは思わない。

高田　崇史

たかだ　たかふみ

二〇一五年初頭より「小説新潮」で連載していた『毒草師』が、『七夕の雨闇　毒草師』として一冊にまとまり、上梓されました。それが縁で脳科学者の中野信子さんとお話しをする機会を得て、久しぶりに前頭葉が熱くなるような、心地良く濃い時間を過ごすことができました。さらに中野さんには「波」に素敵な書評まで書いていただきました。それに伴って、ニッポン放送の大谷ノブ彦さんの番組にも出演させていただきました。お話ししたのは「七夕」をメインに、いつもの「QED」的な事柄でしたが、初めて耳にする皆さんには、興味深く聞いていただけたようでした。

講談社ノベルス「神の時空シリーズ」は、奈良・大神神社を主題にした『三輪の山祇』と、広島・嚴島神社を主題にした『嚴島の烈風』の二冊を上梓することができました。これらの神社に隠されている、ガイドブックや解説本などには載っていない（書くことのできない？）秘密にご興味のある方は、ぜひお手に取ってみてください。次回作、京都・伏見稲荷が舞台の『伏見稲荷の轟雷』は、来年二月上梓を目指して現在執筆中です。

講談社文庫では「カンナシリーズ」完結巻の『京都の霊前』と「鬼神伝」『鬼の巻』『神の巻』『龍の巻』を、春から三ヶ月連続で刊行していただきました。

新潮社文庫からは『パンドラの鳥籠　毒草師』が上梓されました。新潮社さんからの文庫は初めてでしたが、無事に出版されてホッとしています。

また原作コミックスでは『QED　百人一首の呪』上下巻、漫画・松本救助さんで出版されました。それに伴ってファンクラブで、松本さんを囲んで「出版記念パーティ」を催していただき、楽しい時間を過ごさせていただきました。

来年の計画以前に、今年の報告はかりになってしまいましたが、こうして、どうにかこうにか一年を乗り切ることができました。二〇一六年もノベルス書き下ろし予定が三冊と、単行本も一冊、そしてその他の予定も控えています。またこの場所で良い報告ができますように頑張りますので、よろしくお願い致します。

一九五八年東京都生まれ。明治薬科大学卒。九八年『QED　百人一首の呪』で第九回メフィスト賞受賞。「QEDシリーズ」が代表作。近著に『神の時空―嚴島の烈風―』『七夕の雨闇―毒草師―』など。

高林 さわ

たかばやし さわ

千葉県生まれ。千葉大学教育学部国語科卒業。米国パデュー大学大学院中退。八一年小説現代新人賞受賞。二〇一二年第五回ばらのまち福山ミステリー文学新人賞受賞。一三年『バイリンガル』で再デビュー。

今年は春から母親の体調が下降線を描き、福山ばら祭の頃はそれなりの覚悟をしていました。九十六歳ですから、何が起きても仕方ないという感じで、施設の職員さん方ともそのようなことを話していたのです。ベッドにほぼ寝たきりの認知症です。ところが、気温が上がるにつれて体調は上昇してきました。ホッとしたと思ったら、また心配な様子が現れて——。老人の容体はカーブを描いて変化するみたいですね。おそらく来年も一喜一憂することと思います。

その母親の生まれ故郷の村に、アウトレットモールができました。開店してだいぶ経つのですが、モール周辺の土地の売買などで、面倒なことが起きています。欲得がからむとふつうのオジサンが、小説の悪人みたいに変身するんですよ。困ったので、先日千葉の家庭裁判所に成年後見人になるには、という説明を受けに行ってきました。ちょっとした土地関係の書類は今まで自分で作ったこともあるので、母の後見人になるのも大丈夫かなと思ったのです。しかし、ギブアップしました。トシを取ると、体力よりも気力が先に衰えるのでしょうか。これから大丈夫かなわたし、と思っています。

母のベッドの隣には、敬老の日に百歳のお祝いをしていただいたおばあさんが、タカアシガニみたいな体勢で一日中眠っています。母に、「母さんも百歳まで頑張ろうね」と折りにふれて言うようになりました。挨拶代わりです。最初のうちはウンウンとうなずいてくれたのですが、そのうちに不快そうな顔をするようになりました。「百点取ろうね」といつも言われる子供と同じで、いやになるんでしょうね。百歳まで頑張ってほしいですけどね。

アウトレットつながりですが、茨城にある同系列のアウトレットモールの町に、長い間会っていない親戚がいます。会いに行ったらどうだろうかと、最近考えているのです。

——というのが、今年から来年に向けての想いです。これを小説に書いたらどうかしら、と考えてもいるのですが、どうなりますやら。想像力がからんできますものね。人間の格好で海に飛び込ませたのに、水から上がってくるのが人魚なら上出来で、海坊主の場合もあるかも知れません。もしかしたら、タカアシガニだったりするかも——。

滝田　務雄

たきた　みちお

一九七三年福島県生まれ。日本大学芸術学部卒。二〇〇六年短篇「田舎の刑事の趣味とお仕事」で第三回ミステリーズ！新人賞を受賞。近著に『ポンコツ探偵の名推理』『捕獲屋カメレオンの事件簿』など。

滝田務雄です。一年ぶりのご報告をさせていただきます。

本年はまず、昨年、祥伝社さまの小説ＮＯＮにおいて、連作として掲載させていただいた『捕獲屋カメレオンの事件簿』を、単行本として出させていただきました。

雑誌に連作という形で発表したため、一話ずつ試行錯誤しながら、キャラクターや設定に肉付けしたこともあり、私の書いた作品の中でも、かなりの変わり種となりました。

たとえば一つの試みとして、主人公には、ある種の超能力というか、ＳＦ的なギミックを持たせてあります。また、主人公たちは事件を解決するだけではなく、時に事件を起こす側にも立つこともある、というような具合です。

あくまで私のこれまでの作品に比べれば、ではありますが、主人公が他者にあまり弱みを見せない人間という点も、私の作品としては、少し異質かもしれません。

ともあれ、変化球ながら愛着のある作品です。

書店やネット販売で見かけた際は、ぜひともよろしくお願いいたします。

さて、本年はもう一冊、こちらも短編推理小説の連作として、幻冬舎さまから『ポンコツ探偵の名推理』を刊行していただきます。

まったく偶然ですが、『捕獲屋カメレオンの事件簿』と同じく、この作品も主人公が元刑事という設定になっています。

しかしこちらは先の作品とは対照的に、おのれの弱みをこれでもかとさらけ出した、なんかもう、どうしようもない中年男が主人公となっています。

まあ要するに、いつもの滝田務雄の主人公です。こちらの作品もなるべく大勢のかたに楽しんでいただければ、私としては、これに勝る幸いはありません。

そのほか、今まで書いてきた作品の続編を、現在進行形で準備しております。これらに関しては、来年には皆さまのお目にかけることができると思います。

来年は新しいものを模索しつつ、ここまで世に出させていただけた作品を、シリーズとしてさらに育ててゆく一年にしたいと考えております。

以上僭越ながら、私、滝田務雄の作家活動の予定と報告とさせていただきます。

竹本　健治

たけもと　けんじ

一九五四年兵庫県相生市生まれ。七八年に『匣の中の失楽』でデビュー。九九年に『入神』で漫画家としてもデビュー。近著に『汎虚学研究会』『かくも水深き不在』など。

自宅介護していた岳母が一月に亡くなり、初七日、四十九日と慣れない法事ラッシュにバタバタと追われ、初盆をクリアしてようやくほっとひと息。近隣も高齢化が進むいっぽうで、うちを含めて初盆が五軒もあった。

うちはけっこう庭が広いので、庭仕事がかなりの重労働。真夏のさなかは夕方でも、燃料式の草刈り機を使うとたちまち汗みずくになってしまう。ようやく気候がよくなってきて、やれ嬉しと調子よく草刈りをしていたら、今度はしたたかに腕を傷めてしまった。何てえこったい。

囲碁ライフはまずまずの充実で、毎月のように県大会に出場している。なかでも佐賀県で「わかくす囲碁祭り」というジャンボ大会が新たに開催され、僕は無差別の部に出場して三位入賞を果たせた。ヤッホー。

というわけで、一六年の仕事は引き続き「ジャーロ」に長期連載中の『闇に用いる力学　青嵐篇』が中心となる。三月には「メフィスト」に連載していた『涙香迷宮』が書き下ろしを加えて刊行予定。囲碁棋士探偵・牧場智久のシリーズ作であり、我が国のミステリの開祖である黒岩涙香を軸に据え、連珠といろはを主要モチーフとしつつ、とにかく濃厚な暗号ミステリを目指した。乞うご期待を。

なお、年明けには「幻影城の時代」を制作したスタッフにより、『幻影城終刊号』が刊行される予定で、僕も短編を寄稿したので、その筋のマニアはお見逃しなく。

ところで『匣の中の失楽』が十二月に講談社で再文庫化されたのだが、例年繰り返し告知している南雲堂版の『匣』の豪華本はというと、またしても一六年にズレこむこと確定。もうすっかり年中行事のようになってしまっているが、果たしてどうなることか。

近本洋一

ちかもと よういち

二〇一三年『愛の徴　天国の方角』で第四八回メフィスト賞を受賞しデビュー。

二〇一五年十二月に講談社さんから新刊が出ます。題して『浄瑠璃グラン・ギニョル　嵯峨野あやつり異聞』と申します。各位に感謝。よろしくお願いします！

この話では異なる要素をハイブリッドに組み合わせてみました。本筋は、人形浄瑠璃の舞台を巡って展開されるのですが、トリック自体は、実在の治療法に基づく医学ミステリ的HOWダニットものとなっています。そして動機面のWHYについては、〝京都嵯峨野〟と〝中秋の名月の夜〟を舞台に設定して、いうなれば呪術的要素を導入しています。

こういった要素を統合するため、十九世紀末パリで一世を風靡した猟奇的で残酷趣味の舞台劇、グラン・ギニョル劇のイメージを念頭に置いて書いてみました。

小説としてはそういったものなのですが、京都の歴史文物に興味をお持ちの読者は、今回新たに発見（！）した京都の呪術的・風水的な構造が面白いかと思います。巻末に図版も収録しましたので、御覧頂ければ、と思います。個人的にはこの発見は、東山文化の歴史的意義の再検討に繋がるようなものと考えていて、自慢に感じているのです。

二〇一五年は、ツイッターで毎日ひとつ「物語」をアップすることもしてきました。あれこれアイディアを思いつくので記録を兼ねたものです。玉石混淆ですが、これまで三百日ほど続いております（@you1chikamoto）。

さて。現在デビュー作の続編『永遠の眺望』がアマゾンで発売予告が打たれ、その予告日も過ぎて、入荷待ちとなっているのですが……現時点でこの本は存在しないのです。

本を作ってくれる方に原稿を渡して一年余、作者が思ってきたのは、「この素晴らしい物語を自分が出したい、とまで言ってくれた方が病気で仕事がままならないなら、待つ以外ないぞ」ということでした。その方が病気退職ということになれば、自分の作家としての運命も一蓮托生、と思わざるを得ない状況でしたが、その方は異動されたとのこと。

出版とは夢とビジネスの擦り合わせであって、その狭間で生じた奇妙な事態がアマゾンに反映されているらしいということしか作者もわからないのですが……Kさん、本が出たら物語に登場するシャトー・ラフィットを飲み交わしたい、と言ってくれましたね。あなたの抱いた夢に感謝しています。

知念《ちねん》 実希人《みきと》

デビューから四年目となる本年は、ありがたいことに年に六冊の新刊を発売することができた。これまでの合計刊行数が十一冊なので、その半分以上が今年刊行されたことになる。特に初めて挑んだシリーズ物である『天久鷹央シリーズ』（新潮文庫ｎｅｘ）は今年一年で三冊を刊行し、来年の一月にも新刊を発売予定ということで、順調に巻数を重ねることができている。さらに十月には角川文庫から新シリーズとなる『神酒クリニックで乾杯を』を発売することができた。これで合計二つのシリーズ作品を持つことになり、さらに来年はもう一つシリーズ物を開始する可能性もある。三つもシリーズ作品を持って大丈夫なのか、いまから少し不安である。

思い起こせば、第四回福山ミステリー文学新人賞を受賞させデビュー作を刊行させていただいたあと、様々な要因が重なって二冊目をなかなか出版することができなかった。そこのまま一作だけで作家を廃業する可能性もあったことを考えると、現在の状況は夢のようであり、家族、読者の皆様、担当編集者さんなど、支えてくださった皆様には本当に感謝している。

一九七八年沖縄県生まれ。東京慈恵会医科大学卒。二〇一一年第四回ばらのまち福山ミステリー文学新人賞を受賞。一二年『誰かための刃』でデビュー。近著に『神酒クリニックで乾杯を』『スフィアの死天使：天久鷹央の事件カルテ』など。

デビュー当時、先輩作家から『新人作家のこの業界での五年生存率は二、三十パーセントだ』と恐ろしいことを言われた。そのため、『五年間、この業界で生き残る』ということが作家としての最初の目標となった。その五年目である来年は執筆スケジュールがすでに埋まっているので、その目標はなんとか果たせそうだ。

来年は次の五年に向けての飛躍の年にできればと思っている。

この一年はかなり密な執筆スケジュールをこなすために、あまりオフを取れなかった。特に連休というものは一回も取っていない気がする。根を詰めすぎて体を壊しては本末転倒なので、正月は久しぶり（一年ぶり？）に執筆のことを忘れ、ゆっくり過ごそうと思っている。とりあえずこたつに入り、普段から執筆の癒やしになってくれている愛猫でも撫でながら、新しい一年の乗り切る活力を蓄えたい。

柄刀一
つかとう　はじめ

一九五九年北海道生まれ。九七年『3000年の密室』が第八回鮎川哲也賞で最終候補に残り、翌年デビュー。近著に『密室の神話』『翼のある依頼人』『バミューダ海域の摩天楼』『システィーナ・スカル』など。

　生産性の高くない現状では、この依頼にも書くことがないなあと申し訳なく思っていると、締め切りぎりぎりでちょっとした閃きが訪れた。そのとっかかりを活用すれば、『人形はなぜ殺される』の動機バリエーションに〈人魚〉のモチーフ（しゃれではなく、もちろんまじめに取り組む）を盛り込む長編の構想がかなり進むとの手応えがあった。

　キャリアの長い作家ならほとんどの方が、締め切り直前の火事場のなんたら力でアイデアをもぎ取って急場を乗り切った経験はあるだろうけれど、今回のは、この稿に間に合う内容が少々できたということであり、作品を完成させる決定的な発想がわいたわけではないが、切羽詰まった中で謎解きストーリーの練りあげに集中する時間を味わうことはできた。筋は違うけれど、〈締め切り〉のプレッシャーがもたらしてくれた閃きだろうか。その内容をここに書くわけにはいかないけれど……。しかしとにかく、さっさと完成稿を発表することだ。そうできずにもたもたしていると、ミステリーの中でも本格では特に打撃が大きいある悲劇が発生する。ネタを先行発表されることだ。

実際、新人賞を受賞したある短編の特異な設定が、構想中の長編とかぶり気味になったのを最近経験した。その設定ネタを捨てなければならないほどではないにしても、初見にあるべき鮮度はやはり落ちてしまうだろう。

　その一方、新進気鋭の方たちと話させてもらっていて、「ファンです」と言ってもらえることも稀にあり、そうした時に改めて感じさせられるのは、私はトリックライターなのだなあ、ということだ。そこが個性であり、評価もされるということは、指針とすべきであろうし、この際、自負としてもいいだろう、と自身に言い聞かせる。

　昨今、密室トリックやら物理トリックやらに血道をあげる作家は少なくなってきているのかもしれないが、レッドデータブックが発行されようとも、そこに名を載せ続けることは方向性としてアリだと思っている。微力にすぎるけれど、できれば、若い人たちが後に続きたくなる魅力を持つ、そんな作品を目指しながら。

月原　渉

つきはら　わたる

一九七八年神奈川県生まれ。東京芸術専門学校卒。二〇一〇年『太陽が死んだ夜』で第二十回鮎川哲也賞を受賞しデビュー。他の著作に『火祭りの巫女』『黒翼鳥　NCIS特別捜査官』『月光蝶　NCIS特別捜査官』『世界が終わる灯』。

前半のあわただしい年でした。

今年は、雑誌掲載の短編が一本、長編の単行本一冊が世に出ました。といっても、長編の執筆の大部分は前年に行われていましたので、修正作業に追われていたというのが正確でしょうか。この短編と長編は、いずれも同じ主人公のお話です。

短編「人魚石の秘密」は光文社ジャーロ初夏号に掲載されました。世に出たのはこちらが先ですが、実は後に出る長編の方が執筆は先でした。数奇な運命を背負ったこの短編は、長編を読んだ担当編集者が、これで短編も書いて欲しいと切望したため実現したのです。

長編『火祭りの巫女』は、その光文社様より八月に刊行されました。物語は発売時期とほぼ同じ八月の末頃に設定されています。これは、内容と発売時期とを合わせたかったために作者がワガママを云ったからです。結果としてタイトなスケジュールになってしまい、担当編集さんには申し訳なかったです。この場を借りて深くお詫びします。内容ですが、因習に満ちた村で行われる、秘祭を題材にした伝奇本格ミステリです。短編「人魚石の秘密」とは、龍川鉄朗という探偵が登場する点が共通しています。この本は装画が大変にすばらしく、とても魅力的な本です。ぜひ、手にとっていただきたいと思います。

最後に、光文社担当編集と関係諸氏、ならびに『火祭りの巫女』に装画を提供していただいた画家のイヂチアキコ氏、毎度わたしの本を手にとってくださる読者の方に感謝を申し上げます。

さらなる飛躍を目指して、来年もがんばります。

辻真先《つじ　まさき》

人生もここまで押し詰まると、小説や脚本をいつまで書けるか（注文がとれるか？）という心配がのしかかってくる。その一方で、拙作の登場人物たちを半端な形で終わらせては、読者に対する裏切りのような気がする。なんとか折り合いをつけて、許容範囲で幕を下ろしたい――というのが、ぼくの「作者の計画」である。だからここ数年、意図して長いシリーズを完結させてきた。馴染みのない方には単なるぼくの自己満足でしかあるまいが、ひとりでも辻に金を払ってきた読者がおいでなら、作者の権利で義務だと思うのだ。幼いころからえんえんとエンタメ作品に接してきたぼくは、作者の病没や版元の倒産などを除き、作者の恣意による中断が悲しかった。……とあちこちで豪語した手前、今も幕引きに励んでいる。

来春早々に東京創元杜から出る『残照』は副題を『アリスの国の墓碑』と名付けたように、三五年前に推理作家協会賞を頂戴した『アリスの国の殺人』と対をなすミステリで、新宿ゴールデン街のスナック「蟻巣」はこの一作を以て閉店となる。常連客の通称ポテトとスーパーは、すでに『戯作・誕生殺人事件』でフィナーレを迎えたが、ここの止まり木にはなん人ものミステリ好きな客が、ガン首をならべていた。前作と無関係に独立した小品だが、愛すべきキャラたちと纏めて訣別する。夏ごろ出る講談社ノベルスは、『未来S高校航時部レポート』シリーズの最後で、土方歳三がエゾ共和国を独立させるIF歴史もの。時間テーマの新形式を試みたいがうまくゆくかな？　五月の雪解けに北海道で取材をはじめる『北溟に汽笛劈く』（仮題）は、前作『沖縄県営鉄道は死せず』から十年も間があいたが、鉄道冒険ミステリのラストランだ。日本で三番目に開通した札幌・小樽間の鉄道が舞台で、徳間文庫に割り込ませていただこうという目論見だ。

テレビアニメは『名探偵コナン』を一本、一〇月新番組の『コンクリート・レボルティオ』を二本、すでに決定稿もできて放映待ちである。アンド・ナウの会がコミケに出すのは、ぼくのインタビューを纏めた同人誌第3号。竹宮恵子さんに装画をお願いした。『天使』『幽霊』と並んでかつて銀座の小劇場で上演した推理劇『人形の殺人』の脚本を併載する。どうぞよろしく。

一九三二年名古屋市生まれ。名古屋大学文学部卒。NHKで「バス通り裏」などの演出を担当。八二年『アリスの国の殺人』で第三十五回日本推理作家協会賞を受賞。〇九年『完全恋愛』で第九回本格ミステリ大賞を受賞。

辻村 深月

つじむら みづき

千葉大学教育学部卒。二〇〇四年『冷たい校舎の時は止まる』で第三十一回メフィスト賞受賞。一二年『ツナグ』で第三二回吉川英治文学新人賞を受賞。一二年『鍵のない夢を見る』で第一四七回直木三十五賞を受賞。

今回、この欄を書くにあたって、昨年自分がここに書いた文章を再読。結構約束が守れていないことに驚愕、反省しました。何がどう守れなかったのか、書くと悲しくなるのであえて振り返りませんが、今年もこつこつ頑張ります。

ただ、昨年告知しなかったけれど、予想外にこのタイミングで叶った仕事もあり、二〇一五年十一月にエッセイ集『図書室で暮らしたい』が刊行されました。自分がどんなものに影響を受け、ミステリ魂を培ってきたかについても書いているので、興味のある方はご一読いただけると嬉しいです。

さて、二〇一六年。

七月頃に、「サンデー毎日」で連載していた『東京會舘とわたし』が刊行されます。私にとっては、初めての週刊誌連載にして、初の〝歴史もの〟です。東京丸の内にある建物、東京會舘を主人公に、大正期からの歴史を振り返りつつ、平成の現代まで続く話を書いています。

以前から、何か建物や場所を主人公に書きたい、という気持ちが強くあり、今回それが歴史ある東京會舘で実現するのは私としても感無量です。會舘の見てきた、震災や戦争についても、私自身、勉強させてもらうような気持ちで飛び込みましたので、どうぞよろしくお願いいたします。

あとは――。

永らくお待たせしてしまっている、ポプラ社の『かがみの孤城』。来年中に形になったらよいな。

女性誌「VERY」で連載中の家族もの小説、『クローバーナイト』も本の形にしてお届けできる日が近いかと思います。『家族シアター』や『朝が来る』とはまた一味違う家族小説になる予定で、お受験や保育園活動といった現代の空気を吸った問題を扱う小説になっています。日常の謎系のミステリとして読んでいただける向きもあろうかと思いますので、どうぞよろしくお願いいたします。

お待たせしている『ツナグ2』も、「yomyom」の連載が残すところあと二話になりました。こちらもお届けできる日がようやくおぼろげながら見えて参りましたので、もうしばらくお時間いただけると嬉しいです。

新連載の予定もぽつぽつとあります。来年はこの欄に書いたことがどうか守れていますように。

鳥飼　否宇

とりかい　ひう

一九六〇年生まれ。九州大学理学部卒。〇一年『中空』で第二十一回横溝正史ミステリ大賞優秀賞受賞。近著に『生け贄』『絶望的——寄生クラブ』『死と砂時計』『迷走女刑事』など。現在奄美大島に在住。

野鳥を観はじめて三十年強、調査をはじめて十五年になる。ジュウイチという鳥がいる。カッコウの仲間で、カッコウと同様に、他種の鳥の巣に卵を産みつけヒナを育ててもらう托卵という性質をもつ。サンコウチョウという鳥がいる。オスは自分の体長をはるかに超える長い尾を持つが、最近の研究で、オスなのに尾が長くない個体もいることがわかってきた。ブッポウソウという鳥がいる。緑色光沢を帯びた美しい鳥で、日長を記録できる小型のデータロガーを装着することで、わからなかった渡りのルートが解明されつつある。来年刊行予定の『翼のめくるめく日常』（仮）では、そのようなネタを扱って、素人の方にもわかりやすく生態を解説し、野鳥を好きになってもらいたいと願っている。

ところで、この本はミステリーである。しかも本格ミステリーである。なので、事件が起こり、それが論理的に解かれなければならない。もちろん結末の意外性も欲しい。野鳥の生態と本格ミステリーをどう結合させるのか、腕の見せ所である。もしかしたら拙著『昆虫探偵』をお読みになったことのある奇特な読者もいらっしゃるかもしれない。あの本は、昆虫の世界で起こる事件を昆虫が解決する、つまり探偵も被害者も容疑者もすべて昆虫というマニア向けの内容だったが、今回は違う。探偵は宗像翼《むなかたつばさ》という大学四年の若き鳥類学者だ。彼がどのような事件に巻き込まれ、どう解決していくのか？　そして、野鳥の生態はどう絡んでくるのか？　その辺が読みどころの青春系本格野鳥ミステリーを目指している。

中日ドラゴンズを応援しだして三十五年以上になる。実は野鳥歴よりも中日ファン歴のほうが長かったりする。ひょっとするとミステリー読者歴よりも長いかもしれない。

その愛するドラゴンズの前身の名古屋軍が産声をあげたのが一九三六年のこと。来年は球団結成八十周年の節目の年である。それを記念して『ナゴヤドームで待ち合わせ（仮）』というアンソロジーが企画され、私も声をかけていただいた。こんなに光栄なことはない。求められているのは五十枚程度の短編なのだが、アレを書こうか、コッチにしようかと、楽しく頭を悩ませる毎日だ。作家冥利に尽きる。

この他にもいくつか構想があるのだが、紙幅が尽きてしまった。ひとつずつきちんと形にしていきたい。

七河 迦南

ななかわ かなん

二〇〇八年『七つの海を照らす星』で第十八回鮎川哲也賞を受賞しデビュー。他の著作に『空耳の森』『アルバトロスは羽ばたかない』。

人の書く作品紹介や執筆計画を読むのが好きです。

この「作家の計画・作家の想い」を始めとして、この時期各誌から出るそうした案内を見ると、「これからそんな本が出るのか」「この作家さんはこんな構想を立てているのか」とわくわくします。

願わくばその刺激で自分の筆も進めばいいのですけれど。

今年はなかなか大変な年でした（まだ終わっていませんが）。最も忙しい真夏の時期に倒れてしまい入院、周りにも大変な迷惑をかけてしまいました。

何とか仕事に復帰して、だましだまし日を送りながら、これまでと同じようにやっていたら命が危ないかも、と思い自分をセーブするようにしていたのですが、気がつくとだんだん元通りの日々に……。

これまでも仕事と生活の狭間、ぎりぎりのところで辛うじて書く時間を作ってきました。専業でない方は誰しもそうだと思いますが、いよいよ厳しい昨今です。

もうずっと新作も出せていませんし、既に出版社さんにお預けした長編の原稿もあるのですが、日の目を見るのかどうかはわかりません。

そんなわけで今年はもうこの原稿依頼も来ないかな、と思っていたのですが、忘れかけた頃にメールをいただきました。こんなわたしでも思い起こしていただけるのは有り難いこと、とこのような文章を書き綴っていますが、あまりに内容がありません。来年もこの調子だったら、もう辞退するしかないか、とも思っているところです。

そういえば新作の話ではないのですが、かつて書いた『七つの海を照らす星』と『アルバトロスは羽ばたかない』という二冊の本について、韓国語版が出版されるというご連絡をいただきました。

とても嬉しいことです。しかし日本国内でさえ、ちょっとしか読んでいる人がいない小説を、海の向こうの方が何人読んでくれるのでしょうか。何だか心配でもあります。

二階堂《にかいどう》 黎人《れいと》

この「本格ミステリー・ワールド２０１６」が出たら、その次は、手塚治虫の評伝第四弾『僕らが愛した手塚治虫〈復活編〉』が南雲堂から刊行されることになっている。かようにマニアックな本は、出してもらえるだけでもありがたい。だから、毎巻、これが最後かもしれないと思い、できるかぎり内容を豊富にしている。珍しい図版や書影を四百点以上入れているのは、著者である私の意気込みと良心とマニア魂の成せる業だと理解してほしい。

しかも今回は、電子書籍版も出るとのこと。ならば、ということで、書籍版より電子書籍版を豪華にしてみた。つまり、電子書籍版の図版はオールカラーになっている（もちろん、白黒のものは白黒だが）。そうなる予感があったのか、私は最初から、カラー図版をたくさんスキャナーやデジタルカメラで撮り込んでおいた。これによって、手塚治虫の美麗な絵がたくさん見られるわけである（だから、電子書籍版も買ってね！）。

なお、『僕らが愛した手塚治虫』の一巻と二巻は、小学館から刊行された。この第四巻の刊行が決まって、一巻と二巻を文庫化（小学館文庫）する予定はないか、と問い合わせてみたら、来年（二〇一六年）にしても良いよ、という嬉しい返事があった。たぶん、文庫にするには一巻一巻が厚いので、それぞれ分冊にするか、合わせてから三冊にするか、そういう工夫が必要となりそうだ。また、図版の一部は、当時の画像ソフトでは綺麗に修正できず、著者としては満足していないものもある。それを、新しい画像ソフトで綺麗に直せるかと思うとありがたい。

最近、気に入っている画像ソフトは、「Zoner Photo Studio 16」というもの。これを使うと、カラーから白黒への変換や、露出調整や、コントラストの編集が簡単にできる（ほぼワンタッチ）。作業時間が短縮できて、本当にありがたい。仕上がりもけっこう美しい。ただ、海外製のソフトなので、見た目もヘルプも素っ気ないが、まあ、何とか使えている。このソフトは、Version 17が出たようなので、バージョンアップをしようと思っている。

一九五九年東京都生まれ。九〇年、第一回鮎川哲也賞で『吸血の家』が佳作入選。九二年『地獄の奇術師』でデビュー。主な著作に、名探偵二階堂蘭子を主人公にした『聖アウスラ修道院の惨劇』『悪霊の館』など。

法月綸太郎
のりづき りんたろう

ピエール・ルメートル『悲しみのイレーヌ』（文春文庫）の著者あとがき（引用作家リスト）に、ジョルジュ・ペレックとウィリアム・ギャディスの名前があがっているのを見て、殊能将之氏のことを思い出した。いずれも『殊能将之読書日記 2000-2009』（講談社）に出てくる作家である。

殊能氏の本のゲラを読み、舌足らずな解説を書いたのは二〇一五年三月のことだ。その解説で「フランス本格の勘違い」に多くの筆を費やした人間からすると、『その女アレックス』（文春文庫）のヒットを機に、フランス・ミステリが脚光を浴びているのはとても喜ばしい。エルヴェ・コメール『悪意の波紋』（集英社文庫）やミシェル・ビュッシ『彼女のいない飛行機』（集英社文庫）といった現代作品はもちろん、フランシス・ディドロ『七人目の陪審員』（論創社）のような古典まで発掘されたのだから。願わくば一過性のブームで終わらせず、この余勢を駆って、殊能氏が絶賛したペレックの未完のアンチミステリ『「53日間」』も訳してほしいものである（同じく殊能氏が絶賛したポール・アルテの『死まで139歩』も）。

一九六四年生まれ。京都大学法学部卒。八八年『密閉教室』でデビュー。〇五年『生首に聞いてみろ』で第五回本格ミステリ大賞を受賞。主な著作に『怪盗グリフィン対ラトウィッジ機関』『犯罪ホロスコープⅡ 三人の女神の問題』『ノックス・マシン』など。

ちなみに殊能氏の本の解説には、中村真一郎氏が書いたクレイグ・ライスの追悼文「地獄を信じる」からほぼそのまま引用した文章がある。『深夜の散歩――ミステリの愉しみ』（福永武彦・丸谷才一と共著、ハヤカワ文庫ＪＡ）に入っているやつだ。よく知られている本だから、いちいち断らなくても出典と引用意図は一目瞭然だろうと思って書いたのだけれど、どうもそれはわたしの思い過ごしだったらしい。無断剽窃と言われても困るし、それ以上に「地獄を信じる」という文章を殊能ファンに読んでほしいので（今は本が手に入りにくいかもしれないが）、ここで楽屋を明かしておこう。

行数が余ったので、今後の予定など――『ノックス・マシン』の文庫化に続いて、旧作『パズル崩壊』が二次文庫化されることになりました（いずれも角川文庫から）。また二〇一六年には、「小説新潮」で不定期連載中の『挑戦者たち』（新潮社）が本になると思います。レーモン・クノー『文体練習』（水声社）の本格ミステリ版で、「フランス本格の勘違い」をアップデートしたもの（？）です。

蓮見《はすみ》　恭子《きょうこ》

大阪府生まれ。大阪芸術大学卒。二〇一〇年『女騎手』で第三十回横溝正史ミステリ大賞優秀賞を受賞しデビュー。近著に『イントゥルージョン 国際犯罪捜査官・蛭川タニア』『ガールズ空手 セブンティーン』など。

そろそろ更年期の心配をしなくてはいけない年頃なのに、体調は絶好調です。

その理由の一つは、年々増え続けていた体重を、二年かけて元に戻せたおかげです。マックス時より十キロの減量となりました。十キロと言えば米袋一つ分。分厚い贅肉でできた着ぐるみを着てたようなもんです。

もう一つの理由は、この秋から始めたジョギング。取材とダイエットを兼ねて嫌々やり始めたのですが、これが思いのほか楽しくて、新しい趣味となりつつあります。

ちゃんと走るのは高校の体育の授業以来という体たらくで、最初は五分走るのも精一杯。ランニング教室の体験レッスンを受けた日など、筋肉痛で寝返りも打てない有様でした。まずい！　さすがに危機感を覚えます。「形から入るのだ！」とばかりに一万円出してランニングシューズを買い、後には引けない状況を作り出しました。

エライもんで、二ケ月が経過した今（十一月上旬現在）では、毎朝五キロ走るのが日課となり、ＧＰＳウォッチを腕に巻いて、嬉しそうに河川敷のコースを走っています（中学生やお爺さんランナーにまでぶっちぎられながら）。信号ダッシュや駆け込み乗車もできるようになりました。

一時は、徒歩五分ほどのスーパーに買い物に行っただけで帰りはふらふらしてたのが、嘘のようです。そして、気付きました。この数年間、私は物凄く不健康だった事に。

リフレーッシュ！

という訳で、来年は高校の陸上部を舞台にした青春小説をお届けできる予定です。主人公は元気がとりえの女子高生で、私も「一〇〇〇メートルを三分切って走れるよ」という顔をして書いてます。このエッセイを書いている間に、取材させて頂いた高校が全国高校駅伝の県予選で優勝するといった、幸先のいい報告も舞い込んで参りました。蓮見もあやかりたいです。

他には、古道具商のお爺さんを中心に繰り広げられるアットホームな小説を鋭意執筆中です。こちらは連作短編集となる予定です。

早坂《はやさか》 吝《やぶさか》

一九八八年大阪府生まれ。京都大学文学部卒業。二〇一四年に『○○○○○○○○殺人事件』で第五〇回メフィスト賞を受賞しデビュー。他の著作に『虹の歯ブラシ　上木らいち発散』『RPGスクール』。

　初めまして、早坂吝と申します。大学生の時、私は上木らいちという探偵を生み出しました。援助交際をしている女子高生ですが、名探偵なのです。なぜこのような設定にしたかというと、ミステリやホラーではすぐに殺されてしまうこの手の女性が探偵役を務めたら面白いのではないかと考えたからです。しかしこういうキャラクターを不用意に登場させてしまうと、必然性がないとの誹りを受けてしまいます。そこで私は彼女が解くのにふさわしいエロいトリックを考えることにしました。その結果、昨年『○○○○○○○○殺人事件』でメフィスト賞を受賞してデビュー。らいちのキャラクターもささやかですが好評を得て、『虹の歯ブラシ　上木らいち発散』という続編を書くこともできました。

　しかし弊害もあります。彼女のシリーズを続けるということは、必然的にエロい話ばかり書くことになるので、まるで私がエロい人間であるかのように思われてしまうではありませんか。だからここで断っておきます。私はエロいのではありません。らいちに普通の事件を解かせてもいいところを、必然性のことを考えて渋々エロくしているわけですから、むしろ真面目な人間と言えましょう。

　さて、その上木らいちシリーズの新刊『誰も僕を裁けない』（仮題）が来春辺りに刊行予定です。毎度毎度エロを物理的に使うだけでは芸がないので、今度はエロという懐刀で司法の矛盾に切り込む社会派エロミスに挑戦します。私は真面目な人間なのです。といっても本格ミステリを放棄するわけではなく、私なりの本格と社会派の融合をお見せできればと思います。当該作は今月発売の「メフィスト」（講談社さん）に一部が先行掲載されますので、お読みいただければ幸いです。

　また、私はエロくないわけですから、エロくない作品も書きます。先月発売の「ジャーロ」（光文社さん）から、『不思議の国のアリス』をテーマにした『アリス・ザ・ワンダーキラー』（仮題）という連作が始まっています。従来の『アリス』ミステリは、『アリス』のキャラクターに着目した作品が多かった印象がありますが、本作は体が伸び縮みするお菓子などの『アリス』のギミックを活用したパズルミステリ。ティータイムのおやつ感覚でお楽しみいただきたい作品です。ただし毒入りかもしれませんので、ご注意を。

はやみね かおる

はやみね かおる

一九六四年三重県生まれ。三重大学教育学部卒。八九年『怪盗道化師《ピエロ》』が第三十回講談社児童文学新人賞に入選し、翌年デビュー。近著に『都会のトム&ソーヤ(13)《黒須島クローズド》』『大中小探偵クラブ―神の目をもつ名探偵、誕生』など。

二〇一五年は、年明け早々に担当編集さんが変わり、それまで予定していた原稿の順番やら内容が変わり天手古舞いでした。勢いで新シリーズ（『大中小探偵クラブ』）も始まってしまいました。パタパタしましたが、健康面では骨折することなく無事に過ごせました。〆切りも、だいたい守ることができました。

二〇一六年は、まず『大中小探偵クラブ』シリーズの二冊目『殺〝ミイラ〟事件（仮）』が、出る予定です。

次が、『怪盗クイーン』シリーズになります。まだ原稿はできてないのですが、オーソドックスな怪盗ものになるのではないでしょうか。

その次は、『都会のトム&ソーヤ』シリーズです。いよいよ、創也と内人が作る新ゲーム『夢幻』のお披露目です。ただ、この話を書くのには、資料を集めたり取材したりと、いろいろ準備に時間がかかります。それでも、なんとか八月までに出せたら万々歳です。

また、『都会のトム&ソーヤ』は、フクシマハルカ先生が漫画にしてくださってます。『少年マガジンエッジ』新年号から連載開始です。こちらも、どうぞよろしくお願いします。

あと、〝乱歩風の物語を現代の子どもに〟ということで、新シリーズの準備をしてます。年内に書き始められたら、うれしいです。

以上が、今のところ分かってる仕事です。本当は、もう一つ、プロットを通さないといけないシリーズ物があるのですが、どうなることか……。

昨年は、シリーズ物を少しずつ減らしていこうと決心したのですが、まったく逆の状況になりつつあります。やりたい仕事は、ちゃんとメモしておいて、忘れないようにします。（とりあえず、『初陣！虹北学園文芸部』と仕掛け絵本をやりたいです）

また、大量の本で生活空間が圧迫されたため、新しく書庫兼事務所兼家を建てました。本の移動と整理をしながら、原稿を書かないといけません。頑張ります。

そして、二〇一六年も健康に気をつけ、〆切りを守り、一年を乗り切りたいと思います。

では！

東川　篤哉

ひがしがわ　とくや

一九六八年広島県生まれ。岡山大学法学部卒。〇二年『密室の鍵貸します』が光文社「Kappa—One 登竜門」の第一弾に選ばれデビュー。近著に『ライオンの歌が聞こえる　平塚おんな探偵の事件簿２』『純喫茶「一服堂」の四季』など。

「二〇一五年は短編の執筆ペースを落とし、その浮いた時間で長年の懸案である長編の執筆を進めよう」と目論んだのですが、結果そうはならず、浮いた時間の大半は「骨休め」や「気分転換」、あるいは「次回作のアイデアを考え中」といった形で無為に消費されてしまいました。この調子では永久に長編は完成しそうにありません。そこで先日、私のほうから東京創元社に対して「御免なさい。全然書けそうにないので長編は雑誌連載にしてもらえませんか」と自首して出たところ、編集者のほうから「では『ミステリーズ！』二〇一六年四月号から各号ごとに百枚程度」という実刑が下りました。悪いことはできないものです。やるしかありませんね。

一方で連作短編集の刊行予定は二つあります。ひとつは新潮社との初仕事。タイトルは『西荻窪アラサー探偵局』といった感じになるはず。その名のとおり、西荻窪在住のアラサー駄目女三人組を主人公にした、素人探偵もの。探偵役が三人もいると、一話一話が長くなるのだなあ、と書きながらそう思いました。刊行時期は夏ぐらいでしょうか。

もうひとつは文藝春秋から魔法使いマリィが活躍するシリーズ。その第三弾にして（いちおうの）完結編となる作品です。タイトルは『魔法使いと××〇〇』みたいな感じになるはず。探偵役が魔法使いでも、やっぱり一話一話は長くなるなあ、と思いながら書きました。こっちは秋以降ですね。

ところで文庫ですが、まず二〇一五年の暮れに光文社から『私の嫌いな探偵』が出ています。漫画家あらゐけいいち氏の素敵すぎる表紙が目印なので、見かけた際はぜひ！

それ以降は順不同で、幻冬舎から『探偵少女アリサの事件簿～溝ノ口より愛をこめて～』。祥伝社から『ライオンの棲む街～平塚おんな探偵の事件簿①～』。さらには実業之日本社から『探偵部への挑戦状～放課後はミステリーとともに②～』などが、続々と文庫化の予定です。それにしても一作一作の題名が長すぎますね。読者の皆さんは記憶できるのでしょうか？

というわけで、二〇一六年は長編連載と刊行物のゲラ直しに追われそうですが、その一方で雑誌にちょいちょい短編も書くと思いますので、そちらもよろしくお願いいたします。

深水 黎一郎

ふかみ れいいちろう

一九六三年山形県生まれ。慶應義塾大学文学研究科後期博士課程単位取得退学。二〇〇七年『ウルチモ・トルッコ』で第三十六回メフィスト賞を受賞しデビュー。近著に『ミステリー・アリーナ』『大癋見警部の事件簿』など。

今年は『ミステリー・アリーナ』（原書房）一冊で燃え尽きてしまった感があるので、来年は新刊を複数冊出せるように頑張ります。

まず倒叙形式に初挑戦します。四篇からなる短篇集で、タイトルは『倒叙の四季（仮）』――各短篇のタイトルに、枕草子をもじった季節名が入ります。「夏は溺殺　月のころはさらなり」、「秋は刺殺　夕日のさして血の端いと近うなりたるに」の二篇は既に『メフィスト』誌上で発表済みですが、あと春と冬を書き継いで、久しぶりに講談社ノベルスから出します。完全犯罪を目指す犯人が、どこでミスを犯したのか、探偵役の海埜警部補と一緒に考えてみて下さい。

夏から秋にかけては、角川春樹事務所から少年を主人公にした中篇集を予定しています。少年たちが直面する〈決定的な瞬間〉を描くもので、何よりも〈お話〉をじっくり読んでもらいたいと思っています。従って必然的に本格度は下がりますが、自らの経験を元にしたものであり、私にとっては思い入れの深い作品集になりそうです。

秋から冬にかけては、河出書房新社から書き下ろしの音楽ミステリー集。満員のコンサートホールから、時価数億円のストラディヴァリウスが忽然と姿を消したりするお話など。以前からあたためていた、シューマンの連作歌曲集『詩人の恋』の新解釈などもお届けできればと思っていますが、凝れば凝るほどマニアックになるのが困りもの。何とか少しでも間口を広げる努力を現在しています。

文庫化の予定は二冊。『美人薄命』（双葉社）が春ごろ。『テンペスタ　天然がぶり寄り娘と正義の七日間』（幻冬舎）が秋ごろ。後者は改稿・改題するかも知れません。

来年もよろしくお願いします。

福田 和代

ふくだ かずよ

photo by 久保陽子

神戸市生まれ。〇七年『ヴィズ・ゼロ』でデビュー。近著に『群青のカノン——航空自衛隊航空中央音楽隊ノート2』『天空の救命室——航空自衛隊航空機動衛生隊』『ゼロデイ——警視庁公安第五課』『ユダの柩』『星星の火』『バベル』など。

人がたくさん集まる場所が、子どもの頃から苦手です。人が多いと、思うように動けなくなることと関わりがあるのでしょう。

思い返せばこの四十年、いちども花火大会に出かけたことがありませんでした。カップルで浴衣着て花火見てキャッキャウフフ？　ないない。そんなスウィートな記憶はありません。飲み屋でバーボン片手にくだを巻いていたら打上げ花火の音が聞こえてきて、ビルとビルの隙間からのぞく花火の切れ端に、ほのかに満足するタイプでした。

ところが何の因果か、二〇一五年は花火の取材に駆けまわることになりまして。大曲、長岡、土浦と、数十万人規模の人出もなんのその。こんなに真剣に花火を見まくったのは生まれて初めてですが、実にけっこうなものでした。鮮やかで色数は多く、形や音は昔よりはるかに面白く。コンピュータによる打上げ制御でスピード感が溢れ、巨大化して豪華！　この四十年間の花火の進化に、驚きもひとしおです。すっかりハマりました。

花火の興奮さめやらぬうちに、あっという間の年末です。

さて、二〇一五年は、単行本『ゼロデイ』（幻冬舎）、『天空の救命室』（徳間書店）、『群青のカノン』（光文社）、文庫化『標的』（幻冬舎）、『ゾーン』（角川春樹事務所）、『サイバー・コマンドー』（祥伝社）、『碧空のカノン』（光文社）と続いたほか、「SF宝石」（光文社）、『捨てる』（文藝春秋）などのアンソロジーにも参加させていただきました。

二〇一六年は、『緑衣のメトセラ（仮）』（集英社）、『火災調査官（仮）』（東京創元社）の刊行を予定しているほか、連載中の『生還せよ（仮）』（角川書店）、『BUG（仮）』（新潮社）が一冊の形にまとまるといいですね。『スクウェア』1、2巻（東京創元社）と、『プロメテウス・トラップ』（早川書房）の文庫化もありそうです。

連載もいくつか始まる予定です。花火師さんの話に、『サイバー・コマンドー』に登場した美女ハッカーを主人公にしたITもの。『星星の火』の通訳刑事コンビのお話も、続編の構想を練っています。

本は読まれてナンボ、皆さまと書物のあいだに、来年も良い巡り合いがありますように。

松本　寛大

まつもと かんだい

一九七一年北海道札幌市生まれ。〇九年「島田荘司選　第一回ばらのまち福山ミステリー文学新人賞」受賞作『玻璃の家』でデビュー。他の著作に『妖精の墓標』。

この秋に刊行された『クトゥルフ神話TRPG』シリーズのソースブック『クトゥルフ2015』にソロシナリオ（ゲームブックのようなもの）「亡霊の樹」を掲載していただきました。どうやら好評のようで、ほっとしています。

あまり変わったことはせず、ごくオーソドックスなホラー譚に仕上げたつもりです。『クトゥルフ神話TRPG』には最近新しいファンが増えているときいていたので、本シナリオではじめてクトゥルフに触れるという読者を想定して書きました。

ソースブックは、ネット予約殺到につきまさかの発売前増刷。それも品薄になり、すぐに誤字の修正などをおこなった第二版の刊行が決定しました。うーん、ブームって凄い。

ともあれ、クトゥルフの仕事は今後も継続しておこなっていくつもりですので、機会があればご覧ください。

続いて、評論について。十二月の北海道新聞に掲載される予定なのでご覧になれない方も多いでしょうが、山中恒の『はるか、ノスタルジィ』を取り上げます。

評論執筆にあたっては、北海道の作家・作品ならばテーマは自由。品切れの本でもオーケー。しかも準備期間もかなり長く取れるという好条件。取材も終え、現在力を入れて書いております。

本作品に関しては、大林宣彦監督の映画版は観たけれど原作は読んでいない、という方も多いでしょう。

原作と映画の差違（違いは多いのですが、ことに終盤の展開は完全に別物です）、背後に存在する戦争の爪痕、著者が執筆するにあたり発想のきっかけとなったある児童文学についてなど、言いたいことはたくさんあります。

この作品の持つ意義を現代においてどのように問い直すことができるか、また限られた字数でどこまでこの作品の魅力を伝えられるかわかりませんが、頑張ります。

最後に新作について。

まだ詳細につき発表できずに申し訳ありません。頑張ってはいるのです。本当ですよ！

いま自分は「なんとしてもこの一作を世に出すのだ」と思っています。前作も、前々作もそうやって書いてきました。

次も全力投球です。重い球、行きますよ。

円居　挽《まどいばん》

一九八三年奈良県生まれ。京都大学卒。二〇〇九年『丸太町ルヴォワール』でデビュー。近著に『キングレオの冒険』『シャーロック・ノートー学園裁判と密室の謎』『クローバー・リーフをもう一杯　今宵、謎解きバー「三号館」へ』など。

五年ぶりの登場です。みなさま、いかがお過ごしだったでしょうか。

突然ですが兼業作家には極端に分けて二つのタイプがあると思います（あくまで個人的統計なので怒らないで下さい）。まず執筆作業が趣味あるいは息抜きになるタイプ、こういう方はお勤めを続けながらも順調に作家活動を続けることができます。中には執筆によって本業でのストレスを上手く発散できているケースもあり、専業作家をも上回るペースで新作を発表し続ける怪物も観測されてます。恐ろしいですね。

もう一つは執筆作業もまた労働というタイプです。執筆作業が息抜きになるどころか更なるストレスの元となるので、本業がヤバいと見事に書けなくなります。新人作家のデビュー二作目が年単位で出なかったりするのはこういう事情があったりもします。恐ろしいですね。

私はモロに後者のタイプだったので、三年半ほど前に「会社と作家業の両立は無理だ！」となって勤め先を辞め、専業作家にクラスチェンジしました。「よし、これで思う存分原稿が書けるぞ！」と思ったのも束の間、「なるべく書かずに暮らしたい」という気持ちになり、そのまま今に至ります。どうやら労働そのものが向いていなかったようです（いや、それでも仕事はしてますが）。

さて、二〇一六年のお話をしなければならないのですが、正直なところ「え、もう今年終わるんですか？」という気持ちで一杯です。例年よりたくさん仕事をした気はしますが、本来の予定からすると全然なので来年はもっとテキパキとこなしていきたいものです。

今年は例年以上に雑誌の仕事が多く、まとまっていない原稿も随分たまっているので来年は順次本にしていきたいと思います（というか途中で止まってる原稿も仕上げないといけないですね）。その一方で書かなくてはならない原稿もたくさんあり、もしかすると過労で倒れるかもしれません。

あと二〇一六年はノベライズのお仕事がいくつか控えております。色々あって詳細は書けないのですが勿論ミステリです。基本的には原作ファン向けの内容ですが、プロットを切ってるのは私自身なので、原作未読既読にかかわらず拙作に親しんできた方々は楽しめるのではないでしょうか。

深木　章子

みき　あきこ

東京都出身。二〇一〇年第三回ばらのまち福山ミステリー文学新人賞を受賞。一一年『鬼畜の家』でデビュー。他の著作に『ミネルヴァの報復』『交換殺人はいかが？　じいじと樹来とミステリー』『敗者の告白　弁護士睦木怜の事件簿』など。

今年もまた、この一年を振り返る時期がやってまいりました。毎年思うことですが、一年というものは、出だしは比較的ゆっくりなのに、十月あたりから年末までは本当にアッという間ですね。たぶん、人間の一生も同じなのではないでしょうか。しみじみと思う昨今です。

さて、二〇一五年は、三月に講談社さんから『衣更月家の一族』の文庫版、六月に光文社さんから『交換殺人はいかが？　じいじと樹来とミステリー』、八月に原書房さんから新作長編『ミネルヴァの報復』と、計三作品を刊行することができました。

『交換殺人はいかが？　じいじと樹来とミステリー』は、これまで雑誌に掲載された五編に、書下ろしの一編を加えた初めての短編集です。「本格ミステリーのおもちゃ箱」をコンセプトに、一編ごとに定番のテーマを設定し、また、安楽椅子探偵ものという点でも初の試みでしたので、本当に楽しい経験となりました。背中を押してくださった編集者の方々には感謝するばかりです。

そのほかには、短編「井戸の底の三位一体」が「ジャーロ」秋・冬号に掲載となりました。こちらは、樹来シリーズとは打って変わって、悪い双子と悪い女の究極のバトルがテーマとなっております。楽しんでいただければ幸いです。

二〇一六年は、まずは『螺旋の底』と『殺意の構図　探偵の依頼人』の文庫化、そして新作の長編を一作刊行することがとりあえずの目標です。

早いもので、来年四月にはデビューして丸五年。作家生活も六年目に入ります。知り合いになった作家さん、お世話になった編集者さんもしだいに増えて来ました。六十歳で隠居生活に突入したときには想像もしなかった、新しい人間関係の出現に胸躍らせる毎日です。

我ながらよくここまで続いたと感心する一方、もう新人作家という甘えは通用しないと思うにつけ、ずっしりと重いものがのしかかります。自分もいつかは本格の定番、クローズドサークルなどに挑戦してみたい。そんな気持ちはあるのですが、はたして実現できますかどうか。

こんな状況ですが、全力で頑張りますので、今後ともどうかよろしくお願い申し上げます。

汀 こるもの

みぎわ　こるもの

大阪府出身。追手門学院大学文学部卒。〇八年『パラダイス・クローズド』で第三十七回メフィスト賞を受賞しデビュー。近著に『レベル98少女の傾向と対策』『ただし少女はレベル99』『溺れる犬は棒で叩け THANATOS』など。

小説現代『世界はｇｄｇｄに満ちている』連載と、『刀剣乱舞』で二〇一五年が終わってしまった……『刀剣乱舞』は別に仕事じゃないのに！　でも刀にかこつけて各地の博物館巡るの楽しい！

ｇｄｇｄは、とてもいい勉強になりましたが、ページ数が少なすぎてあれだけでは一冊にまとめられないのが大問題です。何とかなりませんか講談社さん。講談社タイガには呼ばれてませんが少女のレベルは97になりそうです。多分。

近況です。糖尿病で入院しましたが、「教育入院なので食餌療法と検査ばっかりで、手術などはしない。これは宿命なのだ」と周囲の人々に強調しすぎた結果、「病院でネタ拾い頑張ってくださいね！」と全く心配されないコメントを複数もらい、それはそれで複雑でした。病院は「電源が確保できない」という理由でＰＣ禁止でしたが、医療器具用以外に四個くらい電源があり、テレビカードの差し込み口の横に有線ＬＡＮの端子があり、一日百五十円くらいで使えるようで……もう他人を信じられない。

血糖値を下げるために病院外での散歩を推奨されるのはまあいいとして。

「で、今日の検査の予定は」

「決まってません」

検査のときに出かけていたら空振り！　何だそりゃ！

それでもめげずに散歩に出かけたら、周辺にコンビニが三軒、スーパーが四軒ありました。……これ、意志の弱い人だったら食餌療法の意味ないんじゃないかなー。ついでに言えばコカコーラゼロとアクエリアスゼロは飲んでもよかった。すごく甘やかされていた。ご飯少なかったけど。

結果どうだったかというと、深夜アニメも見ずにさっさと寝て朝八時に起き、一日三回人間らしい食事をしてインシュリンを射ったらあっという間に血糖値が普通になって、重篤な内臓疾患ではなく非人間的な生活態度が病気の原因だと見事にバレました。

というわけでその後少しは健康に留意したら、一年前のもずく食べたり鮎川賞パーティーに行くのに六・四キロメートルもチャリ漕ぐ羽目になりました。どっちも鉄板ネタなのにもう誌面がなくて残念です。

水生 大海

みずき ひろみ

三重県生まれ。一九九五年に秋田書店より漫画家デビュー。〇九年『少女たちの羅針盤』で第一回ばらのまち福山ミステリー文学新人賞優秀賞を受賞しデビュー。近著に『運命は、嘘をつく』『君と過ごした嘘つきの秋』『冷たい手』など。

秋を通り越して冬がきたんじゃないか、という日にこれを書いています。灯油買っておけばよかった。ヤカンの湯気にとける、ストーブと本とコーヒーの入り混じったにおいが恋しいですね。おうちで読書をするのにいい季節となりました。

というわけで宣伝から入ります。今年は新作が三冊と、文庫化で一冊を、お届けすることができました。

まずは文庫化しました『夢玄館へようこそ』、その後新作で『冷たい手』『君と過ごした嘘つきの秋』『運命は、嘘をつく』の順です。『冷たい手』は重めですが、がっつりと嚙みごたえのあるサスペンスものです。『君と過ごした嘘つきの秋』は、昨年出した『消えない夏に僕らはいる』の続編にあたり、きゅんきゅんしつつもほろ苦い青春学園ミステリー。最後に出しましたのが『運命は、嘘をつく』。ラスト数行で驚愕するというタイプの話がありますが、これは第一章のラストを驚きの宙吊りで終わらせ、その後もどこへ向かうのかわからないストーリー展開と、出口の見えない迷路が続きます。どうぞ手をお預けください。ラストまでご案内いたしましょう。いつのまにかその手が、ナニモノカに変容しているかもしれませんが、それもまた一興。物語の妙を楽しんでいただければと思います。

さて来年ですが、一月上旬に『結城屋質店の鑑定簿　あなたの謎、預かります』をPHP文芸文庫より出します。三年前に出した『てのひらの記憶』の文庫化です。その後はまだ予定なのですが、『招運来福！　まねき猫事件ノート』の続編を計画しております。

現在、「野性時代」で『水中トーチライト』を、「J-novel+(webです)」で『ランチ合コン探偵2』を、ともに三か月に一話のペースで連載しています。こちらを来年のうちにまとめて……とも思っております。前者は、通信制高校や高認試験目標の生徒をサポートする塾が舞台の青春ミステリー。謎の講師が萌えポイントです。後者は、合コンを舞台（?）とし、恋人を見つけたい麗子と謎を見つけたいゆいかによる安楽椅子探偵ものとなっています。昨年出ました『ランチ合コン探偵』と合わせてお楽しみください。

未定の予定ばかりですが、よちよちながらも進んでいきます。どうぞよろしくお願いいたします！

水谷　奏音

みずたに かのん

東京都出身。二〇一三年一二月『12星座殺人事件』（文藝春秋・共著）で、占星術師として初めて文芸デビュー。他の著書に『幸せを運ぶ7つのパワーストーンブレスレット』『パワーストーンで人生をより幸せに変えるコツ』。

はじめまして、ミステリー作家の水谷奏音です。あ、大変失礼しました……フォーチュンカウンセラーの水谷奏音です。ちなみに島田荘司さんには、占星術師と呼ばれております。占星術といえば、そう、あの『占星術殺人事件』の占星術です。その占星術をきっかけに、島田さんとご縁ができ、なんと二〇一三年一二月には、『12星座殺人事件』（文藝春秋・共著）まで刊行させていただきました。わたしは12星座の短編集の、各星座の占い解説をしています。占い解説といえども、占いの世界から、文芸の世界にいきなり飛び込んだわけですから、これはもう相当な快挙です！　それに、こうして『本格ミステリー・ワールド』からもお声がかかったのですから。人生どこで何があるか分かりません。まさにミステリーです。いや、占いだけに運がよいのか。

占いとミステリー小説の融合、これを思いついたとき、「絶対これまでにないおもしろいものが打ち出せる！」と意気込んでいました……が、販売部数は秘密です（笑）でも、占い自体がそもそもミステリーだと思いませんか？　この本をきっかけに、ミステリー好きの皆さんにも、ぜひ占いの世界に興味を持っていただけると嬉しいなと思います。さて、二〇一六年には、少し趣向は変わりますが、また12星座を絡めた本が出版される予定です。こちらも、『12星座殺人事件』同様、作家の光藤ひかりさんと一緒に鋭意制作中ですので、ぜひ楽しみにしてくださいね。

ここで、本業の占いのお話しも少し。現在は、埼玉とご縁が深く、毎月第一・三木曜日の埼玉新聞さんに、占いとエッセイを交互に掲載、また、J:COMチャンネル埼玉さんでは『たまスタ 7days collaborate with 埼玉新聞』に毎週土曜日、今週の占いでレギュラー出演させていただいております。埼玉の皆さま、ぜひご覧になっていただけると嬉しいです。埼玉に関連のある作家さん、ぜひわたしにご連絡を。対談など何か企画します！　また、文藝春秋さんのCREA WEBのサイト上では「水谷奏音のタロット占い」も楽しめます。

水谷奏音・初登場の今回は、なんとここだけの掲載ではありません。恐れ多いことに、昨年島田先生が成城大学で行った一般公開講座のイベントレポートも担当させていただきました。ぜひそちらもご覧になっていただけますと嬉しいです。

末須本　有生

みすもと　ゆうき

一九六三年長崎市生まれ。東京大学工学部卒。航空機の設計に携わる。二〇一四年『推定脅威』で第二一回松本清張賞を受賞しデビュー。他の著作に『リヴィジョンA』。

早いもので、昨年のデビューからすでに一年以上が経ちました。今年は六月に二作目『リヴィジョンA』（文藝春秋）を刊行することができました。一作目の続編で「飛行機の開発」をテーマにしたお話です。正直なところ初心者の私には、一年以内に長編の原稿を書き上げるのは至難の業でした。なんとか形になり、ホッとしています。

またオール讀物に、短編『なめらかな終焉』を掲載していただきました。こちらはデザイナーの内実を綴ったお話です。

小説が二つ単行本の形になったので、七月からは一応「小説家」を名乗ることにしました。とは言うものの、これまでロクに文章を書いたことがなかった者にとって、この肩書きが馴染むまでには、まだまだ時間がかかりそうです。

新しい仕事を始めて変わったことは、数は多くないながらも小説、しかも単行本を購入するようになったことです。要するに、以前はそれほどこの世界と縁遠い生活をしていた、ということですね。一方、それに反比例するように外出が減り、自家用車の走行距離が伸びなくなり、運動不足が顕著になりました。来年の要改善事項です。

さて、私が小説のテーマとして扱っている「航空」「防衛」の分野は今、大きく様変わりしようとしています。九月には安全保障関連法が成立し、十月には防衛装備庁が発足しました。防衛省（庁時代も含めて）始まって以来の大規模組織改革になります。加えて今後、物議をかもしそうな無人偵察機、オスプレイ、そしてステルス戦闘機の導入が予定されています。そのどれもがアメリカからの買物で、とてつもなく高額な代物です。

この先、国の安全保障がどうなっていくのか分かりませんが、異なる立場の人の意見を聞き、広く議論し、自分なりの考えを著作に反映していけたら、と思っています。

だからと言うわけでもありませんが、今は巷で流行っている「ドローン」をテーマにしたお話を書いています。二作目はミステリーの要素はほとんどありませんでしたが、次作は少しばかり「謎解き」も入れようと考えています。個人的には、来年前半の刊行を目論んでいるのですが……。それから一作目『推定脅威』の文庫本も、来年半ばに出して貰えるのではないかと期待しています。

三津田 信三

みつだ しんぞう

二〇〇一年『忌館　ホラー作家の棲む家』でデビュー。『水魑の如き沈むもの』で第10回本格ミステリ大賞を受賞。近著に『十二の贄　死相学探偵5』『誰かの家』『どこの家にも怖いものはいる』『のぞきめ』など。

今年は文庫化が『のぞきめ』（角川ホラー文庫）、『シェルター終末の殺人』（講談社文庫）、『幽女の如き怨むもの』（同）、『ついてくるもの』（同）と四冊あり、あと怪奇短篇集としては三冊目となる『誰かの家』（講談社ノベルス）と、シリーズ物では『十二の贄　死相学探偵5』（角川ホラー文庫）を上梓しました。昨年に八冊の予告をしたのですが、さすがに無理だったようです。

さて来年ですが、春に映画「のぞきめ」が公開されます。すでに初号試写が行なわれ僕も鑑賞しましたが、オープニングの怪奇なテンションが途切れずに続くことに、まず感心しました。原作とお話は変わっていますが、事前に何度か脚本を拝読して、なかなか面白いと思っていました。それが実際に映像化されると、映画ならではの「覗かれる恐怖」が増えており、とても嬉しかったです。撮影現場にお邪魔して見学できたことも、良い思い出になっています。個人的にホラーやミステリ映画は大好きなため、まさに作家冥利に尽きます。どうぞ来年春の公開をお楽しみに。

肝心の小説ですが、敗戦後の日本の炭鉱を舞台にした本格ミステリ寄りの長篇『黒面の狐』と、乱歩作品にオマージュを捧げた連作短篇集『犯罪乱歩幻想』と、シリーズ六作目『死相学探偵6』を予定しています。そこに自著では四冊目となるタイトル未定の怪奇短篇集が加わるかどうか、といったところでしょうか。

恐らく一番の問題は、現在執筆中の『黒面の狐』です。時代と舞台設定ゆえに難儀しています。最初は炭鉱関係の参考文献を中心に集めていましたが、あっという間に他分野の資料も必要となり、それを読み込んでお話に活かすのに苦労しています。相変わらず書きながら物語を考えて纏めていく創作方法を取っているため、本書のように特殊な世界を描く作品は本当に大変です。

当初は（と言っても何年も前ですが）刀城言耶シリーズの長篇テーマとして、炭鉱のお話を考えていました。しかし実際に取りかかる前に、これはノンシリーズの長篇にするべきだと判断しました。それが間違っていなかったことは、こうして書いていても分かります。どうか無事の脱稿をお祈り下さい。

光原 百合

みつはら ゆり

広島県生まれ。大阪大学大学院修了。九八年『時計を忘れて森へいこう』でミステリー作家としてデビュー。〇二年『十八の夏』で第五十五回日本推理作家協会賞受賞。他に絵本、詩集なども刊行されている。

近年、怪談文芸にすっかりハマってしまったのは、やはり数年前に病気が見つかって「もう一つの世界」のことを否応なく意識せざるを得なかったからでしょうか?……多分違うでしょう、あまり深刻に考えるたちではないので。Carpe diem が信条です。

理由はさておき、怪談大好きになったあまり、今年は人生初の怪談執筆に挑戦しました。これまで書いているうちに結果的に怪談っぽくなった話はありますが、初めから「怪談を書こう」と意識して書いたことはなかったのです。ちゃんと怖い話になるかどうかが怖かったですが、幸いにしてＯＫが出ました。怪談文芸専門誌『幽』(角川書店) 24号「とれたて怪談実話」コーナーに掲載していただく予定です。

そんなわけでここのところミステリを読むのも書くのもおろそかになっていまして、こちら方面からはお叱りを受けることもしばしば。申し訳ないことです。もともと私は、懐かしの月刊誌『詩とメルヘン』に憧れて幻想掌編を書き始めたのが物書きとしてのスタートでしたので、「原点回帰」に近いと言えないこともないのですが、それにしても本当に申し訳ないことでございます。

「割り算の美学」が魅力の本格ミステリに対して、怪談はある意味、「割り切れないこと」が魅力です。本格ミステリの、スパッと割り切る鮮やかさは今でもこよなく愛していますが、ミステリを書いていて作品の中に盛り込めない「割り切れない澱」みたいなものがだんだん心の中に溜まってくると、うんと割り切れない作品を書いてみたくなるのかもしれませんねえ……と、先日作家仲間と話しました。私はそう言うほど書いていない気がするけど(笑)。

割り切れない作品を書いていると、きっとまた割り切れる作品も書きたくなるだろうし、来年はできれば両方バランスを取って書いていきたいものです。お約束してそのままになっているミステリシリーズもファンタジーシリーズもいろいろあるんだあああ。原点回帰しても書くスピードはちっとも上がらない!

おかげさまで体調はいいので、来年もせっせと Carpe diem できるといいな。

光藤　ひかり

みつふじ　ひかり

神奈川県生まれ。二〇〇九年『すごろくごはん』で講談社よりデビュー。他の著作に『12星座殺人事件』、「スミレ刑事の花咲く事件簿」シリーズ。

先日、コンタクトレンズを買いに、コンタクトレンズのお店に行きました。コンタクトレンズを処方してもらうためには、眼科の診察が必要なので、併設の眼科にも行きます。いつも診察してくれるのは、おじいちゃん先生です。色々と眼球を診てもらったあと、「問題ありません」と、おじいちゃん先生。あ、このままでは診察が終わっちゃう！　と思ったわたしは、「最近、悲しいことがあって毎日泣いているので、まぶたと目の下が、カサカサに荒れてしまって痒いのですが、目の周りに塗ってもいいお薬ってありますか？」と聞きました。すると、おじいちゃん先生は、「どなたか話を聞いてくれる人はいないのですか？」と言ったのです。思いもよらぬ言葉に、またまた泣いてしまいそうになるわたし。今朝も昨日も泣いたのに。おじいちゃん先生はそれ以上何も言わず、目の周りに塗るお薬を処方してくれました。

二〇一六年はそういう小説を書いていきたいです。心を掬ってくれるような物語を。

悲しい出来事は未だに悲しいままで、今、北千住のホテルでこの原稿を書いているのも、一筋の光を求めた結果の行動でしたが、逆に窮地に追いやられた感もあります。わたしは諦めませんが。

さて、いよいよ来年には新刊を発表できそうです。そろそろアナウンスしてもいいと思うので、アナウンスしちゃいますが、ざっくり言うと、アイドルのバトル・ロワイヤルものです。簡単に言うと、アイドルの殺し合いみたいな。内容は、エグいし、グロいし、ちょっと汚いかもしれない。でも、そんな中でも、わたしの伝えたい想いをギュッと詰め込めたと思います。まだ脱稿はしていないので、書き途中なのですが。

若い人向けと思われるかもしれませんが、是非、世代問わず、読んでいただけると嬉しいです。本家バトロワのように、出版業界に激震を起こしちゃうかも!?　な作品になっております。

あ、ちなみに昨年のわたしのページを読んでいただいた方なら分かると思うのですが、光藤ひかり（32）は絶賛婚活中です！　婚活は結婚するまでが婚活ですからね。頑張らねば。来年はこのページで結婚報告が出来ていますように。以上、何気に必死な光藤ひかりでした。

美輪　和音

みわ　かずね

東京都生まれ。青山学院大学卒。脚本家として映画、テレビドラマなど手掛ける。二〇一〇年「強欲な羊」で第七回ミステリーズ！新人賞を受賞。一二年『強欲な羊』でデビュー。他の著作に『ハナカマキリの祈り』『8番目のマリア』。

二〇一五年は、デビュー作『強欲な羊』の文庫版が、東京創元社より刊行されました。

そしてありがたいことに、啓文堂書店さんの文庫大賞候補作に選んでいただけました。受賞には至りませんでしたが、とても光栄でしたし、励みになりました。推薦してくださった書店員様、読んでくださった皆様に深く感謝申し上げます。

おかげさまで版を重ねることができ、書店でお客様が自分の本を購入される奇跡の瞬間にも初めて遭遇！　レジに並ぶその方の背中には後光が射し、後ろで泣きそうになりながらただひたすら手を合わせ、感謝の念を送らせてもらいました。

拙著を手にしてくださった方の後ろで、泣きながら手を合わせている不審人物がいたら、おそらく私です。

今年は他に「ミステリーズ！」に掲載された『ゴーストフォビア』を含む連作短編集を上梓したかったのですが、プロットをこねくりまわし過ぎて間に合いませんでした。二〇一六年にお届けしたいと思っております。また、二作目となる長編『ハナカマキリの祈り』も、来年文庫化していただける予定ですので、こちらもどうかよろしくお願いいたします。

さて、興味をお持ちの方は少ない（いない？）と思いますが、今年も蛇情報を。我が家の蛇君は相変わらず執筆の邪魔ばかりしています。パソコンのキーボードの上にダラッと寝て退かなかったり、本棚の大事な資料を落としたり、エアコンの上など、どうやってそこへ登った？　と首を捻るような場所から突然降ってきたり……。派手に落下するので蛇カフェの獣医さんに相談したところ、蛇の肋骨は折れやすいため注意が必要とのこと。ますます目が離せなくなりました。

ちなみに原宿の蛇カフェでは、可愛い蛇たちと至福の時が過ごせます。オプションでお触り、もとい、ふれあいも可能。

帰宅後、着替えて手をよく洗い、証拠隠滅を謀ったにも拘らず、うちの蛇探偵は私の手や首のにおいを執拗に嗅ぎまわり——、私とボールパイソンの浮気（抱っこしただけですが）を見事に看破したのでした。ごめんね、もう二度としません。

蛇探偵はおそらく登場しませんが、来年は先に述べた二冊の他に、あと二作出せるよう鋭意努力してまいりますので、ご支援よろしくお願い申し上げます。

皆様、どうぞよいお年をお迎えください。

明利　英司

めいり　えいじ

一九八五年鹿児島県生まれ。二〇一四年『旧校舎は茜色の迷宮』で第六回ばらのまち福山ミステリー文学新人賞優秀作を受賞しデビュー。

二〇一五年を振り返ってみると、小説家としての出版物は実りある一年とはいえなかった。しかし、それなりに充実していた日々を過ごしていたという感覚で、来年に咲かせるべく書籍の種を多方面から頂戴した風であり、それを来年、どの時期に、どのような色をつけて開花させようかと奮闘する日常が続いていた気がする。

その開花を促すために私ができることは、取材というものがあるが、その一環として訪ねた場所のひとつに『硫黄島』がある。この島が実に印象深かった。

硫黄島といえば東京都が有名であり、ご存じの方も多いと思われるが、今回訪ねたのは私が生まれた故郷、鹿児島県の南に浮かぶ通称『薩摩硫黄島』である。船に乗って四時間、このまさに絶海の孤島と呼べる島に、しっかり人々が暮らしている。人口は一三〇人に満たない。飲食店は無く、売店があるだけ。野生化した孔雀が闊歩しており、現在三〇〇羽ほど生息しているらしく、つまり人間よりも多いわけである。

夕食を済ませた頃には、島からは音が消え失せて、都会で暮らす私が見たこともないような、濃く深い色をした夜がやってくる。滞在中は、天候に恵まれて毎日が快晴と呼べるような空であったので、満天の星空を拝むことができた。

懐中電灯を手にしていたとしても歩くのが難儀な暗い暗い島道を、足元に気をつけながらゆっくり進み、なんとか防波堤まで行き着いて、そこに寝そべり、波音を聴きながら天を仰いだのだが、なんと天の川が見えるし、流れ星はいくつも走るし、その視界はわざわざ孤島までやってきた苦労を一瞬で忘れさせてくれるほどのものだった。

いまここに、孤島が秘める壮大な魅力の全てを記すことは不可能であるが、人々の心を惹きつけるなにかがあるのは事実。近年は孤島ブームとも言われている。興味を持たれた方がいれば、私の故郷、鹿児島の島々を訪ねてみてほしい。

さて、私には生まれと育ち、故郷が二つあり、もうひとつ宮崎であるのだが、その宮崎、今年は都道府県魅力度ランキングで去年の二十五位から十三位にまで急上昇した。来年は出版物のお知らせはもちろん、宮崎をゆっくり訪ねる時間があれば、今回のように旅先でのことを記し、様々な方が楽しめる『本格ミステリー・ワールド』を目指そうと思う。

森川 智喜

もりかわ ともき

一九八四年香川県生まれ。京都大学大学院理学研究科修士課程修了。一〇年『キャットフード』でデビュー。一四年に『スノーホワイト』で第一四回本格ミステリ大賞小説部門を受賞。近著に『未来探偵アドのネジれた事件簿』など。

「本格ミステリー・ワールド」誌読者のみなさま、こんにちは！　今年も一年をふりかえる時期となりましたね。以下では、貴重な紙面をいただきまして、近況の報告、拙作の紹介をさせていただきます。

　昨年この場でご紹介した『スノーホワイト』（講談社文庫）、あのあと予定通りに出版されました。『スノーホワイト　名探偵三途川理と少女の鏡は千の目を持つ』（講談社ＢＯＸ）の文庫版となります。

　今年、短編としましては、「yom yom」誌（新潮社）の一五年春号・夏号にそれぞれ「トリモノート」という作品を発表いたしました。また「ジャーロ」誌（光文社）には、短編〈うつし世は夢、夜の夢こそ名探偵〉シリーズを去年にひきつづき連載させてもらい、十一月号にはいよいよ最終話を掲載してもらう予定です。拙作短編の雑誌掲載はすでにいくつか例がありますが、第一話・第二話……最終話という形で最後まで枠をがっちりと決めて連載させてもらったのは同シリーズが初といえます。初のシリーズ連載、無事に最終回をむかえることができそうで感慨ぶかくおもいます。もろもろ楽しんでもらえたら、うれしいです。

　さて、来年は『ルルージュ事件』（エミール・ガボリオ／一八六六年）からちょうど一五〇年となりますね。同作はしばしば「世界最初の長編探偵小説」と呼ばれる作品。諸説あるので一概にはいえないとおもいますが、長編探偵小説文化生誕一五〇周年とみなすこともできそうです。

　一五〇年という年月は、かんがえようによって、短いとも長いともおもえます。『ルルージュ事件』以降いままでに発表されてきた長編探偵小説の数という途方もないスケールと比較した場合、一五〇年はなんだか短いようにかんじられます。しかし逆にかんがえると一五〇年とは、人々がこれほどまで多くの長編探偵小説を発表して文化を育てることができる、そういう長い長い年月だとわかります。

　短いというとらえかただと、人々の活躍のめざましさについて——長いというとらえかただと、一年一年の積みかさねがもたらした変化の巨大さについて——どちらのとらえかたにおいても、あらためて感心させられます。

森谷　明子

もりや　あきこ

いつでも予定というものは、心づもりより遅れて実現するのさ。と開き直れる身分ではございませんが。

積極的に何かをさぼったつもりはないのに、去年こちらに書いた予定がいまだ残っているような年の瀬です。

光文社刊の『春や春』、無事に本にしていただきました。思いがけない俳句との出会いが嬉しく、かつこのまま終わらせてはもったいないと欲が出て、現在再び俳句甲子園に取り組んでいます。何かを表現するもの、受け取る側に解釈をゆだねるものとして、私には俳句の十七音が絶妙ないれものです。二〇一六年早々には連載にかかりたいと思いつつ、うまくいきますかどうか。

双葉社から声をかけていただいた緑ヶ丘小学校六年生たちの中学受験、こちらもようやく、ようやく書きあがります。同じく来年早々お目にかけられるようにと、最後の段階に入っています。

ついでに「秋葉図書館の四季」シリーズの最新の短編を、「ミステリーズ！」vol.74に掲載していただきます。折からの年の瀬のお話です。冷えてきた空気とあわただしい師走の気分が出せればいいなと思っております。

ここまで目途が立ちましたら、そろそろ平安の昔に立ち返ろうかと計画中です。書くぞ書くぞと言いつつ、すでに十五年手を付けていない源氏物語宇治十帖。いい加減に始めなければと創作メモを引っ張り出しました。

同時に、ほんのちょっと時代をさかのぼった菅原道真→安倍晴明のラインでも書きたいな、と欲を出しています。キーワードは「遠《とお》の朝廷《みかど》――大宰府」。

平安時代の大宰府とそこに赴く人間に、とても興味があるのです。都から大宰府に派遣されるのは、懲罰としての島流しだったのか、はたまた一攫千金と先進文明ゲットのチャンスだったのか。

これだけやっている間に、きっとまた一年終わっていることでしょう。ああ、一年無事に終わりますように。

それでは皆様、どうぞよいお年をお迎えください。

来年もよろしくお願いいたします。

神奈川県出身。〇三年『千年の黙　異本源氏物語』で第十三回鮎川哲也賞を受賞しデビュー。近著に『春や春』（光文社）『花野に眠る』『望月のあと（覚書源氏物語「若菜」）』（東京創元社）『FOR RENT――空室あり――』（幻冬舎）がある。

門前 典之

もんぜん のりゆき

二〇〇一年『建築屍材』で第十一回鮎川哲也賞を受賞しデビュー。他の著作に『首なし男と踊る生首』『灰王家の怪人』『浮遊封館』『屍の命題』。

去年のこのコーナーで、引越しを考えている、分譲マンションを買おうかどうか悩んでいる、というようなことを書かせてもらいました。が、今現在も引越しは済ませていません。もちろんマンションも買ってはいません。振り返ってみると、この一年、何も進んでいないようで、我ながら厭になるほどです。

とはいいつつも、一〇月には新築二件、中古二件のマンションを内覧に行きました。私にすれば頑張った方かもしれません(どっちやねん)。この原稿を書いている一一月初め時点で、其々一件に絞りました。駅からは若干遠いのですが、リバーサイドビューが申し分ないのが、両者の共通項です。この本が出版される頃には、最終決定し、購入……、できれば引越しまで？ 済ませいたいところです（無理かな)。

さて、個人的な引越し顛末はともかく、本の方は二〇一五年春先に何とか出すことができました。『首なし男と踊る生首』というミステリです。タイトルどおり、生首が密室から出たり消えたり、古井戸から異形の死体が発見されたりと、相変わらず派手な演出を施しましたが、本格していますぶん。読んでいただけましたでしょうか（無理かな)。

二〇一六年に向けて、次回作にも着手しました。今ではもう誰も手を付けようとしない古典的なトリックをアレンジし、しかし、絶対に気付かれない、究極のフーダニットを目指した作品になります。（注：あくまでも、目指す――、ですからね)

構想と登場人物、そして舞台設定までは終わったのですが、そこから先が、まったく進みません。登場人物が一ミリも動かないのです。その上、引越しまで絡んでくるとなると……、二〇一六年中の完成は、やっぱ無理かな？

とはいえ、手元に未発表長編が二作あります（本当です)。一作はまだ何か足らないと感じ、もう一作は見せ方に難点があると感じています。新作よりこちらの二作の方を改善しようかな……とも、考えています。相変わらず優柔不断です。

矢野　龍王

やの　りゅうおう

一九六五年東京都生まれ。早稲田大学理工学部卒。〇四年『極限推理コロシアム』で第三十回メフィスト賞受賞。パズル、情報処理系の書籍も多数執筆。主な著作に『織姫パズルブレイク』『箱の中の天国と地獄』など。

今年もミステリー小説の新作を発表できずじまいでした。今年に限ったことではありませんが、申し訳なく思っています。

それはさておき、先日、区民体育大会の水泳競技なるものに出場したところ、背泳ぎで一等賞を頂きました。

大会に向けての練習と視察を兼ねて、自宅から離れた場所にある試合会場の区民プールを訪れたときのこと。コインロッカーに見慣れない形状の鍵がついていました。

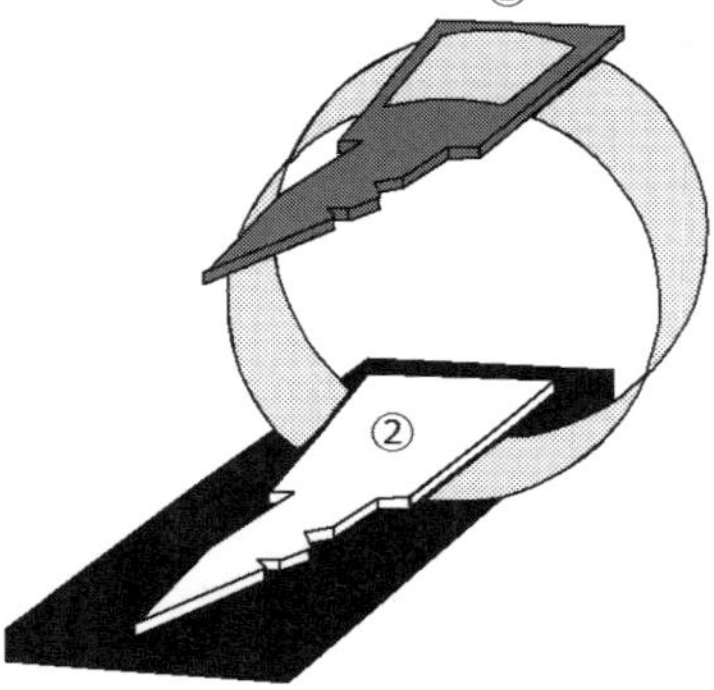

腕に通すためのゴムバンドの片側（図の①）に鍵がついていて、ちょうど反対側（図の②）に鍵を収納するケースがついています。

ゴムバンドを手首に嵌めてみたはいいけれど、どうやっても鍵を上手くケースに収納できず、プールサイドで四苦八苦しました。すると、係員のお兄さんが近寄ってきて、使い方を説明してくれ、ようやく解決しました。

コインロッカーの分際で、なかなかトリッキーな構造の鍵です。下手な絵で恐縮ですが、この鍵の収納方法について、時間があればぜひ考えてみてください。

今回の一件を通じて、ミステリー小説の物理トリックに応用可能なアイデアが、まだ身の回りにあることを再認識しました。

僕は物理トリックを崇拝するミステリー作家です。斬新な物理トリックで勝負するミステリー小説の新作を書きたい、という思いは誰にも負けません。

来年はそれが形になればなによりですが……。

山田 彩人

やまだ あやと

一九六七年東京都生まれ。二〇一二年『眼鏡屋は消えた』で第二回鮎川哲也賞を受賞しデビュー。他の著作に『今宵、喫茶店メリエスで上映会を』『少女は黄昏に住む』『幽霊もしらない』。

十代の頃、いわゆる護憲平和主義の運動をしている人たちに質問したことがあります。もし他国が侵略してきた場合どうやって平和を守るのかということです。すると答えは、「おまえは右翼か！」「おまえは戦争賛美者だろう！」という罵倒でした。僕は自分は平和がいいと思っているし、右翼でもない、ただどうやって平和を守るのか訊いているだけだと説明しました。すると「おまえの言葉なんか信じない！　口先でどう言おうが、おまえは戦争をしたがっているに決まっている！」と袋叩きにされました。その経験で「平和主義者」というのがどういう人たちなのかを理解しました。

彼らがそんな行動をとった理由もわからないではないです。護憲平和主義では平和を守る方法なんてないので、そんなことを訊かれたら何も答えられないのです。それでも自分が正しいと主張したいなら、そんな質問をしてくる相手を「悪」だと決めつけて罵倒し、黙らせるしかありません。

今年は憲法が問題になり、そういった「平和主義者」がまだ生き残っているんだと思い知った年でした。とくに偏向が激しかったのはテレビです。本来であれば与党の法案を批判したいなら、集団的自衛のメリット・デメリット、個別的自衛のメリット・デメリットを説明したうえで論評し、判断は視聴者にゆだねなければなりません。しかし僕が見たかぎり、集団的自衛のメリット、個別的自衛のデメリットをきちんと説明している番組は一つもありませんでした。

なぜマスコミがそんな偏向に走るのかというと、感情に訴えようとするからでしょう。理性的で論理的な思考による個人の判断をうながすのではなく、感情によって集団を一方向に誘導しようとしているのです。しかし、そんなマスコミをネットがしきりに批判していたのが新しい時代を感じさせました。

本格ミステリーは本来論理的思考を楽しむ小説だと思います。しかし、テレビドラマなどでより広い視聴者をとりこもうとする場合、とかく探偵役を正義のヒーローに仕立て、対する悪役を設定して、正義対悪の図式を導入しようとする傾向があります。個人的には、それはあまり感心できないものだと思ってます。理由はおわかりでしょうか。

山田 正紀

やまだ まさき

今年の十一月、十二月に『桜花忍法帖　バジリスク新章』というタイトルの文庫書き下ろし上下が出版される運びとなっている。タイトルからおわかりのように、山田風太郎さんの『甲賀忍法帖』を原作にした、せがわまさきさんの『バジリスク』の新章ということだ。ちょっとわかりにくい。

私自身、最初にお話をいただいたときには、とっさにどういう意味だかわからなかった。けれども編集者氏とお話させていただいているうちにだんだん興奮してきた。ぜひとも書きたいと息つた。

どうして私なんでしょう？　と編集者氏にお訊きしたら、山田風太郎さんとせがわまさきさんを足して二で割ると「山田正紀」になるから、ということだった。そのときには納得したが、あとで考えると、そんなはずはない。もしかしたらからかわれたのかもしれない。

上巻は書いていてとてもおもしろかった。スラスラ書けた、下巻は、書いているうちに、好きになった若い忍者たちが死んでいくのがつらくて、非常に難渋した。でもどうにか書きあげた。ゲラでかなり改稿することになると思う。

七四年「神狩り」が「SFマガジン」に掲載されデビュー。七八年『地球・精神分析記録』で第九回星雲賞日本長編部門を受賞。二〇〇二年『ミステリ・オペラ』で第二回本格ミステリ大賞と第五五回日本推理作家協会賞を受賞。

一月には『カムパネルラ』という本を出してもらうことになっている。宮沢賢治の『銀河鉄道の夜』をテーマにしてミステリーともSFともつかない作品で、もともとは雑誌に連載したものだが、自分でもわけがわからなくなるぐらい何度も改稿を重ねた。ほとんど原形をとどめていないと思う。どうにか手放したときには、もう顔も見たくない、という心境になっていたが、いまは非常に愛しい。できれば、この愛しさを読者の皆様に共有していただければ、と切に願っている。そう願いながら、いままたゲラを大幅に直している。こうなるともう病気だ。

そのあとには二百枚の中編二本を百枚に縮める作業と、一本を書き下ろす作業が待っているので、これもかなり難渋することになると思う。どうして二百枚を百枚に縮めなければならないか、というと、中編、というものに対する私自身の心境の変化からであって。二百枚という長さは中編というより、むしろ短い長編だという気持ちになってきたからなのだ。

つまり、こんなことばかりやっている私はいつまでたってもアマチュアということなのだろう。プロではない。

吉田 恭教

よしだ やすのり

佐賀県生まれ。二〇一〇年島田荘司選第三回ばらのまち福山文学新人賞優秀作を受賞。一二年『変若水』でデビュー。他の著作に『可視える』『堕天使の秤』『ネメシスの契約』。

去年の『作家の計画、作家の想い』でも書いたが、今年は願いが叶い、オカルトと本格を融合させた作品『可視える』を上梓することができた。あれは四月のことだったか、南雲堂さんから「本格ミステリー・ワールド・スペシャルの叢書として書き下ろしミステリーを」とのお話があり、ちょうど完成していた『可視える』をお渡ししたところ、幸い採用のご返事をいただいた。

この作品が生まれた経緯だが、「想像で描くのと実物を見て描くのでは大違い」、そんな発想が浮かんで何か良い題材はないかと考えていたところ、ある幽霊画を目にしたことでアイデアが浮かんだ。妻を殺した画家が、毎夜枕元に立つ妻の亡霊を描いたことからこの物語は始まるが、その絵がきっかけとなって猟奇殺人事件の連鎖が起きる。そして不祥事から警察を追われた探偵と、性同一性障害に悩む女性刑事がその難事件に立ち向かうといったストーリーだ。

今回の『可視える』を出したことで、吉田は作風を変えたと思われる読者がいらっしゃるかもしれないが、それは違う。以前のスタイルを捨て去る気はないし、今後も、社会派と本格を融合させた作品を書き続けて行こうと考えている。それと並行して、オカルトミステリー作品も増えていけば言うことはない。

さて、作品に関するご報告はここまでにして、近況について少々書いてみたいと思う。

昨年の暮に愛犬のジャーマン・シェパードを亡くし、我が家には黒猫が一匹だけという状況になった。猫も一匹では寂しいようで、ストレスからか、以前はしなかった問題行動を取るようになり、それなら友達を作ってやるかと家内と相談し、出雲の捨て猫保護センターに出向いたところ、これが運よく気立ての良い「ハチワレ」との出会いがあった。生後四か月ということで少々大きかったものの、愛くるしい目に一目惚れして我が家に連れ帰り、「ハチ」と命名。

それにしても、保護施設の方々の努力と姿勢には頭が下がる。この世から、不幸な猫がいなくなることを願うばかりだ。

猫達は仲良くやっているか？ 勿論、答えはイエスである。時には喧嘩しながらも、今も二匹は私のそばで寄り添い、静かな寝息を立てている。

詠坂 雄二

よみさか ゆうじ

一九七九年生まれ。〇七年『リロ・グラ・シスタ』でデビュー。他の著作に『ナウ・ローディング』『亡霊ふたり』『日入国常闇碑伝』『インサート・コイン(ズ)』『乾いた屍体は蛆も湧かない』『ドゥルシネーアの休日』『電氣人間の虞』『遠海事件』。

二〇一五年はＷｉｉＵフル稼働な一年でした。

五月にスプラトゥーンが発売されて、これで今年はやりすごせるなあと喜んでいたら、九月にスーパーマリオメーカーが発売され（いずれも任天堂制作）、世界に向けたステージ作りに没頭するという幸せもありました。ここ十年くらいでいちばんゲームにハマった年かもしれません。このラインナップをＷｉｉＵ発売時に持ってこいよ！　と理不尽な怒り方をしてしまったほどです。

田尻智氏が一九八〇年代ナムコのアーケードゲームに学び、自家薬籠中のものとした「新しいゲームとは新しい動詞の提案である」という哲学に倣えば、前者は「塗る」ことを大々的に提案したゲームだと言えるでしょう。「塗る」ことを盛り込んだゲームは今までもありましたが、スプラトゥーンの「塗り」は、手触りの気持ちよさにおいて前例と繋がらず、「なかったよなこれ感」が強いものでした。

一方でスーパーマリオメーカーは、「作る」ゲームになるでしょうか。「ゲームを作るゲーム」は別段珍しいものではありませんが、その多くが広く特定ジャンルの制作を想定しているのに対し、スーパーマリオメーカーで作ることができるのはスーパーマリオブラザーズのシリーズだけです。なので、こちらはエディットモードを洗練させたものと見るべきかもしれません。でなければと無責任に想像力を膨らませるなら、スーパーマリオブラザーズそれ自体が、もはやひとつのジャンルなのだということになるでしょうか。

そう考えたくなるほど、スーパーマリオメーカーでは世界中のプレイヤーが自作ステージをアップロードしています。文化圏を越えて愛される創作物は数あれど、百万という単位の人に作品世界を作りたがらせる――二次創作を試みさせる作品となると、なかなか希有でしょう。

その数は、作品の魅力だけでなく、経過した歳月にも支えられたものだと思います。そう考えてみると、スーパーマリオブラザーズが発売されてから三十年――それはそのまま俺自身のゲーム歴とも重なりますが、その歳月も、なんだか頷ける長さのように思われてくるのです。

岩田聡社長、本当にお疲れさまでした。

若月 香

わかつき かおり

今回は「作家の想い」について最近思うことを書いてみようと思います。

わたしが初めて小説を書いた日から今日まで、小説というものは原稿用紙の一枚目から順に構築するものだと思い込んでいました。書いていくから続きが書けるというスタイルで、つまり事前にプロットというものを作ったことがなかったのです。なのでこの物語はどのように着地するのかわたし自身も知らないまま、だけどとにかく書き続けていくと不思議とうまくピースが収まる、という自分の書きようをそれなりに楽しんでいたのでした。

昨年初めてのミステリ小説を上梓して、思いがけずミステリの創作世界に足を踏み入れて気づいたこと――ミステリを書くには今まで眠っていた脳細胞のどこかをオンにする必要があるのだなと。執筆という作業を読み手の目線と共に進め、その視点の十手先まで読み、ロジカルな筋立てを完成させ、しっかり驚かせる――それをわたしはミステリ創作脳と呼ぶことにしました。（ちなみに従来スタイルを観念的執筆脳と命名）

ミステリ創作脳をオンにするには、その設計図――プロットが大変重要。それ基本すぎて意味不明、って先輩諸氏に笑われてしまいそうですが。

そんな訳で認識変化に違和感を抱きつつも、いっちょ短編ミステリを書いてみっか！　と思い立ち、作ってみました。人生初のプロットを。

すると、執筆がすっごく楽！！　いつも悩みながら書き進めてきましたが、プロットありきだと最初から筋がわかっているのでスッラスラ書ける！

がやはり、長編プロットを作ろうとすると利き手矯正のようなやりにくさを感じます。

そしてどちらの脳の切り替えも自在にできるようになれたなら素敵だけれど、矯正して観念的執筆脳が低下したり機能しなくなったりはちょっとイヤかもです。あの一ページ目からの構築スタイルも、個人的にはけっこう好きなのです。

福山市生まれ。二〇〇四年映画「いま、会いにゆきます」の企画本「ずっと、ずっと、あなたのそばに～澪の物語～」を刊行。一四年『屋上と、犬と、ぼくたちと』で第六回福山ミステリー文学新人賞優秀作を受賞し再デビュー。

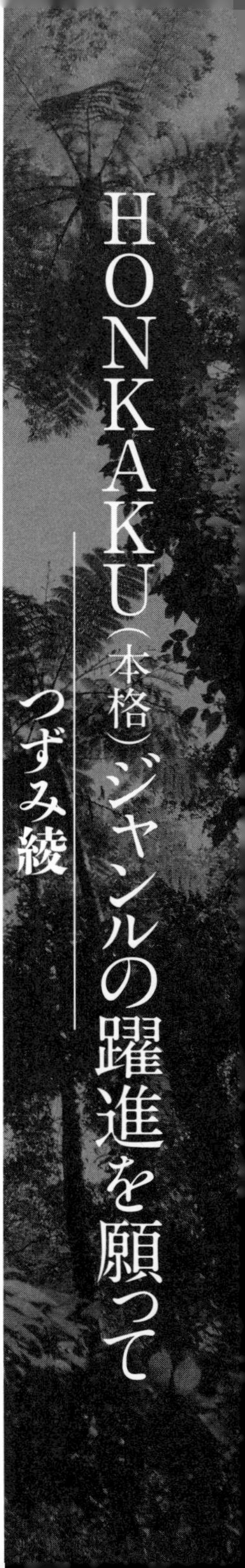

HONKAKU（本格）ジャンルの躍進を願って

つずみ綾

　英訳された日本のミステリー作品は少なくない。宮部みゆき、伊坂幸太郎、東野圭吾、意外なところでは村上春樹作品の一部が和製ミステリーとして親しまれている。そういった中で、近年の英訳史に残る偉業は、島田荘司『占星術殺人事件』に違いない。『占星術』の翻訳は、日本独自の進化を美しくとげた「本格」というジャンルがあることを知らしめる端緒となったのである。近年の英米圏でも多く欠かれている、サスペンスよりの作品やライトなミステリー、警察小説といったジャンルではない作品が日本にあることを喧伝したのだ。『占星術』翻訳紹介に大きな力を貸したのがジョン・パグマイア氏。母国語の範囲内のミステリーに満足せずに、海外の作品にも広く関心を広げるあたり、マニア気質を感じさせる。日本でも、彼の姿勢に親しみを覚えるミステリーファンもいることだろう。今年は綾辻行人『十角館の殺人』も英訳され、詳しくは本誌（一八ページ）を参照されたいが、この翻訳にもパグマイア氏は大きく関わっている。後続する翻訳候補の作品群もおそらく考えておられるようだ。

　英語圏の出版業界における日本の本格ミステリー群翻訳の紹介にあたって、大きな視点で、「本格」というジャンルが輸出されることを願いたい。というのも、個々の傑出した作品だけに焦点をあてると、それは点と点の紹介であり、ジャンル、すなわち面の紹介にはなりにくい。

　では、ジャンルを輸出するにはどうしたらいいのか。

　はじめに、外国の作品が店頭に並ぶときの状況を考えてみよう。その場合、いつ書かれたのかが問題ではなく、いつ翻訳されたのかが問題になってくる。同時期に翻訳された作品が隣り合って並ぶのであり、例えるならば、江戸川乱歩と西尾維新が書店の同じ一角に平積みされるようなものである。

　もちろん、日本の事情に精通した読者にはそれで問題はない。だが、はじめて日本ミステリーに触れる英米の読者のことを考えると、文学史認識を欠いたまま、彼らの手元に届くのは、やや不親切な気もする。

本格ミステリーの翻訳を紹介するときは、例えば、①新本格勃興期、②興隆期、③変遷期から現在などと時代ごとに紹介するものはいかがだろうか。ここであげた枠組みはあくまで例示であって、枠組みはごく大きなものでいいだろう。①と②、②と③など境界はあいまいとなっても、まだジャンルとして定着していないものを紹介するのであるから、微に入り細を穿つよりは、ゆるやかに体系をとらえてもらうのを意識したらよいと思う。

①は島田荘司、綾辻行人、法月綸太郎といった現在すでに紹介されている作家にあたる。今後待たれるのは、②③の充実だろう。②では、柄刀一の日本のパズラーという作品群は外せないし、西澤保彦のSF的な発想の小説群はアメリカでも人気を博しそうである。③は新しい感性の書き手ということで、天祢涼『キョウカンカク』や、日本風の設定がいきた、三津田信三『幽女の如き怨むもの』がいいかもしれない。読者諸氏もおそらく、それぞれに推薦したい作品があることと思う。本格、すなわちＨＯＮＫＡＫＵが英語圏でより人気を獲得し、ある程度体系づけて享受してもらうためにも、できるだけ多くの作品が紹介されることが必要である。そのような展開のもとで、本格という枠組みが伝わり、そして、本格の歴史が現在までみえるような流れが国を超えて共有されたら素晴らしいことだと心から思う。

繰り返しになるが、大切なのは、ジャンルごとの輸出を意識することであって、それは訳す順番だったり、速度にもかかってくることだろう。出版社側の協力も必要である。初期の新本格の流れのみの紹介にとどまると「本格」の全貌を伝えきれないのでもったいない。ある作家の初期作品だけの翻訳だと、例えるならば、二階堂蘭子がいつまでもヨーロッパで行方不明になっているようなものだ。いえ、その後実はね……とシリーズの展開を教えてあげたくなる。

このように「本格」ジャンルそのものや、その歴史の手引きによって、海外のＨＯＮＫＡＫＵ読者も育つのではないだろうか。アニメ版『Another』は世界各地で好評だが、それで日本作品のファンになった層の中からＨＯＮＫＡＫＵ読者へとつなげる糸口にもなりえるかもしれない。そういう土壌が育った上で、より望ましいのは、同時代性のある作品群、一例をあげると、本格ミステリ作家クラブの毎年のアンソロジーや主立ったミステリー賞の受賞作などが定期的に翻訳刊行されることであろう。

今後いっそうのＨＯＮＫＡＫＵジャンルの躍進を願いつつ……

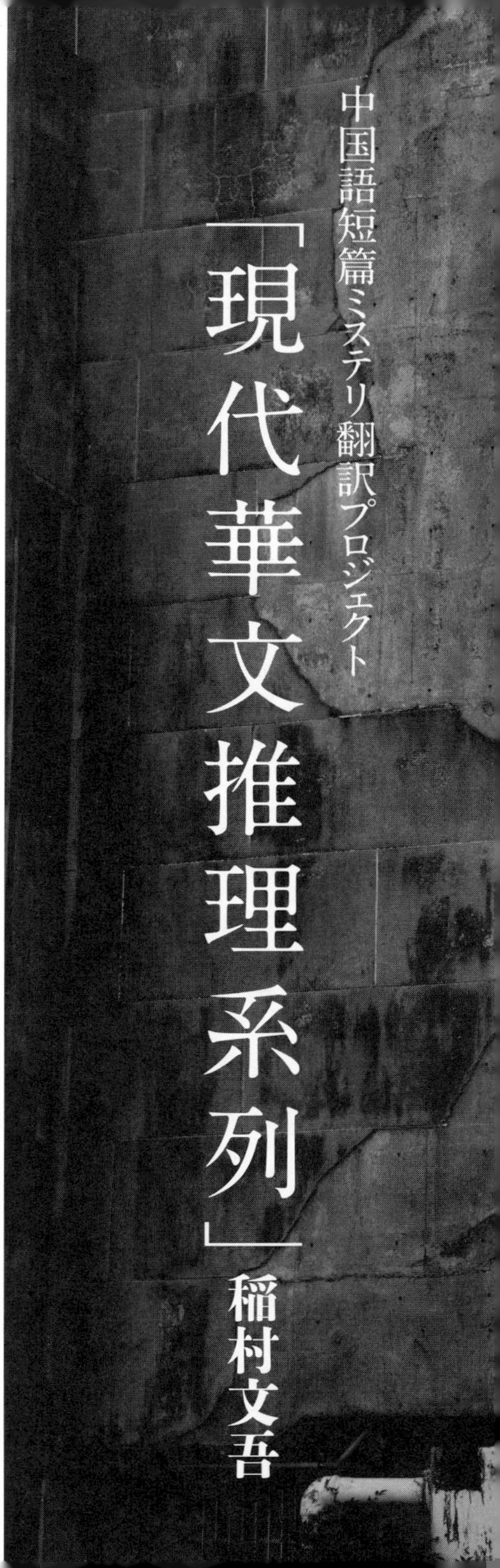

中国語短篇ミステリ翻訳プロジェクト

「現代華文推理系列」

稲村文吾

中国語短篇ミステリの出版シリーズ『現代華文推理系列』を主宰している稲村文吾と申します。今回はこの誌面をお借りして、このプロジェクトについて紹介させてもらう機会を頂きました。

『現代華文推理系列』は、中国語短篇ミステリを作家の方々から直接許可を頂いて翻訳し、通販サイトAmazonの提供する電子書籍の個人出版サービス、Kindle Direct Publishingを利用して皆様にお届けするもので、二〇一四年一〇月に出版した第一期四作に続き、二〇一五年一〇月にも第二期作品四作を刊行しています。

（なお、Kindleストアで配信されている電子書籍は、専用の端末を持っていない場合でもＰＣやスマートフォン、タブレット等で読むことができます。興味をお持ちなら、この機会に試してみるのもいかがでしょうか）

そもそもこの活動が始まったきっかけについて思い返してみると、それは私が中国の推理小説家、御手洗熊猫（みたらいぱんだ、ユウショウシー　ションマオ）の短篇集『御手洗濁的流浪』と出会ったときに遡ります。それまで私は日本の、いわゆる新本格ミステリを中心に読書をしていたのですが、アジアミステリ研究家の松川良宏氏からお借りしていた同書の原書を眺めて、「小栗虫子」「御手洗濁」「天城一二」といった風変わりな登場人物の命名や、日本のものを中心に推理小説への言及が乱れ飛んでいることに興味を惹かれ、同書を読み始めたものです。

今では、極めて個性的でパワフルな彼の作風は中国語ミステリのメインストリームとはいくらか距離があることが分かりますが、それでも読了した当時の私には、現在の翻訳ミステリの主流である欧米の作品とはまた違った魅力を持つ世界がそこに広がっていることが感じさせてくれました。

それ以降、私は中国語ミステリを少しずつ読み進めることになり、多くの素晴らしい作品が翻訳されずにいることを知りましたが、それをどのように広めていけばいいか、という点に高いハードルがありました。

自分に伝手がある訳でもなく、また今に至るまで決して盛んとは言えない中国語ミステリの紹介状況を鑑みて、そこで最も手っ取り早くかつ効果的な手段として考えたのが、作者の方々に直接連絡を取ることであり、費用も時間も掛からない電子書籍での個人出版という方法でした。

今考えても無謀な考えではありますが、幸いにも翻訳家の張舟氏や、北京在住で中国ミステリの紹介をしていらっしゃる阿井幸作氏、そして作者の方々など多くの方々からお力添えを頂き第一期作品を刊行、さらにご好評を受けての第二期の刊行に至ることができました。

最後に、各収録作について簡単に紹介することとします。

第一期で紹介した作品は、『黒死館殺人事件』を意識して書かれたという奇想溢れる御手洗熊猫「人体博物館殺人事件」、冷徹な筆致が冴える倒叙ミステリ、水天一色「おれみたいな奴が」、米EQMM誌にも訳載された端正な密室もの、林斯諺「バドミントンコートの亡霊」、第一回島田荘司推理小説賞受賞者の描く軽快な誘拐劇、寵物先生「犯罪の赤い糸」の四作です。

また、第一期で紹介したものよりも年代の新しいものを中心に選んだ第二期では、出入りの制限された校舎を舞台にした捻りの効いた犯人探し、冷言「風に吹かれた死体」、密室テーマの作品を書き続ける作者による風変わりな殺人鬼ものの鶏丁「憎悪の鎖」、日本在住の作者が描くブラックな群像劇、江離「愚者たちの盛宴」、そして中国語ミステリきっての実力派の筆になる巧緻な推理ゲーム、陳浩基「見えないX」の四作を紹介しています。

このシリーズが、皆様が中国語ミステリについてさらに知るための一助となれば幸いです。

鳥飼否宇

Torikai Hiu

［写真］松蔭浩之
［デザイン］奥定泰之

大学で動物生態学を専攻していたときは、そのまま研究者になろうと思っていた。ところが気がつくとなぜか出版社に勤務し、本の制作に関わっていた。以来十八年間、編集という仕事に忙殺されていた。疲弊もしていた。不惑を前に、迷いが生じた。生き物好きの血が騒ぎはじめ、昆虫や野鳥が身近にいる環境の中に身を置きたくなったのだ。具体的なプランもないまま会社に辞表を出し、ひとりの知人もいない奄美大島に単身で移住した。

毎日のように森に入った。野鳥を捕獲して標識を行う資格もとり、こつこつと基礎調査を続けた。次第に仲間もでき、ＮＰＯ法人を立ち上げた。試行錯誤の中で、国や行政からいくつかの調査を請け負うまでに成長した。それでも社会人時代に比べたら、まだ時間に余裕がある。空いた時間はミステリーの執筆に時間を費やしている。そういう生活を続けてもう十五年になる。自然観察と小説執筆、もうしばらく二重生活を続けてみたい。

吉田恭教

Yoshida Yasunori

［撮影］石見銀山

不思議な空気が漂う場所とでも表現すればよいのだろうか、アイデアに行き詰ったり、気分を変えたいと思った時は、ここ石見銀山に足を運ぶことにしている。世界遺産に登録されてから早や八年経つが、俗世の垢に塗れることなく、登録前と何ら変わらない佇まいが嬉しい。自宅からは車で七、八分、そんな近距離に世界遺産があるのは幸運以外の何ものでもあるまい。つくづく、恵まれた環境に身を置いていると痛感する。

石見銀山の中でも遊歩道が好きだ。小川のせせらぎを聞き、木々の間から漏れる優しい光に抱かれるうち、いつの間にか一つのストーリーができ上がったこともあった。かつてここには二十万以上の人間が暮らしていたそうで、時折、銀鉱石を担いだ坑夫達の姿を幻視することもある。

次の作品を書く時も、またここに足を運ぶのだろう。そして何らかの閃《ひらめ》きを得るに違いない。

Writers in Season 2015

吉田恭教
（宮本道人）

鳥飼否宇
（遊井かなめ）

2015年旬な作家たち

Writers in Season 2015　鳥飼否宇

遊井かなめ

〈聖〉と〈邪〉。〈純潔〉と〈猥雑〉。〈神への祈り〉と〈悪への共感〉。ポップス史における偉大な歌手たちの歌には相反する感情が共存する。〝But I shot a man in Reno just to watch him die〟と歌ったジョニー・キャッシュが、同時に多くの聖歌を吹き込んでいるのはその好例であろう。

鳥飼否宇の書くミステリーもまた、相反するようなものが共存、いや混在している。〈バカミス〉と〈王道〉。紳士の嗜みである〈エロミス〉と、家族で回し読みできる〈ユーモア・ミステリー〉。飄々と歌う時もあれば、悲劇を歌う時もある。シャウターとして狂騒を〝歌う〟時もある。鳥飼は優れた〝歌手〟＝ストーリーテラーなのだ。

二〇〇一年、鳥飼否宇は『中空』で第二一回横溝正史ミステリ大賞の優秀賞を受賞し、デビューを果たした。一九六〇年生まれ。編集者として活躍した後に、奄美大島に移住。なお、本名名義では奄美大島の野外観察図鑑も刊行している。生まれ育ったのは福岡だ。

福岡という街は日本のロック・シティである。しかも、偏執的なリスナーを育む土壌が彼の地にはある。だからというわけではないだろうが、鳥飼は作品においてしばしロックからの引用を行う。ツイッターでも、毎朝必ず何かしら一曲紹介することを日課としており、その選曲もなかなか通好みだ。しかし、私が鳥飼に福岡のロック気質を感じたのは、ロックへの愛情からだけではない。彼のミステリーへの深い愛に由来する音へのこだわりからも、それは感じられたのだ。以前、鳥飼は本格ミステリ作家クラブのイベントで司会を担当した際に、クリスティのことをクリスチィと発音していたのだという。旧創元版である。「ティ」ではなく「チィ」。ミステリーへのこだわり、そして（発）音へのこだわりに、私は鳥飼の福岡ロック気質を感じた……というのは強引だろうか（笑）。なお、鳥飼といえば、カーへのトリビュートで「幽霊トンネルの怪」（二〇〇六）を、そして『官能的　四つの狂気』（二〇〇八）を書き、そこでも（発）音へのこだわり（人それを駄洒落と呼ぶ）を見せていた前例がある。

鳥飼はデビュー以後、第七回本格ミステリ大賞候補となった『樹霊』（二〇〇六）、第六二回日本推理作家協会賞の候補作であり第二回世界バカミス☆アワードを受賞した『官能的』（二〇〇八）など、印象的な作品を多くものにしてきた。そんな鳥飼にとって、二〇一五年度が当たり年ともいえる一年であったことは、衆目の一致するところだろう。

現在、鳥飼否宇にはシリーズものが三本（友人の碇卯人による、杉下右京を主人公とするシリーズも含めば四本）あるが、鳥飼はここ一年間でその全てにおいて新作を刊行。さらに『ミステリーズ！』での連載をまとめた『死と砂時計』も上梓しており（その上、碇卯人は『相棒』のノベライズも手がけている）、高いレベルを維持しながらハイペースで作品を発表し続けたことに驚かされる。本稿では、ご友人の分も含め、駆け足ではあるが、鳥飼の二〇一五年を振り返りたい。

まずは、死刑囚を収容する監獄を舞台とした連作短編集『死と砂時計』。鳥飼の魅力のひとつである逆説に満ちた推理が堪能できる極上の本格だ。法月綸太郎「死刑囚パズル」を想起させられる「魔王シャヴォ・ドルマヤンの密室」、チェスタトン「イズレイル・ガウの誉れ」を意識したであろう「墓守ラクパ・ギャルポの誉れ」も秀作だが、特に「英雄チェン・ウェイツの失踪」で提示される不可能性の高い謎と真相は見事。各編での手がかりの配置も絶妙で、唸らされる。

文庫書き下ろしの連作短編集『迷走女刑事』は〈妄想女刑事〉シリーズの二作目。表紙イラストのテイストそのままに、ライトな語り口のユーモア・ミステリーだ。妄想好きな宮藤希美と甲賀忍者の末裔・望月暁子のコンビによるドタバタ迷走劇、魅力的なキャラクターたちが物語を引っ張る。作品全体に用意周到に込められた〈稚気〉には脱帽せざるをえない。

『絶望的　寄生クラブ』は〈綾鹿市〉シリーズの八作目。同シリーズは、ある意味で鳥飼の真骨頂ともいえるもの。鳥飼ならではの逆説も、謎解きとしての構成もしっかりとしている。その上で、エロ、ナンセンス、生物学、超化学、バカミスがごった煮される、その混沌の模様が鳥飼的なのだ。今作は、作内での作中作の扱われ方にある〈実験性〉がとにかくスリリングであり、そこが見どころだ。

長編『生け贄』は、〝生物探偵〟鳶山久志と植物写真家の猫田夏海のコンビを主人公とした、〈観察者〉シリーズの八作目。集落を統べる教主一族の因習という、ある種〈横溝正史的〉な世界観が魅力的であり、一族に隠された秘密や密室殺人の謎が解体されていく過程が面白い。だが、その足がかりとして、神として崇められているアルビノのサメの正体を、鳶山と猫田がディスカッションしながら検討していく過程と、最終的に披露される推理、そこにあるフェアネスから、鳥飼の本格ミステリー作家としての矜持が読み取れる。

『杉下右京の多忙な休日』は熊の生態をうまく活かした「哀しきグリズリー」が秀逸。『天啓の殺意』ならぬ「天空の殺意」は、すれ違いの連鎖があまりにも切ない。

鳥飼は変態を繰り返しながら、ミステリーへの偏執的な愛を歌い続ける。変態だから、ではない。変態を繰り返すからこそ、鳥飼否宇は鳥飼否宇たりえるのだ。

Writers in Season 2015　吉田恭教

宮本道人

猟奇／正義、感情／論理、田舎／都市、過去／最先端、オカルト／科学——吉田恭教の書く世界には、相反する要素が同居している。主人公たちは不可解な事件に理路整然と立ち向かうが、最後には常に、善と悪が完全に割り切れるものではないことが示される。相反する要素は互いの裏返しであり、人間の闇はその狭間からこそ抉り出されるのである。故に、事件の解決は登場人物たちに自身の在り方を再考させ、読者は読後その後味の悪さを噛みしめることになる。

代表作、向井俊介シリーズは、厚生労働省のフマジメ役人である向井を主人公にした医療テーマのミステリー。第三回ばらのまち福山ミステリー文学新人賞の優秀作に選ばれたシリーズ一作目『変若水《をちみづ》』では、奇妙な因習が残る僻村での猟奇事件と、都会で起こる病死に見せかけた連続殺人が題材となる。墓荒らしや奇病、決して見てはならない祭りなど、これでもかと詰め込まれた不穏なガジェットと、微に入り細を穿つ医療知識が絡み合い、かたちの異なる複数の犯罪から罪とは何かが問い直される。

シリーズ二作目『ネメシスの契約』では、オカルティックな要素は薄まり、社会派警察小説としての側面が強く打ち出されている。死刑廃止を訴え犯罪被害者遺族と対立する弁護士、地方に足を運び自身の親の過去を追う新聞記者など、様々な立場の人物が登場し、同時に様々な種類の殺人事件が描かれる。医療トリック、科学トリック、船を使ったトリック。常人には調べる手段すら不明な専門知識がふんだんに披露され、最後には悲痛などんでん返しが待ち受ける。

シリーズ三作目『堕天使の秤』は、シリーズ内で最も医療色が濃い秀作。過去の不祥事を闇に葬ろうとする警察制度の矛盾と、法の下の臓器移植制度に内在する矛盾。真実を暴き出した主人公たちは同時に、犯罪がそれらの歪みから密やかに産み落とされたことに気づき、加害者自身も矛盾の犠牲者だという事実の前に苦悩する。警察、法、医療の在り方を問い直す姿勢は過去二作にも増して前面化し、理性を超えた「家族愛」が行政で囲い込める範囲を逸脱するという、シリーズを通して中心に据えられていたパターンが最もラディカルな形で提示される。シリーズはここで一度区切りがつけられたようだが、作者曰く「近い将来、更にパワーアップした向井俊介シリーズを読者の方々にお届けするとお約束しよう」（「作家の計画・作家の想い」『本格ミステリー・ワールド２０１５』）とのこと。続刊が待たれる。

さて、十月に刊行された近刊『可視《み》える』は、《奇想》と《不可能》を探求する革新的本格ミステリー・シリーズと銘打たれた、島田荘司／二階堂黎人監修「本格ミステリー・ワールド・スペシャル」の第九弾。シリーズの銘に恥じぬ、一風変わった事件と異様な解決の糸口が強い印象を残す。主人公は過去に警察を追われた探偵・槙野康平と、警視庁捜査一課の刑事・東條有紀。あまりにおぞましい幽霊画と、残虐極まりない連続殺人が結びついた先に、ぞっとするような真相が暴かれる。

本作は、これまでの吉田作品とは少し異なった性質を持っている。超自然的な要素は一部曖昧なままに残され、科学知識が事件解決の主要な鍵になることもない。正義は終盤まで犯人に蹂躙されるばかりで、主人公たちすらも自らに潜む悪に抗うのに必死である。即ち、これまでの向井俊介シリーズに比べ、「異形」や「悪」の表現方向に大きく舵を切った作品なのだ。結果として本作は、「見る」という行為に潜む恐ろしい面を描き出すことに成功している。幽霊画を通して「可視える」殺人。それは死が描かれているという点で、ミステリーそのもの、特に猟奇的なシーンが直接的に描写される吉田作品自体の在り方にも似ている。

思えば、これまでの吉田作品では、見える／見えないということは一つのポイントになっていた。『変若水』では衆人環視の中で殺人を起こすための、殺人が殺人に見えないトリックが使われた。『ネメシスの契約』には猟奇的殺人が録画されたビデオが被害者家族に送付される展開があり、どんでん返しもある意味では嘘を「見せる」ことで成立するものであった。『堕天使の秤』では再び衆人環視下での殺人が問題となり、防犯カメラの映像も焦点となった。これらの根底にあるのは、「可視える」ことの可能性を徹底的に追求するトリックメイカーとしての吉田の目線であろう。

以上、ここまで既刊を解説してきたが、最後に少し、作家自身についても触れておきたい。吉田は島根県に在住する一本釣りの漁師であり、その経験は各作品に登場する地方描写や、『ネメシスの契約』における船を使った殺人トリックに存分に活かされている。また、病によって転職を余儀なくされたという過去からは、厚みのある医療業界描写への影響が窺える。吉田がこれまでに作品を書いた経緯に関しては、『可視える』における横井司の解説に詳しいので、そちらを参照して頂きたい。

吉田恭教は次に我々に、どんなアイデアを見せつけてくれるのか。刮目して待とうではないか。

海外翻訳
本格ミステリーの
現状と未来

二階堂黎人［作家］
Reito Nikaido

飯城勇三［エラリー・クイーン・ファンクラブ会長］
Yusan Iiki

森 英俊［本格ミステリー収集家&研究家&翻訳家］
Hidetoshi Mori

二階堂　このところ、コナン・ドイルのホームズ物、エラリー・クイーンの国名シリーズ、ディクスン・カーの代表作などの新訳が相次いでいます。また、パトリック・クェンティンやヘレン・マクロイの未訳本が翻訳されるなどして、全貌が解ってきました。さらに、原書房の〈ヴィンテージ・ミステリ・シリーズ〉とか、論創社の〈論創海外ミステリ〉も、未訳本を次々に訳出しており、海外本格ミステリーの翻訳が活況を呈しています。

〈ハヤカワ・ミステリ文庫〉が創刊された頃が第一次新訳ブームで、国書刊行会が〈世界探偵小説全集〉を出した頃が第二次新訳ブームだとすると、今は第三次新訳ブームと言って良いかもしれません。

そこで今回は、このブームの立役者でもあるお二人に来ていただき、現在の海外本格の翻訳に関する現状を語ってもらいたいと思いました。

飯城勇三さんは、エラリー・クイーン・ファンクラブの会長で、角川文庫の国名シリーズ（注:『ローマ帽子の秘密』から『スペイン岬の秘密』までと、プラス『中途の家』）の解説をすべて担当されています。

森英俊さんは、世界有数の本格ミステリー本の収集家であり、一九九八年に出された『世界ミステリ作家事典［本格派篇］』は、今やこの分野の完全な基準参考書となっています。また、カーやクレイグ・ライスなどの翻訳をされている他、〈ヴィンテージ・ミステリ・シリーズ〉では、監修者も務められています。

飯城　実は、角川と早川から出たクイーンの新訳版の解説は、新しい読者を増やすというのが最大の狙いなので、本誌の読者には物足りないと思います。何せ、『ローマ帽子の秘密』の解説を書いた時に、編集部から「読者は《ヴァン・ダイン》という作家を知らないので、説明を入れてほしい」と言われたくらいですから（笑）。私の仕事では、むしろ、原書房の〈エラリー・クイーン外典コレクション〉や、論創社の〈EQコレクション〉、それに東京創元社の『エラリー・クイーンの国際事件簿』や『ゴールデン・サマー』の方が、マニアが喜ぶのではないかと。ちなみに、〈EQコレクション〉は、来年（二〇一六年）から再開します。

二階堂　〈エラリー・クイーン外典コレクション〉は、クイーンのペーパーバック・オリジナルから、『チェスプレイヤーの密室』が出たばかりですね。SF作家として知られるジャック・ヴァンスが代作したという。

飯城　そうです。PRになってしまいますが、本誌の読者には、シリーズ全三作を、ぜひ読んでほしいですね。「本格は不毛」とか言われていた一九六〇年代のアメリカで、これだけがっちりした本格ミステリーが書かれていたことを知って、驚くと思います。それと、『チェスプレイヤーの密室』については、密室トリックも、なかなか面白いのではないかと。二階堂さんはどうでしたか？

二階堂　密室は誤魔化しではなく、堂々たる手段を用いていましたね。その謎解きにはいくつかの手掛かり――銃声の数とか――が提示されていて、推理の組み立て方にクイーンを彷彿させるものがあったと思います。

森　私が海外ミステリーの翻訳関係の仕事に本格的に関わったのは、先ほど二階堂さんも言及された国書刊行会の〈世界探偵小説全集〉の第一期からです。「ＲＯＭ」という海外ミステリーの原書のレビューを主とする同人誌を出されていた故・加瀬義雄さんのご紹介で、当時、編集部におられた藤原義也氏、現在もフリー編集者として、創元推理文庫のＥ・Ｃ・Ｒ・ロラックなど、数々の海外ミステリーの好企画をやられている同氏にお会いし、第一期に収録された作品の選定に携わりました。

ちなみに、わたしがその時選んだのは、クレイトン・ロースンの『天井の足跡』と自分自身が訳すことになったライスの『眠りをむさぼりすぎた男』で、それに続いて、第二期から第四期までの作品の選定にも関わっています。マイクル・イネスの『ストップ・プレス』も強く推した作品の一つなので、この大作を出版してくれた国書刊行会の英断には感謝しています。読者の反応も上々だったので、正直ホッとしました。

そのあと、短命のシリーズに終わってしまいましたが、新樹社の〈エラリー・クイーンのライヴァルたち〉は独りで企画立案し、デイリー・キングの短編集やロジャー・スカーレットの長編などを出しました。現在も刊行中の原書房の〈ヴィンテージ・ミステリ・シリーズ〉については、またあとでふれることにしましょう。

二階堂　角川文庫の国名シリーズですが、評判が良いようですね。僕も気に入っています。字が大きくて読みやすいし、文章もこなれている。それになにより、飯城さんの解説が資料たっぷりで面白いから。

飯城　解説については、エラリー・クイーン・ファンクラブの会誌の蓄積があるので、資料的には楽でしたね。しかも、全巻書かせてもらえるというので、いろいろなネタを分散させることができましたし。二階堂さんの『パンチとジュディ』の解説は、一冊でカーに対する思いを全部書こうとして、大変なことになっている（笑）。

二階堂　確かに（笑）。

飯城　ただ、最初は『エジプト十字架の秘密』までしか刊行予定がなかったのですよ。売れ行きが良かったので、『中途の家』まで出せましたが。『アメリカ銃の秘密』の解説で、「踊るクイーン捜査班２／コロシアムを封鎖せよ！」という小見出しを使おうと思って、『フランス白粉の秘密』に「踊るクイーン捜査班」という小見出しを入れておきました（笑）。もし『エジプト十字架』で打ち止めだったら、伏線が無駄になりましたね。

翻訳については、越前敏弥さんのクイーンの原文に対する向き合い方がすばらしいのです。原文の解釈についてやりとりしていると、それが凄く伝わってくる。例えば、『シャム双子の秘密』を訳す前に、北村薫さんの『ニッポン硬貨の謎』を勧めたら、しっかり読んで、訳文に反映する、とか。

二階堂　『ローマ帽子』や『アメリカ銃』などで、手掛かりに関する非常に微妙な表現、ああいう所を解説で具体的に指摘してくれているから、ますますクイーンの面白さが解りました。

飯城　さっき言ったように、角川新訳版の解説では、初心者を向いて書いています。でも、私としては、井上勇訳で読んでいる人にも、越前訳で再読してほしかった。そこで解説には、訳による違いの指摘を必ず入れるようにしたのです。読者が「そんなに違うなら、再読してみるか」と思ってくれるように。まあ、「飯城の解説は他の訳をくさしているので駄目だ」という批判も受けましたが。あと、後年の版ではカットされることが多い初刊本の趣向も復活させて、既読の人にも楽しんでもらえるようにしています。

指摘の内容については、これも、クイーンFCの蓄積です。アガサ・クリスティなら若島正さんや小森健太朗さん、カーなら二階堂さんなどが指摘をしていますが、こっちは会員が百人以上いるので（笑）。作者が登場人物表や目次や本文の地の文に仕掛けた趣向は、作中探偵が解決篇で説明してくれないでしょう。だから、訳者が読み取らなければならない。私も翻訳をやりますが、ごく普通の文でも、「クイーンだから裏に何かあるんじゃないか」って考え出すと、きりがない（笑）。

知ってのとおり、クイーンは、マンフレッド・ベニントン・リーとフレデリック・ダネイという従兄弟の合作です。二〇一一年に出た彼らの書簡集『Blood Relations』によると、『悪の起源』に登場する《リアンダー・ヒル》という名前は、《ネアンデルタール》にかけているそうです。ということは、訳者は《レアンディル・ハール》とか訳さないといけない。こんなこと、言われなければ解らないって（笑）。

二階堂　解りませんね（笑）。

飯城　森さんは、このあたりの苦労は、どうですか？

森　伏線や作中の仕掛けの場合は気づかなければそれまでですから、作者の癖を頭にたたきこんでおき、細心の注意を払ってテキストを読みこむしかないですね。それでも、サラ・コードウェルのヒラリー・ティマー教授シリーズのように、探偵の性別も年齢も不詳という超絶技巧の用いられているものもあるので、それをどのように日本語に移したらいいかということになると、正直、いいアイデアは思いつきません。とはいえ、最低限、解説のなかではそのことにふれておくべきでしょう。〈ハヤカワ・ポケット・ミステリ〉の最初の邦訳には残念ながらそれが欠落していたため、読み手にこのシリーズの面白さが十分に伝わらず、しかるべき評価がなされない、といったことがありました。

一方、文章や固有名詞でどうしても解らないところであれば、現役作家の場合は、作者自身に問い合わせるとか、翻訳エージェンシーを介して照会するということも可能だと思います。あとは、シリーズのほかの作品にディテールが記されている場合もあるので、要は訳者がどれくらいの時間と手間をかけてその作品に向き合うか、でしょうね。それがあれば、レジナルド・ヒルの初紹介時に、《ディーエル》と表記すべきシリーズ探偵名が《ダルジール》になってしまうという、ごく初歩的なミスは避けられたのではないでしょうか。

とはいえ、引用文の原典をつきとめたり、その国の当時の人々しか知らないような固有名詞を理解し解説したりするのは、ひと苦労です。わたし自身の場合はブレインともいうべき方々が英米両国にいて、解らないところは、ことしの初めになくなられた英国のロバート・エイディーさん（不可能犯罪研究家）や米国のダグラス・G・グリーンさん（ディクスン・カーの評伝作家）にずいぶん助けていただきました。

二階堂　カーの『死者のノック』の新訳が

ミステリ文庫から出た時、密室トリックの解明部分の文章が明らかに変でした。それで、森さんに原文を見てもらったら、森さんはさらに、グリーンさんにも尋ねてくださった。で、翻訳の間違いがはっきりしたんです。

森　クイーンはカーに比べると相当に手強くて、文章が凝りに凝っているうえに、ダブル・ミーニングも多用されていたりするので、訳者泣かせの作家だというのは間違いないでしょう。だからこそ、越前さんの訳業には敬意を払っています。

飯城　越前さんは、本当にすごいです。レーン四部作の新訳は、私はお手伝いしていないのですが、これも見事な訳ですよ。例えば、『Zの悲劇』の中で、レーンが、「エアロン・ダウは二回、船乗りの言葉を使った」と言いますね。早川版や創元版の訳では、一回しかわからないのですが、角川新訳版では、もう一つもわかるように訳しています。あと、『Xの悲劇』の序文で、「バーナビー・ロスの名は『ローマ帽子』の10ページに出てくる」の「10」は、原文では「X」です。これは私が『エラリー・クイーンパーフェクトガイド』で指摘したのですが、越前さんは、取り入れて訳してくれました。

二階堂　そんな所まで、凝っていたんですね。

飯城　そういえば、今年の早川ミステリマガジン3月号の新保博久さんの書評に、角川新訳版『シャム双子の秘密』の訳文についての批判がありました。「夫人はモナ・リザの半微笑に似た、例の笑みさえ浮かべた」という訳文に対して、「夫人がいつもモナ・リザの笑みを浮かべていると取られかねない（から誤訳だ）」と言っているのですが、これは新保さんの方が間違いですね。夫人はいつもモナ・リザの笑みを浮かべていた――ここ以前に二回出て来ます――のに、自分が犯人だと警視に指摘されてから、ずっと消えていた。それが、自分が犯人ではないとエラリーに指摘された瞬間によみがえった、というシーンですから。ミステリー的にはかなり重要な箇所だと思うので、むしろ、それが伝わらない既訳の方が、ミスでしょう。

二階堂　ただ、僕は青田勝さんのクイーン翻訳が好きなので、エラリーが警視を「お父さん」ではなく、「父さん」と呼んだりするのは、ちょっとくだけ過ぎに思えます。初期のエラリーは、ファイロ・ヴァンスを意識して、鼻眼鏡をお洒落にかけたり、ラテン語を口にしたりするような気取った青年ですから。

飯城　まあ、くり返しになりますが、角川版のメイン・ターゲットは、いままでクイーンを読んだことがないか、数冊しか読んでいない人ですから。こういう人は、そもそも「エラリーのイメージ」なんて持っていないでしょう。その点、創元の中村有希さんの訳は、旧訳を尊重していて、私たちのような読者にも抵抗なく読めます。

だから、今のクイーン・ファンは、二つの対照的な訳を楽しめて、幸せですね。いずれ、「越前訳エラリーこそが私のイメージ」という読者の方が多くなるかもしれませんよ。私たちは、「００７と言えばショーン・コネリー」世代になってしまうわけです（笑）。

二階堂　角川版では、『チャイナ蜜柑の秘密』のトリックを図解してくれたのが、何より良かったですね。ただ、あの死体発見の状況を《密室》だと言う人がまだいる。作者の狙いはそうじゃないでしょう？

飯城　あの図も、〝集合知〟ですね（笑）。クイーンFCの例会で『チャイナ』の読書会をやった時に、みんなで考えたやつが基になっています。角川新訳版の解説では、若い世代を惹きつけるために、ビジュアルを充実させようと考えて、書影や挿絵やアメコミや映画の写真をかなり入れました。

　実は、早川新訳版でも、『災厄の町』の映画版『配達されない三通の手紙』や、『九尾の猫』のテレビ版『青とピンクの紐』の写真を載せたかったのですが、この二作は最近のものなので、権利がいろいろあって、まったく使えませんでした。なんとか、「TV GUIDE」誌の広告は入れてもらいましたが。

二階堂　残念でしたね。

飯城　《密室》については、ある意味では《密室》だし、《不可能犯罪》でもありますね。いわば、「逆向きの密室」で、密室のベクトルが逆を向いている。むしろ、読者に「《密室》とはそもそも何か」を考えさせる作品と言えるかもしれません。

〈ヴィンテージ・ミステリ〉でも、〈論創海外ミステリ〉でも、ときどき、こういった「本格ミステリーについて考えさせる作」が出ますよね。アントニー・バークリーとか、クェンティンとか。あと、私の企画したジェイムズ・ヤッフェの『不可能犯罪課の事件簿』なんかも。年末のベストでは、必ずしも点は高くないのですが――『チャイナ』も読者の評価は低い（笑）。でも、読んで面白い本だけでなく、こういった〝考えさせる本〟の邦訳にも、価値はあると思います。

二階堂　角川文庫のドルリー・レーン四部作は、飯城さんの解説で全部出し直してほしい（笑）。

飯城　角川新訳版のKindle版は、解説が外されているのですよ。それで、私の解説だけ集めた本をKindleで出して、それに四部作の解説を書き下ろして加えたら、売れるんじゃないかと、画策中です（笑）。

　ただ、角川版の有栖川有栖さん、桜庭一樹さん、法月綸太郎さんの解説も、資料性とは別の魅力がありますね。解説についての私の理想は、全集などでよくある、研究者による資料性の高い解題と、作家によるエッセイの二本立てなんです。実は、角川文庫の編集者には、私の解説とは別に、作家による短いエッセイも添えたらどうか、と提案したのですが、実現しませんでした。

　でも、論創社の『ミステリ・リーグ傑作選』と、『死せる案山子の冒険』では、二本立てが実現していますよ。『死せる案山子』の法月さんの解説は、本人も手応えがあったようですが、これは、資料的な話に枚数を割く必要がなかったというのも、理由の一つかもしれませんね。

二階堂　森さんが監修をされている〈ヴィンテージ・ミステリ・シリーズ〉も、ずいぶん長く続いていますね。第一期を入れると、全部で二十四冊ですか。森さんが監修になった第二期の最初は、森さんが翻訳されたカーの『殺人者と恐喝者』。最新作（九月末時点）は、P・G・ウッドハウスの翻訳で知られる森村たまきさんの訳したライスの『ジョージ・サンダース殺人事件』。

　どういう経緯でこのシリーズの監修をすることになったのか、どういう基準で選定されているのか、その辺をお聞かせ願えますか。

森　原書房とのおつき合いは、もともと一翻訳者として、ニコラス・ブレイクの『殺しにいたるメモ』の訳出に関わってからのものです。それが一九九八年のことで、その後、翻訳ミステリーを継続的に出したいという出版社側のニーズと合って、自分自身が監修者として何作かの作品を選び、〈ヴィンテージ・ミステリ〉というレーベルでまとめて出していく、という現在の形に落ちつきました。

作品の選定に関しては、すべてわたしと担当編集者との二人できめたもので、なかには他社の刊行予定とかぶってしまって変更を余儀なくされた、というもの（ルーパート・ペニー『警官の騎士道』）もあります。当初はなるべく数多くの作家を紹介するというスタンスから、おおむね一作家一作品での刊行だったのですが、冊数を重ねるにつれ、また読者からの要望もあって、バークリーやカー、クェンティンといった人気作家については、続けて出すことになりました。

バークリーは最後の長編『Death in the House』を出してほしいとの要望もありますが、それまでのほかの作品に比べてあまりに出来が悪く、国書の〈世界探偵小説全集〉で『第二の銃声』が刊行されて以来、築きあげられてきたイメージが崩れてしまうおそれがあるので、いまのところ二の足を踏んでいます。

二階堂　出来が悪いのも、バークリーの企みかと疑ってしまいそうです（笑）。

森　選定にあたっては、現代のミステリー・ファンにも喜んでもらえそうな英米黄金時代の作品、埋もれた傑作、初紹介となるシリーズ作品——クェンティンの『犬はまだ吠えている』はまさしくそれです——、そしてなにより、自分自身が原書で読んで面白かったものを念頭に置き、それらの候補作のなかからしぼって決定しました。その際、心がけたのは、同じテイストのものばかりに偏らないことです。似たようなものが並んでしまうと、どうしても読者に飽きられてしまいますから。

監修者としては正直、あれも出したいこれも出したいという思いがあって、今後も〈ヴィンテージ・ミステリ〉がどんどん続いていくようであれば、実現させていきたいものです。

二階堂　カーとライスを別にすると、セオドア・ロスコーの『死の相続』とクリフォード・ナイトの『ミステリ講座の殺人』が良かった。前者は妙な熱気があるし、後者はアメリカ黄金期らしい華やかかつきっちりした本格で。ヴァン・ダイン系というか。

森　『死の相続』は本格物としては変化球系統の作品ですが、B級ミステリーの大傑作だと思います。その大傑作を埋もれたままにしておくのはあまりにもったいないですし、〈ポケミス〉の初期の頃ならいざしらず、ホラー小説が完全に市民権を得たいまなら、ああいったプロットのものでも受け容れられるだろうと、思い切って選びました。

あの奇妙な熱気はわたしも大好きですし、思うにあれは、作者がパルプ雑誌出身であることから生まれたものでしょう。

かたやナイトの初期作は〈手掛かり索引〉が売りで、ちょっと通俗的なところもありますが、黄金時代の典型的なシリーズの一つとして読んで損のないものだと自負しています。実はこの作者は『ミステリ講座の殺人』以前にも『美女と金猫』なる戦後作が一九五〇年に三都書房から刊行されているんですよ。ところが、これがジェームズ・M・ケインばりのクライム・ストーリーだったために、本格派というイメージはまったく持たれていなかったようで、そのあたりが正せたのも良かったですね。

二階堂　バークリーの『服用禁止』も、彼らしいひねくれた作品でした。あれが出るまで、シリーズ刊行に少し間がありましたね。何か理由があったのですか。

森　数年前に転んで利き脚を複雑骨折してしまい、長期入院と長期リハビリとを余儀なくされるということがあって、一年あまりのその期間はおのずと仕事量もセーブせざるを得なくなりました。そういった個人的な事情に加え、論創社や長崎出版など、他社も続々とクラシック・ミステリーの分野に参入してきていた時期だったので、そうした他社の動向に左右されたという側面も否めません。

なにせ、せっかくいい作品を出しても、それが他社とかぶってしまったのでは、なんにもなりませんから。クイーンやクリスティやドイルのように、複数の翻訳があっても、それに見合うだけの数の読者がいればいいのですが。残念ながら、クラシック・ミステリー愛好家の数はまだその規模には達していません。

二階堂　最近出た『ジョージ・サンダース殺人事件』ですが、頭っからライスらしいユーモラスな内容で嬉しかった。あれを書いたのは、ライスに違いないと思いました。

森　間違いないですね。ジプシー・ローズ・リー名義の『Gストリング殺人事件』など、別名義のほかの作品についても諸説ありますが、ライス以外にライス調のミステリーが書けたとは思えません。ましてプロの作家でないストリッパーに『Gストリング殺人事件』が書けたでしょうか?

二階堂　『Gストリング殺人事件』も、新訳が出てほしい作品です。ライス節満載ですから。

森　そうですね。一九五〇年に出た汎書房版の黒沼健訳はさすがにいま読むと古すぎて、「コカコーラ」が「コカコラ」と表記されていたりするので、違和感があります。この作品は映画化もされていて、先日それを初めて観ましたが、原作の持つスラプスティック・コメディの楽しさがみじんも感じられない、残念な出来でした。

二階堂　クェンティンのパトリック・クェンティン名義はほぼ訳されましたが、Q・パトリック名義や、『犬はまだ吠えている』などのジョナサン・スタッグ名義の作品は、まだまだたくさんありますね。彼がこんなに書いているとは、昔は想像もしませんでした。

森　実はQ・パトリック名義の長編にも未紹介のいいものがまだまだあって、なかでもクェンティン名義の作品にも出てくるニューヨーク市警のトラント警部補（のちに警部）が探偵役をつとめるものは、いずれも秀逸な出来ばえです。いずれ紹介できる機会があればいいのですが。そのあたりまで出せると、黄金時代から戦後にかけて活躍した重要な作家の一人、という位置づけがはっきりしてくると思います。

二階堂　創元推理文庫の旧訳『俳優パズル』や、「別冊宝石」の『癲狂院殺人事件』を読んで、クェンティンを知ったせいか、どうも最初は苦手でした。何だかごちゃごちゃした印象しかなくて。

でも、『死への疾走』の飯城さんの解説を読んで、ようやく、自分が読み方を間違えていることが解りました。ピーター・ダルースを名探偵役だと思っていた僕が馬鹿だったんです（笑）。

飯城　普通の本格ミステリーである『犬はまだ吠えている』を読むと、ダルース・シリーズのユニークさが解りますね。ウェストレイク医師は、よくいるタイプの探偵役で、私はE・D・ホックのサム・ホーソーン医師を思い浮かべました——登場の順番は逆ですが。しかも、事件関係者はみんな知り合いでしょう。比べると、「周りの人間は誰も信用できない」状況下で、「他人に利用されたり裏切られたりする」ダルース物の特殊性が、よく解ります。

『犬は―』と『死への疾走』の帯でのタイアップは、私が原書房と論創社に提案したのですが、ダルース物の最後の一冊が訳された時に、ウェストレイク医師物の最初の一冊が訳されたのは、なかなか良かったのではないかと。森さんに感謝、ですね。

森　ウェストレイク医師物は正直どれにするか迷ったのですが、今後も続々と刊行されることを期待して、シリーズ導入部となる第一作を出しておくのが妥当だろう、という結論に達しました。紹介の順序が逆になってしまったがゆえに、シリーズを順番に通読することで得られるはずの楽しみが減ってしまったという苦い経験は、これまでに何度も味わわされていますからね。自分を読者の立場に置いたら、まったく初読となるシリーズは第一作から読みたいと思うでしょうし。どれを選んでも遜色のない出来だからこそ、なせる技でしたが。

それから『死への疾走』の解説のなかで、飯城さんが、どうして『大はずれ殺人事件』（クレイグ・ライス）が作中に用いられているのかわからない、というようなことを書かれていましたので、ちょっと補足しておきましょう。

わたしは、同作の刊行されたのが一九四六年だった、ということが背景にあるのではないかと考えています。一九四六年は、クレイグ・ライスの全盛期のなかでもピーク時にあたっており、この年に限っていえば、彼女は全米でもっとも有名な探偵作家だった、といっても過言ではありません。探偵作家としては史上初めてかの有名な「タイム」誌の表紙を飾り——おそらく全米中の人々が書店や新聞スタンドに並んでいるそれを目にしたことでしょう。『スイート・ホーム殺人事件』の映画版もこの年に公開され、大ヒットを記録しています。旧作も続々とペイパーバック化されてベストセラーになっており、『大はずれ殺人事件』はだれが所持していてもおかしくない状況でした。したがって、『大はずれ殺人事件』はどこにでもあるような、ごくありふれた本の代表として、また被害者の女性が所持していても不自然さを感じさせないものとして、選ばれたのだと思います。

さらに、クェンティンとライスの本の版元がどちらもサイモン・アンド・シュスター（Simon & Schuster）社だということも関係していそうです。同じ版元から出している作家の本のほうが作中に用いやすかったのでは。編集者を通じて、ライス本人にも許可を求めやすかったでしょうしね。

飯城　なるほど。気づきませんでした。そういえば、「ダルース夫妻＋レンツ博士」のトリオって、「ジャスタス夫妻＋マローン」のトリオの先駆ですよね。それもあって、特に意識していたのかも。

二階堂　カーの最近の新訳を読んだ感想なんですが、実は完全に満足しているわけではないんです。『夜歩く』から始まるバンコラン物を訳しているのは、和爾桃子さん。新訳なのに、何と、これまでで一番擬古調でびっくり（笑）。

まあ、それはいいんですが、不満なのは、ジェフ・マールのバンコランへの話し方。友達みたいに話しますが、違和感があります。年齢的には、伯父と甥の関係みたいなものでしょう。ジェフの父親とバンコランが大学時代の親友なんですから。

森　たしかにそうですね。井上一夫と文村潤の旧訳では、そのあたりはため口にはなっていませんし。親しき中にも礼儀あり、といったところでしょうか。

二階堂　あれは、シリーズ四作目の『蝋人形館の殺人』から訳しだしたのが失敗ですね。四作目なので、ジェフとバンコランの詳しい関係が書いてないですから。それでうっかりしたのかな。

飯城　訳者は『パタリロ！』のバンコランのイメージで訳したのでは？（笑）

二階堂　『蠟人形館の殺人』の完訳を読んで、一番驚いたのが、中盤過ぎの活劇場面。作品全体の印象が変わりました。

森　がらっと印象が変わるといえば、次に出る予定（十一月末刊行）の『髑髏城』もそうですね。なにせ、旧訳は「探偵倶楽部」に訳載したものがベースのかなりの抄訳で、いたるところがはしょられているため、読んでいて辻褄の合わないところも見られますから。原著の刊行から八十数年たって、ようやく本来の形で読めるようになった、というわけです。

二階堂　『火刑法廷』と『三つの棺』の新訳版をやってくれたのは、加賀山卓朗さん。読みやすい訳文になっていましたね。ただ、少し細かい勘違いがあって、『火刑法廷』のエピローグのわりと重要な部分とか、『三つの棺』の「密室講義」で例として挙げた作品の題名とかが――その辺が惜しかったですね。

飯城　新訳版の「密室講義」は、私も不満があります。『エラリー・クイーン論』にも書いたのですが、あの講義は、作者が考えた密室トリックを、作中人物であるフェル博士に説明させるところに無理がある。作中人物から見ると、密室トリックを考えたのは、作中の犯人ですからね。そのため、カーは、講義の最初にフェル博士に「われわれは探偵小説のなかにいる」と言わせている。その上で、文章に工夫を凝らして、その矛盾が露呈しないようにごまかしています。

例えば、『カナリヤ殺人事件』のトリックを「ファイロ・ヴァンスが最上の応用例を示している」と書いているでしょう。これは、作中人物のフェル博士にとっては、『カナリヤ殺人事件』は、自分と地続きの探偵〝小説〟の中の世界の事件であり、そのトリックは仲間のファイロ・ヴァンスが解明した」という意味の表現です。「作中の犯人が考えたトリック」という表現も、「ヴァン・ダインが考えたトリック」という表現も、使わないようにしているわけですね。

だから、『チャイナ』への言及では、エ

ラリーのことを作家とも探偵とも呼ばずに、「頭脳明晰な紳士」としか書いていない。それなのに、新訳版では、勝手に「頭脳明晰な作家」と訳しているので――まあ、作中探偵のエラリーも作家ですが、彼が『チャイナ』のトリックを考案したという設定ではないですね――カーの苦心のレトリックが無視されてしまいました。

森　「（あの）頭脳明晰な作家」の部分の原文は "that brilliant gentleman" ですね。前後の文脈からして、「私も敬意を表するファイロ・ヴァンス」と "that brilliant gentleman" とが同列に扱われていることは自明だと思うのですが。

二階堂　そう言えば、『火刑法廷』の原書には、家の中の見取り図って、入っていないんですか。旧訳にも新訳にもありませんでしたが。

森　米版は未所持で、手元にある原書は一九三七年にヘイミッシュ・ハミルトン（Hamish Hamilton）社から出た英初版だけですが、それにはしっかり入っています。ここにそのコピーをお持ちしたので、お見せしましょう（図版参照）。

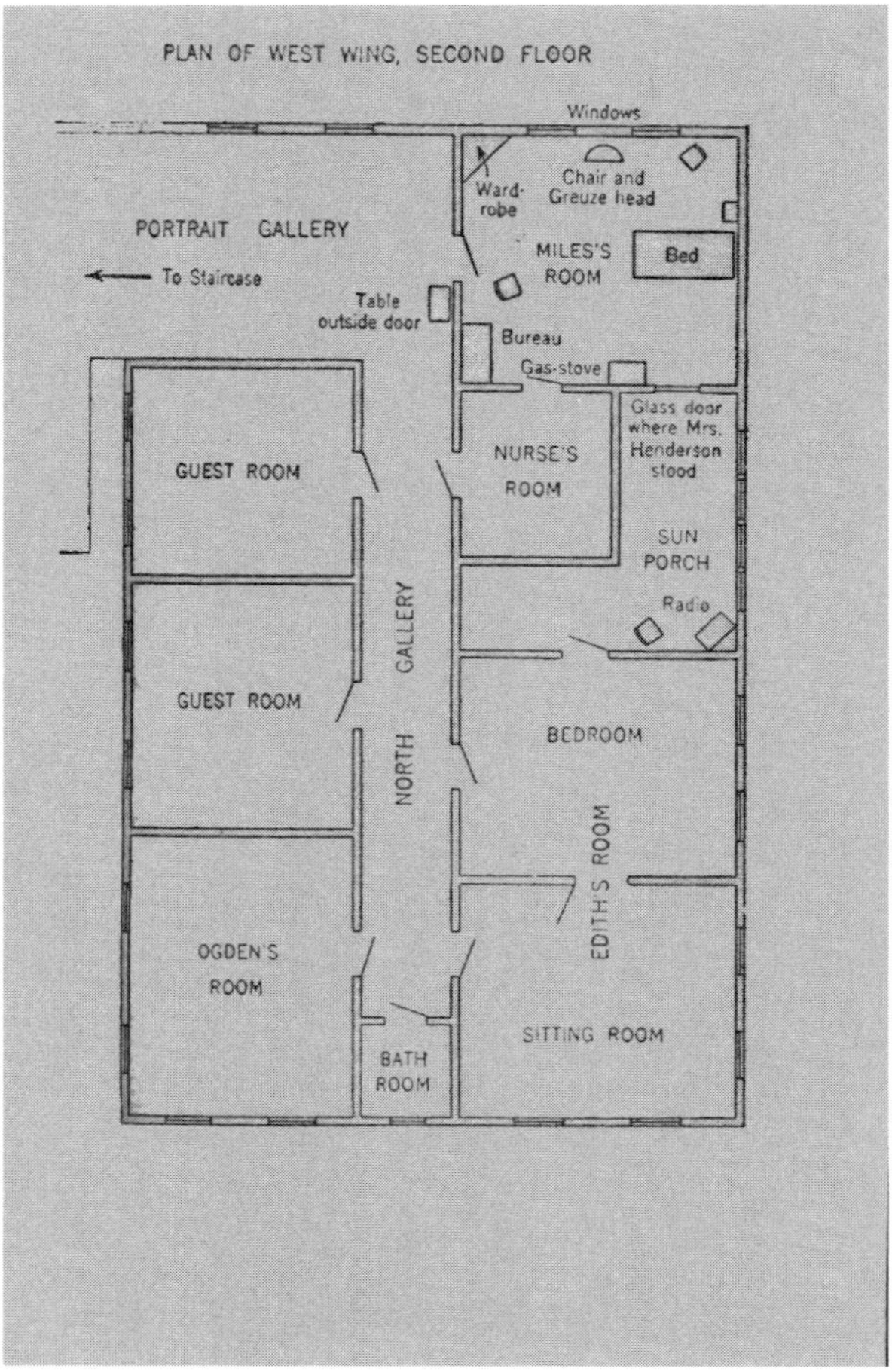

後年の版を所持していないのではっきりしたことは解りませんが、どの時点からか、この見取り図は割愛されてしまったようです。ペイパーバックになった時からかもしれません。ちなみに原書では、最初の章の、スティーヴンズが壁の本棚から『陪審員』を抜き出し、写真について言及するくだりのあたり（新訳版の十四頁）に入っています。

以前、創元推理文庫でドロシー・L・セイヤーズの『不自然な死』が出たあと、英初版の本文の前に入っていた重要な写真の図版が抜けていることが判明した、ということがありました。その時は、再版以降の版で、解説の次の頁にはさみこむという形で対応しました。

二階堂　あ、知りませんでした。初版しか持っていません。重版も買わないと（笑）。

森　『火刑法廷』の新訳版を見ると、解説の前の頁が余白になっているので、ここに見取り図をはさみこむ形での対処は可能なのでは？

それから最近、ほかのクラシック・ミステリーの翻訳でも、ペイパーバックのリプリント版を底本にしたという記述を見かけましたが、これはある意味、危険なことだと思います。初版ないしは初期のハードカバー版とペイパーバック版とを読み比べたうえでのことならかまいませんが、ペイパーバック版はアブリッジ（短縮）されていてもその旨が記載されていないことがままありますし、ペイパーバック化される際に誤植が生じてしまう可能性もあるので、ペイパーバック版だけに頼るのはできるだけ避けるべきです。まあ、理想論といわれれば、それまでですが。

二階堂　カーに関しては、僕か森さんに必ずゲラを読ませてくれればいいのに、と思います（笑）。やはり理想は、その作家や本格推理に理解や造詣のある翻訳家が、その作家の本を全部訳すことですよね。だから、カーなら森さんに全部、クイーンなら飯城さんに全部訳してほしいなあ。

飯城　そのあたりがむずかしいところですね。私たちのように、伏線や手掛かりの訳し方などの細かいことに声を上げる読者は、全体から見れば、ごく一部でしょう。大部分の読者は、〝読みやすさ〟が最優先ですから。

評論書や研究書ならば――森さんが訳したカーの評伝のように――マニアが訳した方がいいと思いますが、小説の場合は、マニアはアドバイザーをやった方がいいのではないでしょうか。スポーツとか医学とか、特殊なジャンルを描いた小説では、専門家がアドバイザーを務めることは珍しくないですよね。ただ、今の日本の翻訳のしくみでは、アドバイザー料を払う余裕がない、というのが悩ましいところですが。ちなみに、『チェスプレイヤーの密室』では、一級建築士のアドバイスを受けていますが、この人は私の父なので、お金はかかっていません（笑）。

二階堂　ミステリ文庫でカーの『パンチとジュディ』が出た時、翻訳の進行が遅れているとのことで、先に解説を僕が書いたんです。結局、本文のゲラはもらえませんでした。で、文庫の見本刷りをもらったら、冒頭の、男二人が微妙に交錯する重要な場面が、あまりうまく訳されていなかったんです。

あれはちょっと後悔しました。何とかしてゲラを読んでおけば、きちんとアドバイスできたものをと。

森　わたしの場合、自分自身が監修にあたったものに関しては、編集者を通じて、訳文に注文をつける場合もあります。ちなみに原書房の〈ヴィンテージ・ミステリ〉では英米の初版本をテキストに用いているので、アブリッジされている危険性はありません。

訳文はやはりある程度こなれているに越したことはないと思うので、自分で訳したものをふり返ってみると、そのあたりに不満を感じます。力不足というしかないですね。日本語にする場合に特にむずかしいのが会話口調で、年齢や生活環境、さらには性格なども反映させなければならないですから、シリーズ物は特にたいへんです。クイーンやクリスティやカーなどの場合は、それぞれのシリーズ探偵のイメージがある程度できあがってしまっているので、そこから大きく逸脱することは読者に歓迎されないでしょうし。

二階堂　ローレンス・ブロックの翻訳で有名な田口俊樹さんが、カーの『仮面劇場の殺人』などを訳された時に、フェル博士の話し方を、「私は〜です」と、エラリーみたいなしゃべり方にしていました。ちょっと馴染めなくて、編集さんを通じてどうしてですかとお尋ねしたら、原文では、フェル博士は英国紳士で、丁寧な話し方をしているからという返答がありました。

飯城　話し方の訳については、別の観点もあって、それは、「台詞だけで誰が発言しているのかわかるようにする」ということです。これは日本語の文章を書く時の心得ですね。翻訳では、原文に「〜が言った」と添えてあるので、こだわっていない訳者もいますが、私はこだわっています。個人的には、「翻訳物はとっつきにくい」と言われる理由の一つがこれだと思っているので。特に、ラジオドラマの訳では、読者が台詞の頭に添えてある発話者名を意識しなくても読み進めることができるように気を配りました——まあ、どれくらい効果があったかはわかりませんが。

具体的には、エラリーは「ぼく」、警視が「わし」、ヴェリーが「あたし」、ニッキイが「わたし」です。「わし」なんて、小林よしのり以外に使うのか疑問ですが(笑)。あと、偉ぶった女性は「わたくし」なんて言わせています。警視とプラウティは二人とも「わし」なので、プラウティの方は、他人を馬鹿にするような口調で訳しました。でも、イメージにこだわるなら、英国紳士は、みんな「私」になって、何人も出て来た場合、区別がつかなくなりますね。

森　それから女性の会話文の場合は、末尾をどうするかが､頭の悩ませどころですね。ライスの『眠りをむさぼりすぎた男』を訳した際に、藤原義也さんから「〜だわ」を多用しないほうがいいとのアドバイスをいただいたので、以降もそれを肝に銘じるようにしています。まあ、年齢層によって、おのずと会話口調も違ってくるのですが。

二階堂　今年一番、海外本格のファンを驚かせたのが、クイーンの『災厄の町〔新訳版〕』だったのではないでしょうか。僕もびっくりしました。青田勝の訳で完璧だと思っていたから、ある人物の立場をちょっと訳し変えてありましたね。

飯城　あれは、私も越前さんから相談を受けた時には、びっくりしました。その直後にクイーンFCの例会があったので、出席者に意見を聞いたのですが、みんな驚いていましたね。越前さんの読み込みの深さに脱帽です。

あと､あれに対して「謎解きに関係ない」と言う人がいますが、私は違うと思いますね。「〇〇はAと見せかけてBだった」というトリックの場合、AとBのギャップが大きいほど意外性は増すでしょう。たぶん、アメリカの読者は、原文を読んでAは下、Bは上､と解釈するので､よけいに意外だったでしょうね。それが解っただけでも、本格ミステリー的には重要かと。

森　あのポイントは、翻訳する際に訳者の多くが頭を悩ますところでもあります。結局どちらか判断がつかなくて、見切り発車してしまうこともままあるので、作中にちりばめられたまばらな手掛かりから読み解いたのは、慧眼というしかないですね。

飯城　『災厄の町』は来年、カナダで舞台になるそうですね。脚本を書いたグッドリッチ氏は、先ほど話したクイーンの書簡集を編集した人です。この舞台劇の俳優がわかれば、アメリカの人が、例の箇所をどう解釈しているか、わかりますね。（飯城追記：その後、配役が発表されましたが、AとBは同じ俳優でした。他にも二役の俳優がいるので、トリックではなく、単なる予算の節約のようです。まあ、AとBは同時に出ませんからね。残念ではありますが……）

二階堂　クイーン・マニアの方は、『災厄の町』のトリックの前に、クリスティのある長編のトリックがあることをどう思っているんですか。もちろん、『災厄の町』の方がうまくあのトリックを使っているから、まったく問題はないわけですが。

飯城　クイーンは、明らかにクリスティのその長編の改良版を狙っていますね。冒頭に「災厄の家」を出したのは、それを明かすためでは？　クリスティのその作は『○○の家』ですから。解説に余裕があれば、触れたかったのですが。

森　クイーンは先人の作品を参考にしつつ、それを凌駕する完成度の高いものをいくつものした作家、ともいえますね。ヴァン・ダインの作品は相当に意識していたでしょうし、確証はありませんが、『Yの悲劇』もマージェリー・アリンガムの初期作にヒントを得ていた可能性があります。

二階堂　クイーンの『九尾の猫』も、新訳版ですごく至れり尽くせりになりましたね。地図が入ったりして。

飯城　あの地図は文庫の旧訳版にはなかったので、違いを出すためにも、ぜひ入れたかったのです。ちなみに、ポケミス版には入っています。ちょうど、背中に題名が二つ並んでいる、つなぎ目のところに、折り込みで。

森　ポケミスの初版は、なぜか背の色が左右で違っていましたよね。もともと二分冊の予定だったものを急遽、合本にして出したんでしょうか。

二階堂　初期のクイーンは、『ローマ帽子』などのように、大衆や広範囲の所から一人の犯人を推理で絞り込むという、新しい趣向を編み出した。あれは、まさにクイーンの発明でした。それが、だんだん、家の中、数人の中から犯人や真相を見つけるという具合に、世界が小さくなっていった。でも、この『九尾の猫』では、ニューヨーク中から犯人を見つけるというふうに、原点回帰をしていますよね。

飯城　そうですね。クイーン警視の部下は、国名シリーズとほとんど同じです――唯一の違いは、今回は部下に黒人がいることでしょうか。ただ、「原点回帰」とは違うと思います。この作品でエラリーはミスをしますが、その理由を、本人は「人の死を〝数〟としか見ていなかったため」だと言っていますから。これは、国名シリーズの頃とは違うでしょう。

二階堂　そうした変化に着目すると、『九尾の猫』も、サイコスリラーとかサイコパス物が流行った後の現在の方が、評価はしやすいんでしょうね。〈論創海外ミステリ〉から、フィリップ・マクドナルドの『狂った殺人』が出ましたけど、この作品も、当時としては早すぎた内容だったのでは？

飯城　この二冊を比べると、歴史に残る作品かどうかの基準が見えてきますね。『狂った殺人』は、このテーマの〝先駆〟という以外、何もありませんが、『九尾の猫』は違う。ミッシング・リンクの面白さや、住民のパニック、マスコミの報道、警察の捜査、と見所がいっぱいあって、先駆かどうかを意識しないで読んでも面白い。描写もおざなりではなく、現在の目から見ても高いレベルに達しています。中盤のメトロポル・ホールの暴動なんて、死者が三十九人も出ている。これって、〈猫〉の被害者の四倍以上の数ですよね。そのあとのプロメテウスの言葉も、今でも重い。終盤では、逮捕した人物を警官たちが笑いながら蹴っ飛ばしているシーンなんかが凄い。これが、〝歴史に残る名作〟というものでしょう。

ブルース・グレイムの『エドウィン・ドルードのエピローグ』もそうですね。あの時代にタイムトラベル物、しかも解決する事件がディケンズの作中のもの、というアイデアで書いたのは、いくら評価しても足りません。紹介してくれた森さんには感謝しなければいけませんね。でも、タイムトラベルの趣向をトリックにからめたカーの『火よ燃えろ！』や『ビロードの悪魔』と比べると、やはり〝先駆〟どまりだな、と。

二階堂　だいいち、『狂った殺人』には、動機についての説明が不足していますね。動機なき殺人というところまでは突っ込んでいないし。

森　『エドウィン・ドルードのエピローグ』は基本アイデアはすばらしいけれど、結末は独創性に欠けるというか、カーのタイムトラベル物に比べて弱い、という感は否めません。ただ、シリーズ探偵に未完の探偵小説を解決せしめるという趣向は、シリーズのそれまでの読者には衝撃的なものだったでしょうし、シリーズ作のマンネリを打破するという点では大成功だった、とはいえるでしょう。

二階堂　なるほど。

森　カーのタイムトラベル物といえば、孫娘のシェリー・ディクスン・カーが書いたミステリー『ザ・リッパー』もタイムトラベル物でしたね。不可能犯罪物でもなく、フェル博士やH・Mのような名探偵の出てこないのも残念ですが、直系の遺伝子の持ち主らしいアイデアは盛りこまれています。

それから『狂った殺人』については、ちょっと異論があります。たしかに、第八章のパイク警視の報告書のなかで匂わされてはいるものの、犯人の動機にいささか不明瞭なところがあるので、ミッシング・リンク物としては評価できません。ただ、特異な犯人の、リッパー物として見れば、『九尾の猫』とはまた違った面白さが見出せるのではないかと思います。

まず、あの犯人。これはクイーンも大いに意識していたのではないでしょうか。その犯人が用いる、最終盤に判明する意外な凶器も、ごく日常的なものであるだけに、かえって怖ろしい。それから、〈ザ・ブッチャー〉の署名の入った、犯行の前後に三箇所に宛てて出された犯人からの手紙。あれは犯人の自己顕示欲のあらわれであると同時に、二つの重要な目的に使われていました。ニューヨーク市の規模とは比べるべくもありませんが、英国であの当時提唱されていた田園都市の候補地が連続する殺人によって、しだいにパニックに陥って、コミュニティー崩壊の危機に瀕していくさまは、やはりサスペンスたっぷりで迫力にも満ちています。

　クイーンの作品でいえば『クイーン警視自身の事件』のような、シリーズ探偵（ゲスリン大佐）物の外伝になっているところも当時としては画期的で、名探偵による謎解きを中心に据えたゲスリン大佐物に対して、警察の広域捜査を主にしているあたり、のちの警察小説にも共通する面白さがあります。とりわけすばらしいのが、ある奇想天外な方法を用いることによって、五千人もの容疑者をわずか十二人にしぼり、そこからさらに四人にまで減らしていくところで、初読時にもここのところが一番印象に残りました。犯人の正体を知ったうえで、作中の犯人の行動の一つ一つをふり返ってみると、別の目的があったのが透けて見えてきますし、目の輝き一つにも意味があったのかと、慄然とさせられます。

二階堂　減らすために用いた道具が、非常に先駆的でしたね。

森　一点、残念なのは、翻訳に使われているテキストが初刊時のものではなく、かなりアブリッジされた一九六五年のペイパーバック版であること。その当時の米国の読者に配慮してか、六番目の被害者を幼い娘からその母親のほうにするといった大きな変更点が見られ、そのため、初刊時の衝撃度が薄れてしまっていることは否めません。

二階堂　マクドナルドは不思議な作家です。アイデアが突出していて、それが物語とはまると傑作になりますが、はずれも多い。『鑢』などは、小さな手掛かりから延々と演繹推理が披露されて、まさに初期クイーンの直系の先祖。なのに、『狂った殺人』や『殺人鬼対皇帝』や『Xに対する逮捕状』など、スリラー系の作品も多いのですから。

飯城　森さんなどが紹介してくれたおかげで、だいぶ、マクドナルドの個性が見えてきましたね。「アイデアは一流、書き方は二流」という。ダネイみたいに、自分はプロットだけに専念して、誰かに小説化を任せれば良かったのに（笑）。

　あと、マクドナルドのようなアイデア先行のミステリーには多いのですが、何で犯人がそんな面倒なことをやるのかが、理解できない。例えば、遺産が欲しいから一人殺すというのはわかりますが、何十人も殺すとなると、「もっと別な方法で金を手に入れた方が良くない？」と、ツッコミを入れたくなりませんか？

森　まあ、出来の悪い子ほどかわいいといおうか（笑）、不思議な魅力のある作家なのは間違いないところです。それに、短編は長編ほど粗が目立たないので、そちらはもう少し評価されてもいいでしょう。パズラーからいわゆる〈奇妙な味〉系統のものまで、さまざまなタイプのものを手がけていて、三冊ある短編集は現代の読者にも自信を持ってお薦めできます。

二階堂　短編集と言えば、〈論創海外ミステリ〉を中心に良いものが多いですね。

飯城　21世紀になってから、〈クイーンの定員〉に選ばれた短編集が、かなり訳されましたが、当たりが多いでしょう。ポースト『ランドルフ・メイスンと7つの罪』、アレン『アフリカの百万長者』、バー『ウジェーヌ・ヴァルモンの勝利』、バトラー

『通信教育探偵ファイロ・ガッブ』、ローマー『骨董屋探偵の事件簿』、デ・ラ・トーレ『探偵サミュエル・ジョンソン博士』、クリスピン『列車に御用心』、ダンセイニ『二壜の調味料』、パーマー＆ライス『被告人、ウィザーズ＆マローン』、マクロイ『歌うダイアモンド』など。あと、収録作品は異同があるけど、ハンシュー『四十面相クリークの事件簿』やグロラー『探偵ダゴベルトの功績と冒険』も。

いずれも、アンソロジーや雑誌で一、二編読んだだけでは解らなかった面白さがある。『アフリカの百万長者』なんて、まさか被害者がいつも同じだとは思わなかったでしょう（笑）。

二階堂　誰々対誰々――と、そのことは、帯で書かなかった方が良かったかも（笑）。

飯城　来年は論創社からエドガー・ウォーレスやコール夫妻も予定されているそうなので、楽しみですね。ちなみに、ウォーレスのJ・G・リーダー氏物は、私が解説を書く予定です。

二階堂　楽しみですけど、コール夫妻はどうかなあ（笑）。

飯城　森さんは、〈クイーンの定員〉の邦訳は、あまり関与されていないのですか？

森　新樹社の〈エラリー・クイーンのライヴァルたち〉で出した、デイリー・キングの『タラント氏の事件簿』くらいですね。

飯城　『タラント氏』も、まさに「一冊でまとめて読むと評価が上がる」短編集でしたね。読み進めると、タラント氏のオカルトに対するスタンスが、どんどん変わっていく。

それと、論創社から出た〈クイーンの定員〉短編集の中には、私がプッシュしたのも何冊かあります。今、プッシュしているのは、ジョルジュ・シムノンの『十三の罪人』。これは各短編の題名が事件関係者の名前になっているのですが、全員が犯人です。つまり、読者には題名で犯人を明かしておいて、「探偵役はどの手掛かりをどう使ってこの犯人にたどり着くのか当ててみろ」と挑戦しているわけですね。山田風太郎の『妖異金瓶梅』みたいな趣向です。『十三の～』シリーズは三冊あるのですが、クイーンがその中から『罪人』を選んだのは、この趣向のためでしょう。

森　シムノンといえば、昨年の洋書即売会でフランスで出た写真入り小説を入手しました。写真は権利関係が複雑なので、紹介はむずかしいでしょうが、一九三〇年代にこういった趣向のものを出した先進性はたいしたものですし、さすがに巨匠と呼ばれるだけのことはありますね。

あと、近年のクラシック・ミステリーの翻訳に関して心強く感じているのが、リトルプレスや個人出版、それにデジタル出版によって、思いもよらない作品が刊行されるという、現代ならではの流れです。まあ、このあたりは完全にファン目線なのですが、せっかくの機会なので、いくつか注目すべきものを紹介しておきましょう。

先述の「ROM」本誌と併せて加瀬義雄さんがやっていた〈ROM叢書〉は現在も有志の手で刊行が続いていて、フランスの密室派ノエル・ヴァンドリーの『逃げ出した死体』、カーのラジオドラマにインスパイアされたというデレク・スミスの第二長編『パディントン・フェアへようこそ』などが、一昨年から昨年にかけて出ました。小部数のため、残念ながら、もう完売してしまったようですが。
その〈ＲＯＭ叢書〉から二〇〇八年に刊行された加瀬さんの評論集『失われたミステリ史』の増補版が昨年、書肆盛林堂から出ていて、これが英国以外の欧州の探偵小説を俯瞰した、空前絶後のすばらしい本になっています。通販サイトでは売り切れですが、店頭にはまだ在庫があるようですよ。書肆盛林堂というのはオットー・ペンズラーがやっているミステリアス・プレスの日本版ともいうべき存在で、西荻窪にある古本屋さん盛林堂書房の出版部門として、これまでに内外作家の復刻本を数々出しています。植草甚一の訳出したファイロ・ヴァンス物を集めた『真冬の殺人事件』など、とにかくラインナップが意外かつ秀逸なので、ウェブ検索するか、西荻窪のお店にぜひ足を運んでみてください。

これらは紙の出版物ですが、デジタル出版もすごい状況になっていて、驚くべきことに、オースティン・フリーマンのソーンダイク博士物の長編が三つも出ています。『内輪もめ』『冷たい死』『プラチナ物語』の三作で、いずれも本邦初紹介。Kindleのアプリをダウンロードし、Amazonでテキストを購入すれば、だれでもパソコンやタブレットで手軽に読めますので、ぜひお試しあれ。

二階堂　（さっそくタブレットで、ネットを確認する）あ、本当ですね。翻訳版が売っている！

森　英米でもこういったリトルプレスからのクラシック・ミステリーの復刻、オンデマンド出版やデジタル出版の流れは急加速してきているので、ことクラシック・ミステリーに関していえば、世界的規模でかつてない盛況を呈してきている、といえるかもしれません。インターネットで世界がつながったことによる恩恵をもっともこうむったのがクラシック・ミステリーである、と結論づけてしまうのは、あまりにも贔屓の引き倒しでしょうか。

飯城　この対談では小説の翻訳がテーマですが、個人的には、海外の評論・研究書の邦訳も盛んになった方が、本格ミステリーの発展につながると思います。森さんが訳したダグラス・G・グリーンのカーの評伝『ジョン・ディクスン・カー〈奇蹟を解く男〉』や、ジョン・ラフリーの『別名S・S・ヴァン・ダイン』、それにピエール・バイヤールの『アクロイドを殺したのはだれか』など、けっこう、本格ミステリー・ファンにとって、重要な研究書になっているでしょう。でも、まだまだ邦訳すべき本がありますよ。ジェフリー・マークスのライスの評伝『Who Was That Lady?』なんか、ぜひ森さんに訳してほしいですね。

森　大好きな作家である分、逆に翻訳をためらわせるものがあるんですよ。評伝に描かれている私生活があまりに生々しすぎて、とりわけ、晩年のアルコール依存症の進行で作品がほとんど書けなくなるあたりは、涙なくしては読めません。全盛期のマローン物や『スイート・ホーム殺人事件』の持つ底抜けの明るさ、そこに描かれている幸福な結婚生活や家庭生活と、ライスの実生活とのギャップがあまりにも大きすぎて、評伝が訳されることによって、読者の抱いていたイメージが損なわれてしまうのではないかということを心配しています。

先ほど話に出たリーとダネイの書簡集も、一ファンとしてはショックでした。ミステリー研究家の立場からすればなるほど貴重な資料ではありますが、クイーンの愛読者としては、リーとダネイとのあいだにあった創作をめぐる深刻な確執は知らないままでいたかった。リーがスランプに陥るまでは二人で仲よく話し合って創作を進めていたとの幻想を抱いたままでいたかった、というのが正直なところです。

飯城　クイーンの書簡集に出てくるリーとダネイの対立は、創作をめぐるものであって、ライスのようなプライベートの暴露とは違うと思います。書簡集には創作と関係ない私信も少し載っていますが、別に仲は悪くない。というか、創作のことで争っている同じ手紙の中に、相手の家族を思いやった文が載っているのですよ。しかも、あれだけ争ってもケンカ別れもせずに、『十日間の不思議』と『九尾の猫』という、大傑作を生み出している。私は逆に、訳すべき本だと思いますね。

そういえば、今、F・M・ネヴィンズの『エラリイ・クイーンの世界』の増補改訂版を訳していますが、書簡集からの引用が、けっこうあります。この本が出ると、書簡集刊行の気運が高まるのではないかと思っているのですが。

そうそう、小鷹信光さんが、以前、「EQ」誌に訳したままになっていた『クイーンの定員』の単行本化の企画が、いよいよ動き出したようですね。まだ具体化しておらず、来年、再来年という話ではないそうですが……。

二階堂　あれは、どうして本にならないのか、ずっと不思議に思っていました。

飯城　各務三郎さんのアンソロジー版『クイーンの定員』が刊行されたのが、一番大きい理由だったそうです。「一般の読者にはあのアンソロジーで十分役に立つだろう」と考えたらしいですね。

森　そのアンソロジー版『クイーンの定員』の方も、新版ないしは増補版を出してもらえると、二重に楽しめますね。ハードカバーで四冊セットにして、外箱を付けるとか。

ところで、評論や評伝、ガイドブックの類は、ディテールに細心の注意を払わなければならないので、翻訳するのに小説の倍以上の手間と時間がかかるというのが、みずからの経験を踏まえての実感です。商業的な面もあるので、翻訳するのには高いハードルを乗り越えなければなりませんが、ハーパー・コリンズ（HarperCollins）社から刊行されたばかりの話題の評論、マーティン・エドワーズ（Martin Edwards）のThe Golden Age of Murderは、機会があればぜひ手がけてみたいですね。現役ばかりの英作家が黄金時代のミステリーを俯瞰した、五百頁近い大著で、ずっしりと読みごたえがありますよ。

翻訳ミステリー私感

波多野健

翻訳物の本格ミステリーの歴史を振り返ると、日本における創作探偵小説＝本格推理小説の盛衰にほぼ連動していることがわかる。創作探偵小説に、戦前・戦後・新本格の時代という三回の波を想定したのは笠井潔だが、戦後の海外作品の紹介は、笠井の「第二の波」の興隆を追うように、一九五三年九月のハヤカワ・ミステリ（愛称「ポケミス」）の創刊に始まり、一九五九年四月に創元推理文庫がそれに続いた。この時期が戦後の翻訳ミステリーの第一次ブームである。もちろん戦前からの既存翻訳の再録も不可避ではあったが、次第に戦前の抄訳・意訳横行の反省に立った逐語的な完訳主義が主流となり、同一訳者によるシリーズ物の完訳まで揃うようになった。筆者も、延原謙訳でホームズに入門し、ヴァン・ダイン全作とクイーンの国名シリーズは井上勇訳で読んだ。

　これら第一次ブームの翻訳は逐語的な完訳であったため、そのまま標準となってしまうとなかなか改訳される機運もおこらず、長く版を重ねることとなった。訳注がついたりの煩わしい翻訳にも取り柄があって、時代が変わっても正確な理解ができる。しばらく絶版になっていた作品が、忘れた頃に復刊フェアで出て来られるのもそれが有効だからだ。

一九八七年、綾辻行人『十角館の殺人』で始まった新本格ブームに対応して翻訳ミステリー界も再び活況を呈し、部数こそ戦後の第一次ブーム期のように多く出ることはなかったが、国書刊行会が一九九四年一一月に「世界探偵小説全集」を刊行して、本邦未紹介の作品や、戦前に抄訳された名作の完訳を世に問うた。

この第二期の中心的出来事はバークリーの体系的な再紹介で、ようやく日本でもその全貌が解るようになった（出世作『レイトン・コートの謎』は原書の七七年後の二〇〇二年刊行）。新本格の洗礼を受けてはじめてバークリーらが何をしようとしていたかピンと来たのである。それで黄金期に、異端を含め、さまざまな模索・試行錯誤があったことが解った。イネスやクェンティンも第一期と違った目で見て真価が判った。日本人自身が古典本格の枠を乗りこえよう（あるいは、「枠からはみ出そう」）として新本格の運動を始めるまでは、彼らを理解する基盤がそもそもなかったと思うのである（彼らの未訳作品の新訳は二〇一四〜五年まで続いている）。

同時代の新作では、ディーヴァーとアルテが代表者と言えよう。アルテのものはカーのオマージュであり、新味という点で若干の留保をしなければならない。

一九九〇年代に順調に手を携えて進んできた国内本格と翻訳ミステリーだが、ここ数年で国内本格側に明らかに質的な変化が見られた。たとえば本格ミステリ大賞は、二〇一二・一四年度の城平京『虚構推理 鋼人七瀬』、森川智喜『スノーホワイト名探偵三途川理と少女の鏡は千の目を持つ』が受賞し、清涼院流水や西尾維新らが本格ジャンル外と見なされつつあるのに反し、ジャンル内での異質化が祝福されている。新本格の旗手の世代でも、ここ一両年の麻耶雄嵩が『さよなら神様』（二〇一五年度本格ミステリ大賞受賞）『化石少女』『あぶない叔父さん』のようなブッ飛んだ作品で気を吐いている。

潮目が変わったのは、『容疑者Xの献身』（二〇〇五年刊）論争で何かがアク抜けした頃だったように思われる。東京創元社の「ミステリ・フロンティア」叢書に、ライトノベルから米澤穂信や桜庭一樹が登用されたのも二〇〇四〜五年だった。

翻訳ミステリーの方も、これに連動するように、同時期から微妙に質的な変化が認められるので、仮に、ここからを第三期としよう。すでに「ヴィンテージ・ミステリ」（二〇〇四年四月刊、原書房）、「論創海外ミステリ」（二〇〇四年一一月刊行、論創社）などの新たな叢書の刊行が始まっていた頃である。変化の一因は、第二期にバークリーらへの理解が深まった結果、日本側の海外を見る目に変化が生じたことが挙げられる。たとえば後期クイーン問題なども、本格推理小説の出発時から〈推理の危うさ〉を問う作品が存在していたとわかってみれば、クイーンに於て、〈論理ゲーム的本格を突き詰めたところに論理の危機が露呈〉し、客観的な形で顕在化した——と捉えることが可能になってきた。

結果として、第三期に米英古典の大家のなかで集中的に紹介されるのは、ヘレン・マクロイとなった。一九三八年に『死の舞踏』で黄金期本格の最後列にデビューして、ジャンルに残された最後の汁液を搾り尽くそうと営々たる努力をした作家という実像がようやく見えてきた。『暗い鏡の中に』は早く一九五五年に訳されていたが、この作家の実力が正当に評価できるようになったのは、『家蝿とカナリヤ』(二〇〇二)を嚆矢に、『幽霊の2/3』(二〇〇九改訳)や『逃げる幻』(二〇一四)が紹介されてからである。一九五〇年にアメリカ探偵作家協会の会長に選出されたぐらいで、本格謎解きの作家としての実力は本物だったから、ある意味では当然の帰結ではあるのだが……。二〇一五年には『あなたは誰?』が紹介された。この勢いで、現代暗号の領域に足を踏みこんだ、おそらく最も進化した暗号小説と言える『パニック』が翻訳されることを期待する。

同時代作家では、二〇一〇年にジャック・カーリイ『デス・コレクターズ』が本格ミステリ作家クラブの〇〇年—〇九年翻訳の海外本格ミステリの最優秀作に選ばれ、他作も続々と刊行され始めた。影が薄くなっていたフランス物も、二〇一四年にピエール・ルメートルの『その女アレックス』で衝撃的に復活した。

水平的な拡大の面でも、ここ十年で前向きの変化が認められる。それは、紹介される外国ミステリーの地平が格段に拡がったことである。顕著な例は、ドイツと北欧だ。

戦前にヴァン・ダインに〈重苦しい〉〈官僚主義の空気が重くのしかかり〉と評されたドイツ物だが、二〇一一年に出たシーラッハの『犯罪』が起爆剤となって大化けした。

北欧については、すでにヴァン・ダインが〈英米仏の競争者として乗り出す徴候がある〉と指摘していたが、日本では、七〇年代にマルティン・ベック・シリーズが翻訳されて多少話題になった程度で、盛んになったのは第三期になってからである。それを象徴するのが、二〇一四年一一月に東京の北欧五ヵ国の大使館が後援して開かれた「北欧ミステリ・フェス2014」である。このイベントには、スウェーデンからカミラ・レックバリ、フィンランドからレーナ・レヘトライネンが来日・参加した。

北欧ミステリーが英語やドイツ語からの重訳でなく原書から訳出されるようになったのも進歩だ。ただ、アイスランド語だけは、『湿地』や『緑衣の女』などアーナルデュル・インドリダソンの諸作がスウェーデン語訳、V・インゴウルフソンの『フラテイの暗号』がドイツ語訳からの重訳なのは実際上いたしかたない。だが『フラテイの暗号』の場合、原語の暗号はすべて日本語の世界に書き直されている。これはこれで楽しめるのだが、日本語化した暗号では原作の暗号の設定と解読の巧拙が判定できないという欠点が生じる。

アジア・ミステリーも、「アジア本格リーグ」(講談社)で六ヵ国の作品が翻訳され、こちらは大したブームにはならなかったが、とにかくアジアにも本格ミステリーが存在することが分かったのは、将来の潜在的パートナーとして意味がある。国別のミステリ事情が分かってきたというのも大きい。特に台湾は、「島田荘司推理小説賞」の設置も相俟って、日本との相互交流ができるようになった。日本が輸入するだけでなく、多数の日本ミステリーが台湾や韓国で、商業ベースに乗るようになったのも心強い。また、インドに十九世紀からの長い国産ミステリーの歴史があることも明らかになった。

こうなると、振り返って一九七〇年代のクリスティー・ブームなども、笠井が第2・5波と呼ぶ「幻影城」の運動と連動していたと位置づけられる。翻訳ミステリー側が、幅広い未発掘作の紹介ではなく、既成のクリスティーのブーム化だったということは、第2・5波の脆弱さを示すものだったろう。

二〇一五年も、クイーンの『チャイナ蜜柑の秘密』『スペイン岬の秘密』『九尾の猫』や『ユダの窓』(カーター・ディクスン)といった古典名作の新訳が出た。出版不況と翻訳物の販売縮小の時代に、この活況は、第一期の訳文が古臭く感じられるようになったせいであろう。しかし、ただ改訳して文章を感覚的に「いまっぽく」するだけでは勿体ない。

従来から指摘されていた第一期の誤訳を訂正する機会でもある。たとえば、二階堂黎人が指摘した『三つの棺』の誤訳箇所の訂正には二十九年かかったが、二〇〇五年に修正された(「カーは不可能犯罪ものの巨匠だ!」)。クリスティーでも『シタフォードの謎』の或る箇所は、小森健太朗によると、原文はフェアだが、翻訳文は、二階堂が指摘したとおりアンフェアだ。『そして誰もいなくなった』の独白箇所も、若島正が指摘したように、原文では誰の言葉かトレースできるようになっているのに、邦文は訳し別けられていない。

純文学畑でのプルーストの翻訳のように歴代の訳者が研鑽を積み重ねて、より完璧な定訳を目指すというような目的を共有してほしい。そして、文章を「いまっぽく」する以上、若い読者をもう一度、翻訳ミステリーに転向させるくらいの意気込みでやってほしい。

英・米本格ミステリー事情

森 英俊

ついにこの日が来てしまったか——そんな感慨に見舞われたのは、同人誌《ＲＯＭ》の終刊号が送られてきたから。いまはなき加瀬義雄氏が同誌を創刊されたのは一九七九年のことで、以来、三十六年もの長きにわたって、海外ミステリーに関するさまざまな情報が掲載されてきた。メインをなしていたのは未訳作品のレビューで、クラシック・ミステリーがわが国に根づくうえで同誌のはたした役割はまことに大きい。この終刊号でも、ジョン・ロード（マイルズ・バートン）、ジョン・ビュード（John Bude）、コール夫妻らの未紹介作品がレビューされている。

ハーパー・コリンズ(Harper Collins)社から出たマーティン・エドワーズ（Martin Edwards）の *The Golden Age of Murder* も、同号で取りあげられたもののひとつ。これは英国の黄金時代に真正面から取り組んだ本格評論で、五百頁近い大著ではあるものの、それにおそれをなさず、ぜひともトライしてもらいたい、本格ファン必読の書。

著者のエドワーズは英国の現役ミステリー作家で、弁護士を探偵役に配した長編シリーズもある、大ベテラン。筋金入りのミステリー・ファンとしても知られており、それは本書でのマニアックな記述の数々に反映されている。小説家であるだけに、筆の運びが実にスムーズで、すらすら読めるうえ、ディテクション・クラブの会員たちにまつわる新事実もふんだんに盛りこまれているあたり、凡百の小説以上の面白さがある。例えば、アントニー・バークリーがフランシス・アイルズ名義で発表した『レディに捧げる殺人物語』には、あのドロシー・L・セイヤーズが別名で出てくるというのだ。同書の作中には、わかるひとにはわかるような手がかりが潜ませてあるという。ディテクション・クラブ創設時の両輪だったセイヤーズとバークリーに関しては、ふたりがミステリー長編の執筆をやめてしまった理由に関する大胆な推理も盛りこまれており、それが当たっているとすれば、まさしく「事実は小説よりも奇なり」というしかない。

加えて、これまでまったく目にしたことのない、きわめて資料性の高い写真も満載で、それらをながめながら黄金時代の作家や作品に思いをはせれば、至福の時間が味わえることと請け合い。個人的なお気に入りは、コリンズ社が〈クライム・クラブ〉叢書の定期購読者向けに発行していたニュースレター《クライム・クラブ・ニュース》の一九三九年秋季号に掲載された、コール夫妻の写真。自宅の居間で新作の構想を話し合っているほほえましいさまが写し出されており、くだんの新作はクリスマスに刊行の運びだという宣伝用キャプションも付いている。

評論から小説のほうに話を移すと、邦訳の出たなかでは、偉大なる祖父へのオマージュともいうべきシェリー・ディクスン・カーの『ザ・リッパー』が心に残った。タイムスリップと連続殺人に加え、巻末に「好事家のためのノート」までも盛りこまれた、往年のカー・ファンにとっては思いがけないプレゼントだったが、シヴァーン・ハウス（Severn House）から刊行されたマイク・リプリー（Mike Ripley）の*Mr Campion's Farewell*もまた、うれしい驚きだった。

マージェリー・アリンガムが一九六六年になくなったあと、その夫で装幀家のヤングマン・カーター（Youngman Carter）が未完のアルバート・キャンピオン物*Cargo of Eagles*を書き継ぎ（一九六八年に刊行）、さらに二冊のキャンピオン物の長編を上梓した。一九六九年に急逝した際、カーターはキャンピオン物のさらなる長編を構想中だったが、表題もきまっておらず、わずかなメモが残されていただけだったという。熱心なアリンガム・ファンを自負するリプリーはそれを手がかりに、構想をふくらませ、今回の*Mr Campion's Farewell*を完成させた。英国伝統のヴィレッジ・ミステリーであり、作中では、ふいに行方不明になった村人が九日後にふいにまた姿を現すといった、「九日間の不思議」にまつわる魅力的な謎とその意外な真相が綴られる。

同書の好評を受け、リプリーはさらなるキャンピオン物*Mr Campion's Fox*を執筆。そちらのほうも同じ版元から半年ほど前に刊行されている。

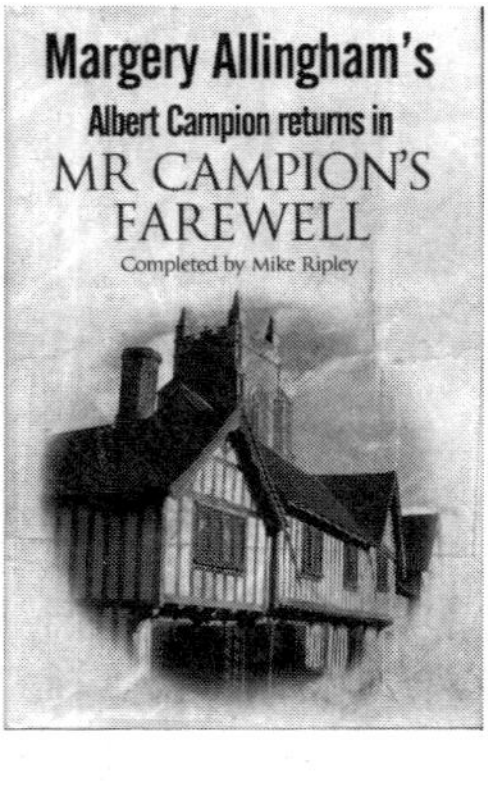

海外本格ミステリー今年の翻訳状況

三門優祐

私事で恐縮だが、ミステリ絡みで本年最大のニュースは、「アントニイ・バークリー書評集」の翻訳刊行だった。相当の辛口評論家だった彼の書評が、バークリーファンの皆様から温かく受け入れられたのは慶賀すべきことである。多謝。

さて、バークリーは書評の中で、その本格ミステリ観を端的に表す言葉、「ディテクション」を繰り返し用いている。この語は、端的に「伏線の回収技術」と換言できるだろう。自明の伏線を如何に回収し、意想外の結論に結び付けるかという、ミステリ作家にとっての究極の命題を、優雅に巧みに行う作家としてバークリーはクリスティーを称揚している。

今年の新刊にも、この「ディテクション」をきっちりとし遂げた、バークリーも絶賛しただろう作品がある。ハリー・カーマイケル『リモート・コントロール』（一九七〇）である。論創海外ミステリの一冊として刊行されたこの作品は、酔っぱらい運転の果ての交通事故死というおよそミステリらしからぬシーンから始まり、夫の事故を悔いる妻からの深夜の電話が自殺へと繋がっていく。しかし、このすべてがある「遠隔操作」を企図したものだったとしたら……。終盤発せられる「ある正しい質問」が、すべての伏線を一挙に回収して読者の背筋を凍らせる。圧倒的な完成度を誇る作品だ。

　もう一作、伏線の妙に唸らされたのが、クリスチアナ・ブランドが晩年にメアリ・アン・アッシュ名義で発表した『薔薇の輪』（一九七七、創元推理文庫）である。最初に起こったはずの「何か」を語り落としつつ、事実と嘘とで紡がれた「起こったかもしれないこと」を、検証と推理によって「実際に起こったこと」に漸近させていく手筋、そしてそれだけでは到達できない壁の向こう側への最後の跳躍、その踏み台となる手がかりへの気づきの上手さは、凄絶なものがある。

　ここからは、今年出た作品を順次見ていこう。論創海外ミステリは先に述べたカーマイケルを含め、なんと二五冊も刊行された。これは、論創社から最初期の熱が再び噴き上がってきたことを直接感じさせる事実だ。注目の作品としては、ロマンス小説の巨匠ジョージェット・ヘイヤーの『グレイストーンズ屋敷殺人事件』（一九三八）や再評価が著しいパトリック・クェンティンのサスペンス『死への疾走』（一九四八）、マーガレット・ミラーの初期作で、愛と人間性の歪みが噴出する秀作『雪の墓標』（一九五二）、レックス・スタウト待望の中編集第二弾『ようこそ、死のパーティーへ』などがある。また、フランシス・ディドロ『七人目の陪審員』（一九五八）は、英国男性作家がよく使う黒い笑いに満ちたねじれたプロットを、フランス人が弄り回すとこんなものが生まれるのか、と呆れつつも噴き出さずにいられぬ傑作だ。

　原書房の「ヴィンテージ・ミステリ・シリーズ」からは、パトリック・クェンティンの『犬はまだ吠えている』（一九三六）を取り上げたい。ジョナサン・スタッジ名義で発表された本作は、『グリンドルの悪夢』などに通じる異様な状況を解体して、論理的な謎解き可能な領域へと引きずり込む手際が実に巧みだ。「エラリー・クイーン外典コレクション」の刊行も始まって、ますます注目が集まる出版社である。

　東京創元社は毎年のお楽しみとしてD・M・ディヴァイン『そして医師も死す』（一九六二）を刊行。アン・クリーヴス『水の葬送』（二〇一三）は、前作の衝撃のラストを一山越え、ぐっと抑制的な文章で静かな捜査を描き、丁寧な謎解きで読者を魅了する。エドワード・D・ホック『怪盗ニック全仕事〈1〉』『〈2〉』は、評価の定まった傑作揃いのシリーズだが、見直された訳・新たな装いで、しかも発表順に全作を改めて読める愉しみは、何物にも代えがたい。

　ちくま文庫からの刊行に驚いたヘレン・マクロイの『あなたは誰？』（一九四二）は、ある心理学的テーマを先進的に扱った作品だが、物珍しさに終わらずツイストを利かせてくるあたりに、後年の技の片鱗を既に感じさせてくれる。

　今年は、例になく多かった論創海外ミステリを含め、本欄で扱えなかった作品も非常に多く、嬉しい悲鳴を上げざるを得ない。ぜひこの勢いが来年再来年と続くことを期待する。

【古本エッセイ】
挿絵で蒐める
喜国雅彦

ミステリとの出会いは、ポプラ社の少年探偵団シリーズやホームズだったが、初めて読んだ大人向けの作品は、中学二年のときに手にしたヴァン・ダインの『グリーン家殺人事件』（創元推理文庫）だった。ズラリと並んだ創元推理文庫の棚から、面白そうなタイトルの本を片っ端から手に取りパラパラやって、最終的にそれを選んだのは、その作品にだけ巻頭に一枚の絵が置かれていたからだ。

ローウェル・L・バルコムという画家の手による「殺人事件当時のグリーン屋敷」と題されたその絵は、木版画のような白と黒のタッチで描かれた雰囲気タップリのものだった。その絵のおかげで、読む前から「傑作に違いない」との予感があった。読んでいる間も、よく判らない記述に出会うとその絵を眺め「こういうことかな？」と想像の翼を羽ばたかせる助けとなった。

結果、この一冊が引き金となって、以後の僕は本格ミステリの道にどっぷりはまることになるのだけれど、他の作品を読んでいる間も、頭のすみにはいつも〝あの絵〟があった。

そして、のちになって気づいた。僕にとっての本格ミステリとは〝あの絵〟のことだったのではないかと。

絵が好きな僕にとって、挿絵は特別のものだし、場合によってはテキスト以上の意味を持つこともある。

ウェールズの古書店で買ったコリンズの『THE MOONSTONE』（月長石）は一八九四年（ヴィクトリア期）の刊行なので、造本自体も古書然として嬉しいのだけれど、別丁で挿絵が何点か収録されていたので、悩むことなく購入となった。

ホームズ研究家にしてヴィクトリアン愛好家の北原尚彦さんをして「この時代の挿絵は貴重な資料ですから」と言わしめるのは、その時代が持つ〝ひたすらに誠実な画風〟によるからだろう。同時代のホームズ譚が大ヒットした一因に、シドニー・パジェットの挿絵があったのは明白だし、のちに映像化された際の配役は、明らかにあの絵ありきのイメージで選んでいるしね。

日本の挿絵画家で大好きなのは竹中英太郎だ。雑誌「新青年」を中心に、数多く描かれた探偵小説の挿絵は、不気味で耽美で、僕のもっとも愛するところだ。だからといって掲載雑誌を蒐めたわけではなかった。他に欲しい本はたくさんある。数枚の挿絵のために万冊を出す（心の）余裕がなかったからである。だから、ある日の古書店で、氏の江戸川乱歩関連の挿絵がまとめて載っている『名作挿絵全集　第4巻』（昭和十年　平凡社）を安価で発掘したときは嬉しかった。画面も小さく、印刷も悪かったけれど「挿絵の神様よ、僕に取り憑いておくれ！」[※1]と念じながら、いつまでもなめるように眺めたりした。

乱歩の『陰獣』と並んで、竹中画伯の代表作に横溝正史の

『鬼火』があるのだが、こちらも掲載雑誌（昭和十年　二月号、三月号）は持っていない。ただでさえ高価な『新青年』。しかも二月号は、小説の姦通のシーンが、当時の検閲で「不適切」とされ、一〇ページほどが削除されて販売されたという曰く付きのものだから、探偵小説専門店の目録ですら、見たことがない一冊なのだ。

　でも世の中には有難い人がいる。「無ければ作ればいい」は僕（本棚探偵）のモットーだが、藍峯舎という小さな出版社が『鬼火』の削除された部分と英太郎の挿絵をすべて収録した「オリジナル完全版」を今年（一五年）の六月に、限定二五〇部で出版してくれたのである。しかも挿絵に関しては、原画の再現に力が注がれているので、この上なく美しい。眺めるだけでは勿体ない。いつか模写もしてみたい。でもそんなことをしたら、本を汚してしまうかもしれない。念のためにもう一冊買っておこうかしら。ああっ、もう完売してしまっているではないか。やっぱり模写はやめておこう。

　挿絵入りの限定本と言えば『屋根裏の散歩者』（昭和三四年　真珠社）がある。豆本仕様で、池田満寿夫画伯の版画を十枚付けて二〇〇部限定で売り出されたものなのだが、今ではもう幻の本となっていて、それこそ僕の手が出るシロモノではない。この目で見たのも、乱歩邸で一度あるだけだ。しかもだ、その存在に気がついて手を伸ばしかけたとき、案内役だった山前譲さんから「おっと、それだけはダメ！」とストップがかかり、この手に触れることも敵わなかった一冊なのである。

　それが、である。先ほどの藍峯舎さんが一三年の七月に凝った造本で発売してくれたのである（残念ながら豆本ではなかったのだけれど）。ああ、なんて素晴らしい出版社。なんて素晴らしい発行人様。

　一枚の絵が作品よりも記憶に残ることがある。僕も画家のはしくれの一人として、いつかそういう絵を描いてみたいと思う。

（※1）このとき掲載された『大江春泥作品画譜』と題されたシリーズは、乱歩作品のパロディの要素もあったため、乱歩の怒りを買い、以後英太郎は筆を折ったとされている。が、正確なところは知らない。

（右上）『グリーン家殺人事件』の挿絵は、米の初刊本からの流用だと思うが、僕の所持している版（27 年）には載っていない。

（左上）乱歩、横溝関連本三種。『屋根裏の散歩者』は残部僅少らしいので、急ぎましょう。

（下）『THE MOONSTONE』の挿絵。描く立場からみると細かくてクラクラする。

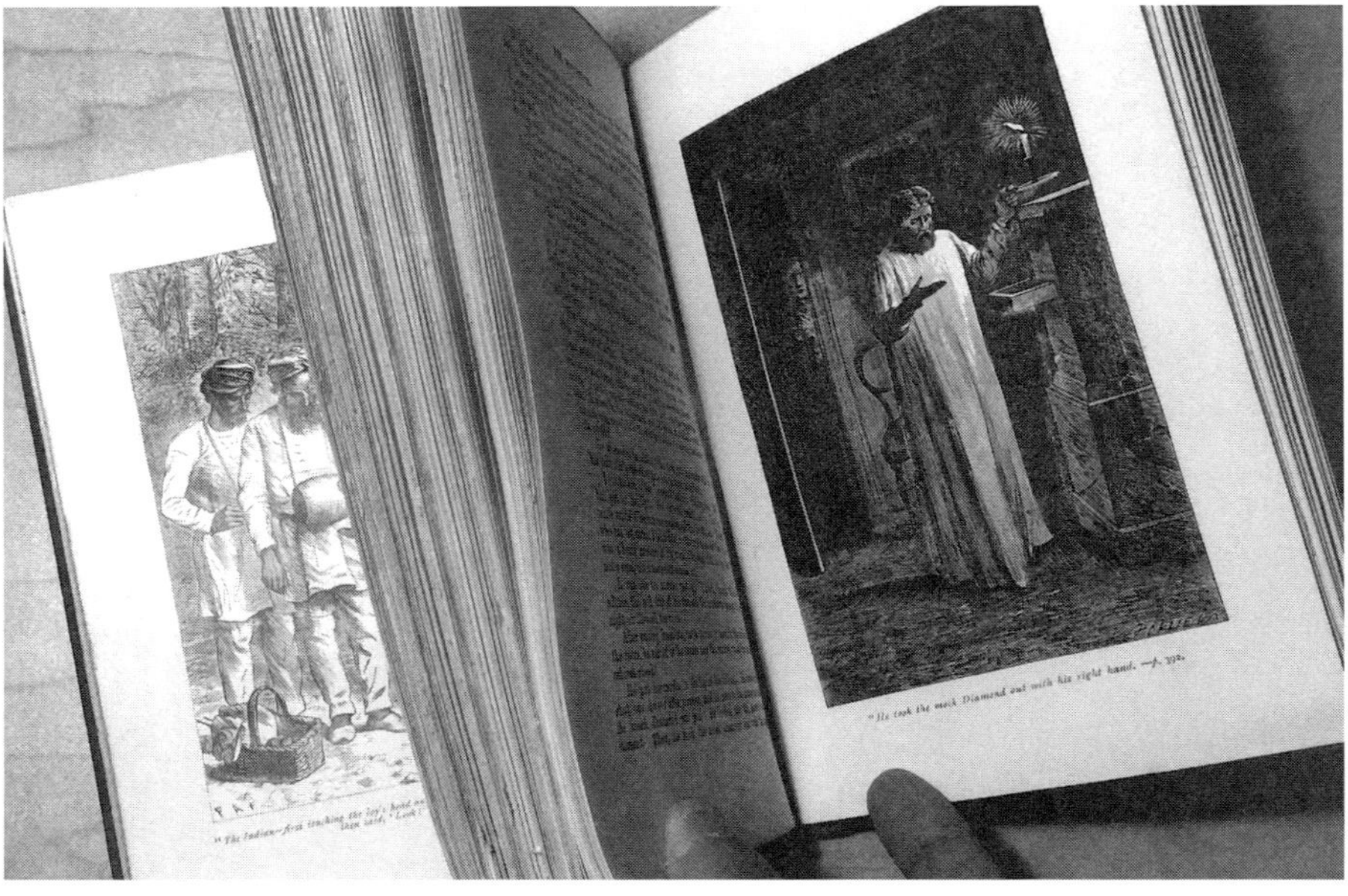

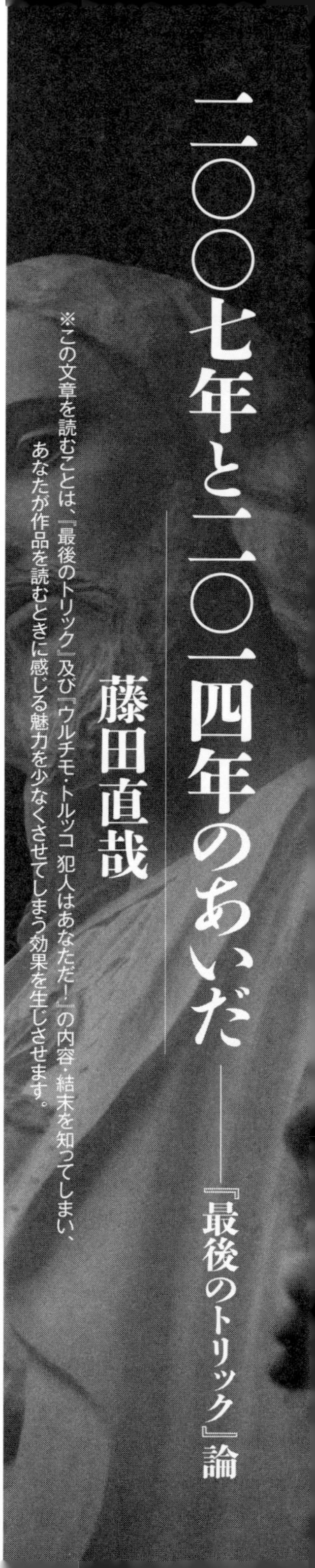

二〇〇七年と二〇一四年のあいだ

――『最後のトリック』論

※この文章を読むことは、『最後のトリック』及び『ウルチモ・トルッコ 犯人はあなただ!』の内容・結末を知ってしまい、あなたが作品を読むときに感じる魅力を少なくさせてしまう効果を生じさせます。

藤田直哉

深水黎一郎の『最後のトリック』が河出文庫から二〇一四年に発売され、多くの部数を売り上げた。この作品は二〇〇七年にメフィスト賞を受賞し、『ウルチモ・トルッコ 犯人はあなただ!』の改題・改稿版である。

この売り上げ、話題性の差は何か? を考えるのが、本稿の仕事となる。もちろん、売り上げや話題性の差は、出版社のプロモーションその他の様々な要因に由来する部分も大であるのだが、ここでは、読者の置かれている「読み書き」に対する感受性の変化が大であるという説を提示してみたいのだ。

『最後のトリック』は、「読者が犯人」であるという究極のトリックをどう実現させるのかが、読みどころとなる作品である。

その「読者が犯人」であるということについて読者が感じる「リアリティ」の変化が、二〇〇七年と二〇一四年の間に生じているのだ。その変化は、インターネットの世界で起こった。

『最後のトリック』はパソコン通信やインターネット環境を意識した小説である。トリックに関わる大仕掛けとして、リアルタイムに『最後のトリック』そのものが新聞連載されているという設定があるが、これは、筒井康隆が一九九一年から一九九二年まで朝日新聞に連載した『朝のガスパール』を参照している。具体的な箇所を引用しよう。

「熱狂的なファンを持つ文壇の大御所が、かつてやはり新聞の連載小説を担当した際に、ネット上で作品に対する感想や今後の展開を募集し、それを紹介しながら連載を進めて行ったことがあります。ネット上の書き込みや作家に送ったメールが、早ければ数日後には、作品中で引用・紹介されるわけで、当時はかなり話題になりました」(二五〇頁)

これは、ＡＳＡＨＩネットに「電脳筒井線」という掲示板を開設し、その書き込みを朝日新聞に連載に組み込んだ『朝のガスパール』のことを指している。

この「リアルタイムで読まれている」という設定と、被害者の「精神的感応力」という設定の二つにより、「読者が犯人」という仕掛けが成立する。

「どうやら私には、一種の精神的感応力があるらしいのです。自分の文章が読まれているのを感じると、心臓がどきどきして、不整脈が出ます。そしてそれが長時間続くと、どんどん心悸が高まり、苦しくなって行くのです、小さい頃に受けたトラウマの数々が、私の感覚を異常なまでに研ぎ澄ましてしまったのでしょう」（二二三頁）

被害者には、文章を読まれているときに、それが苦痛を生じさせるという「精神的感応力」があるゆえに、読者がこの新聞連載に「リアルタイムに書かれている」とされた文章を読んだことが、被害者を殺すことになった、という仕掛けである。

納得できるだろうか？　少なくとも、ぼくは、この二つの設定は「フェアプレイ」ではないと思う（無論、これを補う様々な工夫を凝らしているのだが）。だが、フェアかどうかを超えて、共感のレベルでのリアリティや納得感を得ることはできるだろうと思う。その納得感の変化こそが、二〇〇七年と二〇一四年の差ではないだろうか。

その背景には、「書くこと」「読むこと」が、ある種の暴力であり、人を殺すことすらありうるという感受性の変化が、インターネットによって生じたことが推測される。

具体的に見ていこう。日本でインターネットが一般的になった年は一九九五年である（パソコン通信などは、それ以前にもあった）。匿名掲示板である2ちゃんねるの開設が一九九九年。携帯電話でインターネットができるｉモードのサービス開始も同じく一九九九年。そして、スマートフォンが大衆的に普及するきっかけとなったiPhoneの発売が二〇〇七年。

インターネットが誕生してから、人は「読む」だけでなく、「（公に）書く」ことが容易になった。そして、「読まれる」経験を多くするようになった。「読む」ことは、感想をネットに書く限りにおいて、双方向的な行為となった（作者が、ネットを見て胸を痛めたり精神を病んだりしているのを、ぼくたちはツイッターなどで頻繁に目にする）。

書くことは、読まれることである。読むことは、書くことに繋がる。生産消費者＝プロシューマーや、ＣＧＭ（カスタマージェネレイテッドメディア）などの言葉が多く用いられるインターネットの環境では、旧来の「作者／読者」の関係は維持できない。「書く／読む」行為も、かつてのような明瞭な分節が、感性の中ではできにくくなってきている。

「読む」行為は、ネット上への感想の書き込みと一体化する限りにおいて、それは「書き手」へのダメージになりかねない行為になる。「(公に)書く」経験をするようになった多くの人々は、それに対して冷酷な、あるいは残酷な「読まれ方」「感想」で傷つく経験をする機会が増えた。

インターネットの登場以降、「書く/読む」行為はこのように変化したが、二〇〇七年以降、このような感受性を洗練させる大きな変化が起きた。端的にそれを言えば、「実名」の「SNS(ソーシャル・ネットワーキング・サービス)」の普及である。

二〇〇八年にツイッターの日本版がサービス運用を開始そ、同じ年に、フェイスブックも日本語化されたインターフェイスを公開した。この二つのサービスは爆発的な普及し、日本のインターネットの実名化を促進した。

二〇〇七年と二〇一四年の間に横たわっているのは、インターネットという環境で、自身に紐づけられた形で、「読み/書き」することと、それに対応した感受性の変化なのである。

このような感受性の変化は、「ネットいじめ」などの現象とも関連しているだろう。ソーシャル・ネットワークという名の、「情報環境・人間関係の複合したネットワーク」の中で生きる者(あるいは、それを無自覚に強制されている者)たちにとって、そこは心理的・精神的に重要性を持った社会的現実である。

たとえば、『最後のトリック』中のこのようなエピソードは、現代におけるネットいじめで頻繁に起こっているエピソードとして理解可能である。

被害者が「精神的感応力」が目覚める(あるいは、明確に自覚する)きっかけの一つは、自分の好きな女性に書いたラブレターが学校の廊下に貼りだされていたことにある。「恵利佳に宛てた私のあの手書きの青臭いラブレターが、何とあろうことか、廊下に貼りだされているではありませんか!/私は気を失いそうになり(……)」(二二一―二二二頁)自殺を考えるが、「《中学生ラブレターで自殺》というセンセーショナルな見出しを載せるでしょう。さらにテレビ局は必ずあの恥ずかしい手紙を入手して、全校生徒の目に晒されたあの手紙が、今度は電波を通じて、日本じゅうの人々の目に晒される」(二二二頁)のを怖れて、思い留まる。

今は「手紙」という物理的な媒体ではないが、LINEでの内輪の会話を晒し上げるネットいじめ、ツイッターの鍵アカウントの晒し上げ、などなど……。「リアル」なものとして実感しやすい環境が現在はSNSを中心に存在している。

そのような行為で「傷つく」ものは、また、自身の言葉が

「傷つけ」、時には殺すほどの効果を持つことを、自覚せざるをえないだろう。

最後に、この作品が、ネットファシズムに対抗するという政治思想を持っているということを明らかにしておきたい。「炎上」などが一人の人間への集中攻撃を生じさせ、様々な位相での被害をもたらし、たとえ冤罪であったとしても加害者たちは、集団・匿名であることに何の責任もとろうとしない。

このようなネットで行われ続けてきた行動が、最近では、一つの前‐政治的感性を生み出しつつあるように思われる。『最後のトリック』は、「犯人はあなただ」と感じさせ、加害を自覚させることにより、このようなネットファシズムの加担者となっている読者自体への反省を促す。

作中において、中井英夫『虚無への供物』が参照されていることが、その意図を示す。「我が国のアンチ・ミステリーの代表作と評されている作品」（五八頁）であり、「作品中の連続殺人事件が解決され、犯人とそのトリックが明らかになったあと、最後の最後に、こういった犯罪が起こるのは、人間の心が惨劇を求めているからだと述べられる。つまり本当の真犯人は、今これを読んでいるあなたであると、登場人物の一人がくるりと振り返って読者を告発するんだ」（五七頁）

『虚無への供物』において、事件を求める心理、スペクタクルを楽しむ読者たちが告発される。

「自分さえ安全地帯にいて、見物の側に廻ることが出来たら、どんなに痛ましい光景でも喜んで眺めようという、それがお化けの正体なんだ。おれには、何という凄まじい虚無だろうとしか思えない」「真犯人はあたしたち御見物衆には違いないけど、それは〝読者〟も同じでしょう」。

読者は、もはや単に楽しみ、消費するだけではなく、能動的に行動しさえする。そんな時代に、中井英夫のメッセージを蘇らせたのが『最後のトリック』である。

この作品がヒットしたことが、一つの希望ともなるのは、このような「反省」に胸を突かれるという意外性を感じ、「読者」としての自身の加害性への自覚を驚きとして受け取って何某かの感慨なり思考に促された読者が、一定数存在し、増えてきているのではないかということを意味しているのかもしれない、ということである。

自分が単なる観客ではなく、積極的に「対象」に影響を与えているという感覚。その「責任」の認識は、ネット時代において必須の倫理であり、それこそが、ネットのファシズムや空気の暴力に抗うような、健全な「民主主義」の感覚を醸成することにも繋がっていくだろう。

【座談会】

映像文化とミステリーの過去と現在

竹本竜都×蔓葉信博×冨塚亮平×藤井義允×宮本道人

蔓葉　今年の秋、当限界研編による『ビジュアル・コミュニケーション』という映像文化についての批評をまとめた本を刊行いたしました。今回はその話題もまじえながら、今年のミステリーや広く映像文化について話していきたいと思います。ちなみに私は戦後テレビCMに関しての話を書きましたが、あんまりミステリーとは関連性がないかも。

宮本　僕は、映像を利用した研究にはどういうものがあるのか、理系と文系を横断的に整理し、社会システムがそういった研究を踏まえてどう変わってゆくかを書きました。今後の社会には、ミステリー的に言うと「あやつり」のような、我々が気付かぬうちに映像によって潜在意識を操られる状況が増えてゆくのではないかという問題提起をしています。

竹本　僕は「真夏の夜の淫夢」と呼ばれる、初期は2ちゃんねる、現在はニコニコ動画を中心にした、ゲイ向けアダルトビデオの2ちゃんねる的な意味でのネタ消費について。それがいったいどういった文脈に基づくものなのか、何が面白いのか、あるいはどういった経緯でそれを面白いとする文化が定着していったかということについて書きました。

冨塚　私は、先日ロカルノ国際映画祭にて主演女優賞を受賞し話題となった新作『ハッピーアワー』が現在全国で順次公開中の、濱口竜介監督の旧作について包括的に論じています。また、巻末の動画リストでは白石晃士監督作品を重点的に紹介しています。

藤井　僕は『ビジュアル・コミュニケーション』では「アニメに流入してきた3DCGというテクノロジーによって何が起こっているのかということを論じています。前回の評論集『ポストヒューマニティーズ』でも、テクノロジーがコンテンツに与える影響に興味があり、円城塔について論じたのですが、同じ問題意識からですね。

蔓葉　アニメといえば、乱歩没後七〇周年を記念して『乱歩奇譚』が放送されましたね。

藤井　『乱歩奇譚』は普通に面白いなとは思うのですけれど、エポックメイキングである作品という印象はありませんでした。乱歩作品は多少読んではいたので、そのキャラクターが形を変えて登場するところは面白かったんですが、ミステリーとしてはやはり楽しめなかったですね。最後のほうなんかは微妙にSFでしたし。

蔓葉　テーマも猟奇的な犯罪から社会正義を達成するために、罪に問えない犯罪者を私刑で誅戮していくお話になる。本来、乱歩と言えば個人的な趣味嗜好、極端な言い方をすれば「人でなし」をテーマとした書き手でした。なので人によっては乱歩をただ単に材にとっているだけで、別の話を書いていると思っていらっしゃる人もいるかとは思います。個人的には『乱歩奇譚』はとても今どきだなと思って、昨今話題の「SEALDs」と重ねて見ていました。既存の権力とは違ったところから、社会制度や権力そのものを批判し、かつそれに実行力を伴わせることの大切さと、その危険とが描かれていたように思いますね。

藤井　テーマ性を出そうというのがすごく見えましたよね。新宿南口の歩道橋で燃えて死ぬというのは、現実にあった事件と同じなんですよね。他にもネットの話とかで社会的なテーマを扱おうとしているんだなということは思ったんですけど、ただ乱歩自体は別に社会的なテーマで推すものではない気がするんですよね。それですごく陳腐に感じてしまったんです。乱歩のよさって、グロさというのもけっこうあると思っていたんですけど、別に特にそんなにグロさもなく、わりかしかわいい感じの絵にもかかわらず、乱歩というグロいものをやるというミスマッチ感が、見ていてすごくありましたね。

蔓葉　あと『乱歩奇譚』の制作陣の話によると本作は「人間認識」をテーマにしているという話がありました。例えば作中のある人物にとって関心のない人間は影絵や木製の人形のように描かれるのですね。その発想自体、新本格的だなと思えたんです。新本格のいくつかの著名作では、視点人物が見たものを読者には誤認させるなどといった特殊な技法で、ミステリーとしての仕掛けを実現させていました。ただその手法をよりアグレッシブに表現したのは、アニメ『がっこうぐらし!』でした。具体的には語れないのですが、普通の学園ものかと思いきや、実はそこにどんでん返しが待ち受けているというものです。そのどんでん返しに、人間の認識の恣意性が加担しており、これが実にすばらしかった。

宮本　サイバー空間上ではアバターの顔を書き換えるのは容易ですし、今は顔の表情をリアルタイムで他人の顔やアニメキャラに投影する技術もできています。そういえば、昨年の「このミス」優秀賞の辻堂ゆめ『いなくなった私へ』は、テレビで活躍しているスターが、顔は同じなのに別人に見られる奇妙な状況に突然陥って戸惑う話でした。周囲の状況の変化でアイデンティティファイに混乱をきたすという状況が、ビジュアル的な感覚として共有できるのは、そういう技術やSNSの発展の影響も少なからずあるのかなと思います。

竹本　ネットというのは端的にいえばコミュニケーションの手段が限定された空間なわけで、それゆえに相手が本当に誰であるかが、いかようにも変化し得る、叙述トリック的なものをそのまま体現しやすい空間なんだろうなと。2ちゃんねる的、匿名掲示板的なものがわかりやすい例だと思いますが、例えば『バリ3探偵　圏内ちゃん』シリーズは、まさに2ちゃんねるの既婚女性板（鬼女板）をモデルにした掲示板において、本名とは別のニックネーム、いわゆる「コテハン」を使用し、素性を隠して書き込みをしている主人公が安楽椅子探偵役を担っていくという筋です。また、一田和樹『絶望トレジャー』は、ネットと現実を結びつけるアカウント情報やネット上のアイデンティティを消失させられてしまうことがひとつのテーマになっています。このように、現実とネットのつながりの不可視性に注目している作品が増えてきているように思います。ただ、2ちゃんねる流に、基本的に参加者のすべてが匿名で、誰が誰だかわからない状態をミステリー的に表現するのは、キャラ立ての面から言えばかなり難しい。『圏内ちゃん』も、匿名な「その他大勢」の一員ではなく、コテハンを利用することでわかりやすい仮想人格としてネット上に登場する形をとっているわけです。

宮本　一田さんと言えば、『ジャーロ』No.54に掲載された『サイバー空間はミステリを殺す』という短編が秀逸でした。個人的には今年読んだミステリーで一番の衝撃。ネタバレしないよう説明するのは難しいですが、簡単に言えば、ウェブでの発言がリアルに影響を与え、その相互作用が重なることで偽の真実が成立するという、新しい「あやつり」的な犯罪のかたちを描いていました。

蔓葉　偽の手掛かりものとはいえネットとリアルがつながることで説得力のあるものとなる。それは先ほど出た、『バリ3探偵』も同様だよね。『ビジュアル・コミュニケーション』のそこかしこでも語られているけれども、基本的にはメディアの改変が自由になることで、メディアとしての固有性を保持できなくなっている。それをポストメディウムといっているんですよね。これをミステリー的に引き寄せれば、ポストリアルであり、ポストロジックでもある。『21世紀探偵小説』はポスト新本格とあわせて「論理の崩壊」という惹句を添えましたが、そういう思いがあってのことと考えています。

宮本　ネット世界と現実世界を接続するのが映像なんですよね。

竹本　ネットで言えば、Twitterなり2ちゃんねる的なものに書き込んだり、あとはGPSでログを残したりというのは、まさに語り手としての自己記述を無限に続ける行為であって、そういった一面的な叙述性というものをトリックとして使うことが今後増えてくるのではないかと。

蔓葉　あと、海老原豊さんも『ビジュアル・コミュニケーション』で書かれているように商店街や公共施設にある防犯カメラによって、犯罪の足取りがつかめるようになっている。初動捜査で防犯カメラを確認するのは当たり前の時代になりつつあり、多くの作家さんはその状況を巧みに利用してミステリーに結実させている。時代に移行してミステリーはまだまだ書けるのではないかと思うんですよね。

宮本　技術の進歩に応じて、あるトリックが使いにくくなり、あるトリックが新しく生まれる、ということが起きるわけです。限界研の藤田直哉さんが共著者として参加している『サイバーミステリ宣言!』では、サイバー空間の進歩によるミステリーの変化が描かれていました。例えば、探偵側から犯人に罠を仕掛ける方法の多様化、とか。

竹本　ただ僕がまだ少し不満なのは、『絶望トレジャー』も『圏内ちゃん』シリーズも、最終的にミステリーの肝となっている部分がネットとはあまり関係ないところにある。だからミステリーとしては面白いんだけれども、結局ネット的なものを伏線やミスディレクションとして使うことに終始しているのではないかと。『絶望トレジャー』は、アナザーストーリーを自身のサイトで公開するという試みをしていましたが、ただそれがネット的かというとそうでもない。書籍内に収録されていたとしても問題ない内容です。その意味では「ネットネイティブ」なミステリーではない。

宮本　ネットネイティブなミステリーっぽさは、むしろ最近は現実の事件に対して感じます。PC遠隔操作事件はウェブを用いた犯罪だったし、STAP細胞の騒動はウェブで検証が進みました。我々が報道で視聴しているニュースの真相が、ウェブによってリアルタイムで書き換わってゆくパターンです。最近のミステリーでは多重解決ものが増えている気がするのですが、そういう現実を反映しているのかもしれませんね。

蔓葉　ひとつの事件を描く旧来型のミステリーでは、刑事が犯人の足取りを追ったり、素人探偵が調査するということも重要なのですが地味ですしね。いろいろなエンターテインメントがしのぎを削りあう中で、ミステリーが派手に戦うには、言葉という拳で相手を打ち負かすようなものも求められているんだと思います。

宮本　最近では同時に、そういうものが求められている状況に対するカウンター的なミステリーも出てきていますね。リアルタイムでミステリーの犯人当てクイズを行うテレビ番組の異様さが描かれる、深水黎一郎さんの『ミステリー・アリーナ』とか、多重解決の枠自体を論理的に制御しようとする、井上真偽さんの『その可能性はすでに考えた』や『恋と禁忌の述語論理』とか。こういうミステリーは、ウェブ上でリアルタイムに真実が追求されるあまり不確実な真相でも私刑に繋がってしまう、みたいな問題に対するカウンター的にも読めます。ちなみに科学の世界では、ある意味では真実って後からしか決定できないものなんです。例えばウェブに査読された論文がアップロードされたとしても、それが正しいかどうかが確定したわけではない。たくさんの人が再現実験に成功したり、傍証を得たりして初めて、どうやらそれは正しいっぽいということが分かるわけです。

蔓葉　おお、実にミステリーらしい。名探偵の定形のひとつに、手掛かりがすべて揃うまでは推理を述べないというものがありました。最近は流行らないですけれどね。

宮本　手掛かりがすべて揃っても、解析の仕方によって意味が変わってしまうこともあります。少し前に沢木耕太郎さんの『キャパの十字架』が話題になりましたが、有名な写真でも、周囲の状況と照らし合わせて解析をすると、埋もれていた真相が明らかになる場合もあるんだなぁと驚きました。そういう意味では、最新技術で解析すれば、写真や映像など画像データは、確定的な証拠に変わるのかもしれません。実際のＳＴＡＰ騒動でも、画像データの解析がキーでしたし、監視カメラ下で再現実験に挑戦していましたし。ちなみに、喜多喜久『捏造のロジック』は、ＳＴＡＰ細胞の話を下地にした捏造論文が題材になっているミステリーでした。事実からかけ離れた不謹慎な物語ではあるものの、周囲の状況の調査で真相が変わり得るプロセスを示していて、問題の一側面をよく表していましたね。

蔓葉　『捏造のロジック』は面白かったですね。海堂尊さんの『バチスタ』シリーズの科学研究所版とでもいいましょうか、研究所の職員と文部科学省の役人が捏造疑惑論文の犯人を調査する話で、門外漢からすればなるほどと思わせる内容でした。それとキャパの写真の話で言うと湾岸戦争のとき、プロパガンダとして問題視された「オイルまみれの水鳥」の事件を思い出しました。程度の差はあれ、私たちはジャーナリズムに一定の信頼を置いていたわけですが、それも昨今厳しい時代になったなと思います。

冨塚　「オイルまみれの水鳥」といえば、米澤穂信さんの『王とサーカス』でも報道写真をどう扱うかが大きなテーマになっていました。主人公のジャーナリスト太刀洗万智は、自らが取材した軍人が殺されてしまった後、その現場写真を撮ることになるわけですが、その写真を記事に使うかどうかが物語の中で重要な位置を占めている。

本作の舞台設定は二〇〇一年のネパールで、そこで当時実際に起きた王宮殺人事件に取材して書かれています。そのため、ここまで議論されてきたスマホやネットに代表される近年の情報環境の変化からは、あえて距離を置いている側面があるように思います。

藤井　『満願』も確か少し昔を舞台にしていますよね。

冨塚　そうですね。さらに付け加えれば、高校生時代の太刀洗が登場する『さよなら妖精』(〇四年)も、九一年を舞台に当時のユーゴ紛争を扱う形となっていました。

蔓葉　あと王子が王を殺すというスキャンダラスな事件と、政変という事態に沸き立ってしまっている民衆の動向を冷徹に見ようとしているジャーナリストの視点というのは、今の時代の状況に重なり合うところがあるように思えました。『王とサーカス』というタイトル自体も王の死をサーカス、つまり見世物として扱うかどうかという話なのです。正しいことを伝えるジャーナリズムが、センセーショナリズムに堕してしまうのではという疑念がテーマになっていましたね。ビジュアル・コミュニケーションに伴うある種の弊害を読み取ってもしまいました。

冨塚　事件をサーカスとして扱う方向に振り切った映画としては、今年『ナイトクローラー』が話題になりました。街で起きた交通事故や殺人事件をひたすら扇情的に捉えた動画を、報道カメラマンより先に撮影しテレビ会社に売り込もうとする男が主人公の一本です。彼は倫理観を完全に欠いているため、もちろん共感を誘う人物ではありませんが、その特異な人物像は魅力的でもあり、私も楽しく観ました。また、異国の出来事をどれだけ自らに引きつけて考え得るか、という――これもまた『王とサーカス』において重要な――テーマに関連して言えば、近年話題になっているダークツーリズムは、ある種のサーカス性を楽しむことを通じて、人類の負の遺産に関する記憶を受け継ごうとする試みですよね。『王とサーカス』は、「リアルタイムに真相が書き換えられる」ネット上でのニュースの極めてサーカス的なあり方も含めた、このような現在の傾向に、「観光」とは異なる外国との関わり方を通じて、抗っているように感じました。腰を据えて多角的に真偽を検証した上で、はじめて情報を事実として報道できるとする骨太なジャーナリズムの倫理を尊ぶ本書は、内容がある程度地味なものとなることすら厭わず、徹底してサーカス化に疑問を投げかけ続ける、ある意味で反時代的な一冊となっているように思えます。

蔓葉　納得です。ただ、僕の論にひきつけると、広告って商品に誘いこむためのサーカスと考えていて、その必要性を論じました。最近も広告のサーカス的な側面にばかり注力して失敗した事例として、ブレンディのネット動画広告シリーズがありました。目立つことや人を引き寄せることは大事なのですが、それが何のためであるのかを考えないとこの事例のような失敗を招くのだと思いますね。で、今年はミステリー作品が例年以上にたくさん映像化されたのですが、詳しい人に聞くと連動して原作がすごく売れているそうです。つまり、ドラマやアニメが、原作のサーカス、広告として機能している。映像としてわかりやすいことで漫画や小説を改めて手にし、また原作が好きだったから映像作品を鑑賞し購入する場合もある。それぞれが広告として機能していながら商品であり、商品として機能しながら広告になるようなことが現代的な流れなのかなと、考えているのです。

竹本　アニメの産業構造自体が今そういう感じになりつつありますよね。今年メディアミックスされた有名作品としては、伊藤計劃×円城塔『屍者の帝国』が挙げられますが、これなどは伊藤の遺稿、円城の記述した本文、それを別解釈としてまとめたアニメなどを通すことで伊藤が何を書き遺そうとしたかを受け手が「推理」する、ソーシャルミステリーと呼ぶことも可能です。

藤井　マーク・スタインバーグの『なぜ日本は〈メディアミックスする国〉なのか』でもそういった日本におけるメディアミックス戦略について詳しく言及されていました。その中の言及のひとつとしてトランス・メディア・ストーリーテリングと呼ばれるアメリカの「物語」を中心としたメディア展開と比較して、特に日本は「キャラクター」を中心にした商売が『鉄腕アトム』のときから連綿として続いていると。そういう意味では、伊藤計劃作品はメディアミックスするなら、『屍者の帝国』より『ハーモニー』の方がウケがよさそうですよね。キャラクターがたっていますし。ミステリーの話あまり関係ないですが……。

宮本　ミステリーのメディアミックス先として、参加型コンテンツは親和性が高いですね。最近流行っている人狼とか、まさにリアル犯人当て対決です。『人狼作家』という、ミステリー作家さんたちが人狼をした本も出ましたし。リアル脱出ゲームも流行っています。

蔓葉　今、宮本君が言っていた「参加型になってくる」というのは確かにそうで、NHKでも「謎解きLIVE 美白島殺人事件」という参加型のミステリードラマが放送されたことは記憶に新しいですね。

宮本　今の参加型ミステリーの多くは、ストーリー要素と参加要素の比重がトレードオフになっていますが、科学技術が進歩すると、参加型でありながらもストーリーを曲げないような作品が成立するかもしれません。というのも、今年、「人狼知能コンテスト」という、人工知能に人狼をさせる大会がありました。今はチャットだけなのですが､今後ロボットとビジュアル・コミュニケーションができるようになったら、これはまったく新しいミステリーのかたちに発展しそうです。

藤井　ミステリーの拡張という意味で言えば、映像の話では一人称視点的な画面の作り方がいわば小説における語り手になると思うのですが、その一人称視点が第三者視点と違った個人的なものであるがゆえに信頼できない語り手として成立し得るということを使った作品が出てきてますよね。『がっこうぐらし!』なんかもそれに近いと思うのですが、信頼できない語り手をビジュアルに落とし込むというのが、今、映画や漫画でも行われていると思います。

竹本　藤井さんの挙げた例とは逆に、映像としての信頼できない語り手表現を文章として再翻訳する試みは、例えば綾辻行人の短編『意外な犯人』などにはありましたが、そういった映像表現の文法を小説に取り込む表現も今後一般化していきそうですね。

冨塚　ジャーロ最新号でも論じたM・ナイト・シャマラン初のPOV映画『ヴィジット』は、一方で『王とサーカス』と同様に、スマホもネットも使用できない環境を舞台にしている点では同時代性を欠いています。しかし他方で、まさに撮影法とリンクする形でミステリーやホラーのジャンル表現を拡張している点では、現代性も併せ持っています。また、『ヴィジット』との類似性もすでに指摘されている、白石晃士監督のPOVドラマ『超コワすぎ！』シリーズは、技術や撮影環境の変化に即したきわめて同時代的な表現でつねに観客を驚かせてくれます。中でも夏にニコ生で放送された『生でコワすぎ！』は、卓越した編集技術で実際の生中継映像とVFXを駆使した動画をほぼシームレスに繋ぐ世界初の試みで、一時的にせよ、見事に私を含めた多くの視聴者を騙すことに成功しました。

来年には日本初の4DX上映となる新作が公開されますし、今後も参加型コンテンツの可能性を次々に更新する白石作品には注目していきたいです。

蔓葉　残念ながら『ヴィジット』も『コワすぎ』シリーズも拝見していないのですが、冨塚さんがおっしゃられているようなことは『オカルト』や『カルト』といった他の白石監督作品でもドキュメントという体裁を用いて実現していらっしゃいましたし、視聴者が見る形式を強く意識して作っていらっしゃるんでしょうね。あと他人のコメントを眺めながら、即時にコメントを書き込めたりできるという意味では、ニコ生も参加型コンテンツではあるよね。僕もライブで騙されたかったです。

藤井　POV映画やニコ生もそうですが、ここで挙げられた作品やその環境はテクノロジーの進化によって、さらに変化し得るという状況がすぐそこまで来ている。宮本さんもそうしたことについて『ビジュアル・コミュニケーション』に書かれていましたよね。そして、そうした変化をミステリー的なパッケージに取り込んでいった作品が、今後はきっと登場するのではないかと思います。

【イベントレポート】

成城学園創立100周年・成城大学文芸学部創設60周年記念講座

島田荘司監修

「成城と本格推理小説」

水谷奏音

二〇一四年一一月二二日、一二月六日、一三日の三回にわたり、成城大学文芸学部主催の記念講座「成城と本格推理小説」が開催されました。この企画は、講演テーマやゲストの選定などをミステリー作家である島田荘司氏が監修したもので、全ての回に島田荘司氏もご登壇。

記念すべき第一回は、ちょうどイチョウ並木が黄金に輝く一一月二二日でした。立派なイチョウ並木とその奥に建つ成城大学との景観美は、まさに見事の一言。これから行われる講演が、さらに楽しみになる風景でした。講演内容は「ポーの伝統―最新科学と本格推理」。第一部は島田荘司氏の講演、第二部は座談会で、ここには成城大学法学部の太田晋教授、文芸学部の佐藤光重准教授も参加しました。

講演ではまず、ご自身と成城学園というテーマからスタート。島田氏は小田急線沿線の和泉多摩川というところにデビュー前住んでおり、成城学園にもよく来ていたとのことです。三〇年以上前は、なんとなく丘の下は低所得者層の領域であり、丘の上は高所得者層の裕福な町、そういうような印象があったとのこと。島田氏の都市論はこういう町の構造を理解したことが、引き金になったというお話しでした。

続いては、推理小説の原型といわれるエドガー・アラン・ポーの『モルグ街の殺人』が生まれた時代背景にうつります。捜査方法の変革が大きなきっかけとなったことについて語る島田氏。これまでの強引な捜査方法―凶悪な殺人事件が起こると、その周辺の前科者、あるいは怪しげな人間を捜査官が引っ張ってきて、時には大いに拷問を用いて自白を強要する、というような捜査方法から、科学を用いて事件を立証する、そして科学とその論理を用いて犯人を特定していくというやりかたの変革が非常に重要だったと。そして、社会の変革のありようというものが極めて直接的にこの『モルグ街の殺人』という小説に反映されていることに気づかされるとも。こうした合理的事件解明が、コナン・ドイルによってさらに進化していきます。コナン・ドイルは、新しい科学者を創造しようとしていたと。探偵小説という新しい文芸には最新科学への信奉心が重要と考えることが非常に大事な軸として存在していた、そしてそれを見逃してはいけないと。その後は日本のミステリーが江戸川乱歩に代表される見世物小屋的な独自の進化を遂げたことなどの歴史的見解に話が進み、本格推理小説の現在と未来についてもお話しされました。

撮影:玉田誠

第二部の座談会は、島田氏の大ファンだということを公言した太田晋教授から、「島田先生はなぜ、一九世紀の作家たちに惹かれるのか」というところからスタートしました。島田氏いわく「科学を用いた合理的な推論、科学的な思考が、密室とか探偵の言動とかよりも好きだったかもしれない。結果として名探偵的な人物というものが出てくるが、そういう意味で、ポーやドイルに惹かれたんだ」と。とにかく最新科学への信奉と、それを説明する科学者としての風変わりなシャーロック・ホームズという人の性格に傾倒していた、という回答でした。会場はどんどん盛り上がりをみせ、あっという間に座談会は終了しました。

徐々に寒さが増してきた一二月六日、二回目の講演がありました。今回の講演テーマは「映画『幻肢』が完成するまで」。第一部は『幻肢』の映画監督である藤井道人氏の講演。第二部は、藤井道人氏と島田荘司氏の対談でした。

まずは島田氏との出会い、そして藤井監督の映像での自己紹介から始まります。その後は、なぜ島田氏の『幻肢』という作品を監督することになったのか、という経緯をお話しされました。二〇一一年、広島で行われたダマー映画祭（現広島国際映画際）で『埃』という短編が審査員特別賞を受賞したことがきっかけで、そのときに審査員をやっていたプロデューサーの佐倉寛二郎さんから、島田氏と共作でオリジナル企画をやってみないかと打診を受けたとのこと。島田氏に言われたことでよく覚えているのが、「若い男女の話をやりたい」「脳の話をやりたい」ということだったそうです。そこでTMS（経頭蓋磁気刺激法）という話があった。日本では鬱の治療などに用いられていて、脳に磁気刺激を当てる治療法で、このTMSを使って新しい脳の中のミステリーというのをつくれるんじゃないかという話だったとのこと。その後はキャスティングについて、主演の吉木遼さん、ヒロインの谷村美月さん、佐野史郎さん、宮川一朗太さん、遠藤雄弥さん、さつきさんについて、それぞれへの思い、ロケ地探し、撮影の苦労話、完成、公開に至るまで、さらには中国で行われた第九回アジア国際青少年映画祭で最優秀脚本賞をいただいたことなどお話されました。

第二部の対談は、島田氏が加わり、終始なごやかに進行。まずは島田氏が映画『幻肢』の感想から。上映後あまりのすばらしさに、思わず立ち上がって拍手したそうです。映画の撮影は、一二月二四日にクランクアップだったそうで、島田氏にとってクランクアップは「得難いクリスマスプレゼント」だったそう。話は主演の吉木さんにうつります。ここで、会場にいらしていた吉木さんも急遽ステージに登壇。まず、藤井監督は現場に入ると鬼になるという話に。「まだ命かけてない！」と、厳しく、細かく、納得するまでやるので泣かされたこともあるとのエピソードが。また、対談の中で明らかになったのは、実は最初藤井監督は、他の島田作品を書いていたとのこと。ただその作品が先延ばしになったため、他に何かできないかという話になり、『幻肢』が生まれたのだそうです。いきなりだったので、島田氏がストーリーを伝え、藤井監督がプロットにまとめ、何度もやりとりし、そして最終的に脚本が完成。その後に小説を完成させたとのことでした。小説はひとりでやるものだけど、映画はたくさんの人が関わっていて、自分の予測できないものができる、そこが非常に楽しいと島田氏。小説は書いていくうちに傑作に近づけることができるが、映画の脚本はできない、最初から最後まで計算。全てのシーンに意味を持たせるところが難しいという印象的なお話しで、対談は終了しました。

三回目の講演は一二月一三日。今回の講演テーマは「本格推理の可能性」。第一部は小説家の綾辻行人氏の講演。第二部は、綾辻行人氏と島田荘司氏の対談でした。一部二部ともに、司会は成城大学法学部の太田晋教授、文芸学部の佐藤光重准教授が参加されました。

講演会場は超満員。大人気作家、綾辻行人氏登壇、そして島田氏との対談というだけあり、会場はこれまで以上の熱気に包まれていました。まずは島田氏との出会いから綾辻氏と成城について。成城にある老舗の喫茶店『アルプス』というところで島田氏と会ったとのこと。また成城は『緋色の囁き』『迷路館の殺人』で登場させた場所。横溝正史氏の住んでいた自宅も残っているという話題から､話は横溝正史氏に。「本格推理小説というのはこのように書くのである」と自ら書いてある『本陣殺人事件』が、綾辻氏の教科書のような作品になっているということでした。その後は一二歳以降の綾辻氏が何を読んでいたのかという質問が太田教授から。もちろんミステリーは好きだったが、凄い才能というのはSFの方にいるというのに気づいたという話に。その後大学に入って、京都大学のミステリー研究会、推理小説研究会に入会、そして八〇年にあの『占星術殺人事件』と出会ったこと。これは凄まじい衝撃だったと綾辻氏｡解決編が袋とじになっている、読者への挑戦状も入っている、なんか凄いものだっていうから読んでみたら、本当にひっくり返ったと。プロフィールに占星術師と書いてあり、島田氏の著者近影が凄い怖かったとも。会場は爆笑の渦に。その後は、プロとして小説を書くに至った過程についてお話されました。最初は短編しか書けなかったけれど、長編を書いてみた。長編は構成をしっかりして、なおかつ四〇〇枚以上を人様に読んでもらわなきゃいけない。それも読み手が苦痛を感じないように書かないといけない。そのことを意識しはじめたのが大きかった。あと江戸川乱歩賞に一回応募してみようと思い、『十角館の殺人』の元になる『追悼の島』という原稿を書いた。これが大きかった､とのことでした。他に『Another』という新たな代表作、自身の映像化についてもお話しされました。

第二部は､いよいよ島田氏も登場｡綾辻氏との対談のスタートです。まず佐藤准教授から推理小説ならではの設定の魅力や特性について質問が｡推理小説にルールを決めて､そのルールを破る面白さとか、そのルールの抜け道を見つけ意外性を出すとか、縛りがあるから色々できるということに魅力を感じると綾辻氏。推理の小説というふうに考えたとき、純粋で高価値な材料を絞るという意味で舞台を狭くとる、ということを提案したヴァン・ダインの考え方は重要であると思うと島田氏。ただ見落としていけないこともあるという。それは、ポーやホームズの考え方で、ホームズは探偵というより科学者であり、推理学という新しい学問を定着させようと思って頑張っていたということ。これを受けて綾辻氏は、色々な可能性を包含しつつ、作家も読者も、アンテナを多方向に張りながら進めていくことが大事。色々な選択肢、方向性があってよい、と述べています。そしていつかポーに戻って、本格ミステリーとは何かを考えて欲しい、と。それは島田氏が色々と提案された最新科学、二一世紀本格といわれてきたことで、

どんどん状況が変化していって最新科学が常に更新されていくのだから、設定の可能性も増えていくはずだ、とお話しされました。その後は、現在の日本において社会派がどのような状況にあるかというお話し、本格とは何であるかという議論に続きます。本格を提案したのは甲賀三郎氏とのこと。でも甲賀氏は本格の定義を書き残さず、使用上のルールも明確にしていなかった。そのため、『占星術』や『十角館』というものが登場した新本格の時代になるまで、定義が十分に存在しなかった。定義なしのまま、この重要な語彙が新時代に合流してしまったとのこと。甲賀氏は、とにかく論理的であれといっている。本格とは論理の別名なのだと、そのように理解していると島田氏。つまり本格ミステリーというのは推理論理、論理思考の小説、あるいはそれが一定量目立つ小説であるということになる、と。また本格は日本語だとも。ふさわしい英語名がない。それは日本だけが、全然本が売れなくてもこのジャンルを去らないで、本格だけを書いていた作家たちがいたということである。それを書かせたのは、この本格という言葉、言霊に近い、その言葉が持っている誇りなんだろうと思う。これが日本だけにある構造なのだと、島田氏が熱く語られたところで、大盛況の中、対談は幕を閉じました。

本質直観とダイイング・メッセージ

飯城勇三

今年（二〇一五年）文庫化された笠井潔の矢吹駆シリーズ第六作『吸血鬼と精神分析』では、初めてダイイング・メッセージがらみの事件が描かれた。ただし、駆がこのテーマについて語るのは、これが初めてではない。シリーズ第一作『バイバイ、エンジェル』で、〈本質直観による推理〉の説明をする際に引き合いに出されているのが、エラリー・クイーンの『Xの悲劇』に登場する砂糖のメッセージだからである。

では、ここで読者に質問したい。なぜ駆は、そして作者は、〈本質直観による推理〉の一番最初の説明に、ダイイング・メッセージを例として挙げたのだろうか？　江戸川乱歩の〈類別トリック集成〉などでもわかるように、ミステリーにおいて、このテーマはさほど大きな割合は占めていない。〝ダイイング・メッセージの大家〟と言われるクイーンにしても、作例は多いが、実は、メッセージの解読によって解決した事件の割合は大きくないのだ。何よりも、大部分のトリックが犯人が作り上げたものであるのに対して、ダイイング・メッセージは、基本的に、被害者によるものなのだ。

この問いに対する私の答えは、「〈本質直観による推理〉には欠点があり、その欠点が露呈しないように、ダイイング・メッセージを例として挙げた」となる。以下では、その理由を説明させてもらうが、その前に一つ。「本質直観」は現象学の言葉なのだが、私はこれについては詳しくない。従って、ここで論じるのは、「〈本質直観〉が駆の（笠井潔の）説明通りだとした場合、これを用いて謎を解明することができるか」というテーマであることをお断りしておく。

〈本質直観〉については、『バイバイ――』では、「どんな人間であってもほとんど無自覚のうちに日常的にはたらかせているような、対象を認識するための機構の秘密を明らかにしただけのもの」と説明され、さらに、具体例として、「僕たちは明らかに〈円いもの〉と〈円くないもの〉を判別することが出来るし、つまりは誰もが既に円の本質を知っている」ことを挙げている。

なるほど、確かにわれわれは、〈円〉と〈円でないもの〉を判別できる。だが、円の一部が隠されていたとしたら、それでも判別できるだろうか？　円の半分が隠されている場合、円ではなく半円かもしれない。あるいは、水滴や鍵穴のような形だって考えられる。いくら本質を知っていたとしても、対象が隠されていては、直観できないのだ。

同じことを、殺人事件に当てはめてみよう。夫の死体の前に、凶器の包丁を持って立ちすくんでいる妻を見れば、誰でも、「妻が夫を殺した」とわかる。だが、この妻が死体を始末し、包丁の血をぬぐって片付けた場合、もう見ただけではわからなくなってしまう。つまり、本質直観による推理は、ミステリーで描かれるような、犯人が隠蔽工作を行うタイプの犯罪には適用できないのだ。もし適用したとしても、ほとんどの場合は――犯人は自分が殺人者であることを隠蔽しようとしてあれこれ細工をしたのだから――「○○の本質は隠蔽にあり」となってしまうはずである。もちろん、推理によって、隠されたものを見抜くことは可能だろう。だが、それはもはや、〈本質直観による推理〉とは言えないのだ。

ところが、ダイイング・メッセージだけは例外となる。というのも、被害者は、何も隠そうとしていないからだ。むしろ、積極的に、自分のメッセージを他人にわかってもらおうとしているのだ。ミステリーの場合は、わかってもらえないことも多いが、それは被害者の意図によるものではない。力尽きてメッセージが中途半端になったり、犯人が手を加えたりしたからに過ぎないのだ。つまり、メッセージ自体が、「正しい解釈をしてくれ」と訴えているダイイング・メッセージは、本質直観を適用する例としては、最もふさわしいのである。言い換えると、作者が〈本質直観による推理〉の適用例としてダイイング・メッセージを挙げたのは、このテーマが唯一、〝隠蔽〟とは縁遠かったからなのだ。

……と書くと、矢吹駆の〈本質直観による推理〉は、ダイイング・メッセージがらみの事件にしか使えないように見えてしまう。確かに、『バイバイ――』『サマー・アポカリプス』『薔薇の女』の初期三作では、本質直観は上手く使われていないように見える（紙数の都合で理由は省略。興味のある人は、拙著『エラリー・クイーンの騎士たち』の笠井潔の章を参照してほしい）。だが、一九九二年の『哲学者の密室』では、〈本質直観による推理〉を見事に描き出しているのだ――しかも、〝密室殺人〟において。

なぜ、密室をめぐる事件において、〈本質直観による推理〉を描くことに成功したのだろうか？　実は、この作品で推理の対象となる収容所の密室は、他の作家の密室ものとは、作り出された理由が異なるのだ。他の密室では、不可能状況によって犯人が容疑圏外に隠れようとしているのに対して、本作では、ある人物に〝ジークフリートの密室〟を見せようとしているのである。そう、この密室は、一人の人物に向かって、「わかってほしい」と訴えているのだ。ダイイング・メッセージのように――というか、被害者の立場から見ると、これはまぎれもなくダイイング・メッセージなのだ。つまり、『哲学者の密室』は、ダイイング・メッセージのように、〝隠蔽〟ではなく〝公開〟のための密室だからこそ、〈本質直観による推理〉が成功したのだ。

そして『吸血鬼と精神分析』も、同じテクニックが用いられている。本作で最も〈本質直観による推理〉が成功しているのは、分身をめぐるものなのだが、これもまた、「他人に見てもらう」ためのトリックを解明しているのだ。

　では、本作におけるダイイング・メッセージをめぐる推理は、どうだろうか。〈本質直観による推理〉と相性の良いトリックなのだから、さぞ鮮やかな推理にお目にかかれるに違いない――と思いきや、その逆だった。なんと、メッセージをめぐる推理に関しては、本質直観は用いられていないのだ。

　その理由は、「ダイイング・メッセージは〈本質直観による推理〉と相性がいいが、ダイイング・メッセージものは相性が悪いから」である。本来、メッセージが正しく伝わるならば、警察にも、その意味はわかるはずである。だが、その場合はミステリーにはならない。謎が生じるには、メッセージの一部が欠けたり、ねじ曲げられたりする必要がある。しかし、そうなると、前述した「円の一部が隠された状況」になり、本質直観が適用できなくなってしまうのだ。

　では、この作でのメッセージの解釈には、何を使っているかというと、〝周辺状況〟である。メッセージそのものではなく、その周囲の状況に着目して、意味を特定しているのだ。なぜならば、本作第八章の表現を使うと、「記号表現《シニフィアン》と記号内容《シニフィエ》は固定化されているわけではない」――つまり、同じメッセージでも、周囲の状況によって、解釈は異なるからである。そしてもちろん、解釈が固定化されてない以上、本質直観は役に立つはずがない。

　本作の場合は、メッセージが残された第一の殺人に続く第二、第三の殺人でも、現場に〝あるもの〟が残されていた。駆はそのパターンを見抜き、そこから逆算して、一番めのメッセージの意味を特定したわけである。また、このメッセージにはもう一つの解釈もあるのだが、そちらも、駆の宿敵ニコライ・イリイチが殺人事件に関係しているという周辺状況から導き出したものなのだ。

　これが〈本質直観による推理〉とは正反対の推理であることは、言うまでもないだろう。紙に描かれた円そのものではなく、周囲に描かれた図形や、その図は何の目的で書かれたかに着目しているのだから。

　しかも、その周辺状況を使った推理自体も、クイーンと比べると、物足りない。なぜならば、周辺状況を直接、メッセージの解釈に結びつけているだけだからだ。クイーンの場合は、それだけではない。メッセージをめぐる推理において最も重要なものが――〝消去法〟が――描かれているのだ。

　具体的に説明しよう。「被害者は日本人なのでメッセージは日本語に違いない」という推理が説得力に欠けることは、言うまでもない。だが、「被害者は日本語を知らないのでメッセージは日本語ではない」という推理は、説得力がある。もちろん、「周囲の人は誰も知らないが、実は、被害者は日本語を知っていた」という可能性は存在する。だが、周りから「日本語を知らない」と思われている被害者が、日本語のメッセージを残すだろうか？　くり返すが、被害者は、「意味をわかってほしい」と思ってメッセージを残しているのだ。

だが、駆（と作者）は、この〝消去法〟による推理に気づいていないように見える。というのも、シリーズ第一作『バイバイ――』では「探偵は、握られた砂糖が犯人を指示する記号であるとしても、それがまた無数の論理的に妥当な解釈を呼ぶものであることを強引に無視して、砂糖・麻薬・麻薬中毒者という連想から犯人を麻薬中毒者であると決めつける」と批判し、シリーズ最新作『吸血鬼と精神分析』でも、相変わらず「屍体が握っていた砂糖を出発点に名探偵は白い粉、麻薬、麻薬中毒者という連想から犯人を指摘するのだが、これが根拠薄弱な当て推量にすぎないことは子供でもわかる」と言っているからだ。『Xの悲劇』では、周辺状況によって、「無数の論理的に妥当な解釈」の大部分が〝消去〟されているというのに……。

砂糖のダイイング・メッセージの場合、最大の周辺状況は、「警察はメッセージの意味をつきとめることができなかった」と「被害者は裏社会を裏切った男で、同じ裏社会の人間に命を狙われ、数ヶ月間ホテルに引きこもっていた」というものである。この二つにより、誰もが思いつく解釈や、高い教養や専門知識が必要な解釈が消去できることは、明らかだろう。また、「被害者が食事を終えたばかり」という周辺状況によって、駆が（『バイバイ――』で）語る「砂糖・白衣という連想から、犯人は医師、薬剤師、化学実験者」という可能性も消去できる。なぜならば、被害者が白衣の人物を指し示したかったのなら、砂糖ではなくナプキンを掴んだはずだからである。

という具合に、砂糖のメッセージの意味は無数にあるが、周辺状況を考慮するならば、大部分は消去できるか、可能性が小さくなるのだ。そしてもちろん、「真の解釈以外の解釈を消去していく推理」もまた、〈本質直観による推理〉とは正反対のものであることは、言うまでもない。

『バイバイ――』に登場する〈本質直観による推理〉、すなわち〈現象学的推理法〉は、おそらく、ヴァン・ダインの〈心理学的探偵法〉の変形として考案したのだろう。しかし、ヴァン・ダインと異なり、作者はこのテーマを手放さず、三十年以上も書き継いできた。そして、その推理の特殊性と問題点は、ダイイング・メッセージを補助線とすることにより、はっきりと見えてくるのだ。

ポール・アルテとのメイル交換

つずみ綾

●はじめに

つずみ　今年もアルテさんにお話をお聞かせいただけることになりました。どうぞよろしく願いいたします。

　ジョン・ディクスン・カーを愛してやまず、「彼の著作を全部読み、さらに読みたいと思ったことがミステリーを執筆するきっかけだった」というアルテさんには、フランス、日本の垣根を超えた親しみを覚えるミステリー読者の方もおられることでしょう。

アルテ　ありがとうございます。日本でもカーの人気は高いみたいですね。

　私の物語や登場人物はカーのそれに大変よく似ています。カーの何が好きかというと、雰囲気や謎の作り方密室や不可能犯罪といっただったり、彼の奇妙な味です。後者は、間違いなく、ブラウン神父シリーズの作者である、G・K・チェスタトンに由来するものでしょう。

　だからといって、アガサ・クリスティーに言及するのを忘れては、不公平というものでしょうね。一二～一六歳の頃に私はすっかり夢中になりました。クリスティーの傑作に触れたおかげで、本物のパズルへの嗜好が私の中に芽生えたのです。『そして誰もいなくなった』『アクロイド殺し』『オリエント急行の殺人』『メソポタミアの殺人』が好きです。

つずみ　クリスティーのベスト作品の中に『メソポタミアの殺人』をあげられるのは、アルテさんの好みが反映されているようで興味深いです。クリスティーと同じく、アルテさんも考古学や歴史もののミステリーがお好きで、実際に執筆されていますものね。

アルテ　そうです。クリスティーを読んでいるときは、本当にわくわくしました。その頃は想像もしなかったのですが、クリスティーの翻訳書を全作刊行している、〝マスク社〟というフランスの有名な出版社から、私もいま自分の著書を出しています。

つずみ　すばらしいですね。

アルテ　ありがたいことです。私は執筆をはじめたときに、ミステリー以外の作品は書かないと決意したんですよ。なぜかって？　理由は単純で、私はミステリーを愛していて、情熱をそそいでいて、ミステリーを書くときに、未来の読者に向けて、洗練された罠をしかけるのに興奮したからです。カーが「地上最大のゲーム」でミステリーの魅力を誉めたたえたようにね。作家は作品を書くだけでなく、語らなければならないと思っていますが、私は他のジャンルについてはあまり述べることがありません。もちろん、私は歴史や考古学といった他の分野に興味も持っていますが、これについては私よりも語る資格を持った方が多いと思います。餅は餅屋です。

つずみ　日本の読者に向けての言葉はありますか？

アルテ　日本の読者が「本格」というパズル志向の小説に興味があるのにはとても感銘を受けました。本格作品がアニメや実写などにもなっているのもすばらしいですね。

●今年のアルテさんの作品

つずみ　日本では、アルテさんは古典的なパズル志向のミステリーの書き手として知られていますが、実際は多岐にわたる作品を書いておられますね。

アルテ　そうですね、特に近年はその傾向にあります。長編や短編だけではなく、アニメのシナリオやテレビドラマの原作も書いています。

つずみ　アルテさんが原作をされたフランスの漫画の一部をみせていただいたことがありますが、日本の漫画とはまた違う味わいのイラストとアルテさんのミステリー世界が合っていて、よかったです。

　さて、長編の最新作はどんな作品なんでしょうか。

アルテ　昨年、『吸血鬼の仮面』("Le Masque du Vampire")を出版しました。まずはじめに申しあげなければならないのですが、吸血鬼はとても古くからいるもので、吸血鬼のアイディアは、映画やその派生のものに先駆けています。吸血鬼は古代にもさかのぼることのできる、文学や伝説にも登場する聖なる怪物です。私の物語で重要な役割を果たす存在です。しかし、入念に資料を調査した後、私は大きな問題があることに気づきました。吸血鬼の伝説をとりまく謎めいた現象はあまりにも多く、謎が最後にすべて解決される古典的なミステリー形式では説明しきれないのです。とりわけ、吸血鬼はコウモリに変身したり、煙になったりと目に見えない存在で、鏡にも映りません。吸血鬼に教われた被害者はよみがえって吸血鬼になったりします。なんとまあ！　あまりにも手強い問題ばかりで、しばしば投げ出しそうになりましたよ！　でも、私はこの冒険に取り組もうと決めたとき、これらの謎のすべてを扱いたいと思ったのです。

　さらに、私を悩ませた二番目の問題がありました。この種のテーマを扱うときは、パロディーに陥りがちだということです。つまり、あらゆるものが誇張されているかのようで、信じられないでしょうが、しばしば笑いに終わってしまいます。でも、私は重たい雰囲気のシリアスな物語を作りたかったのです。だから、この小説を書くために、とても長い時間を私はかけて、行きつ戻りつしつつ、変更したりして、ちょうどよい塩梅をみつけようとしたのです。

　私が好きな物語は、奇しくもブラム・ス

トーカーのものではなく——それもすばらしいのですが——シェリダン・ル・ファニュの『カルミラ』なんです。『カルミラ』から、レズビアンのアイディアにも気づきました。この物語を探求してみると、新しい水平線が開かれ、これはとても興味深いことなのですが、人々がどういうふうに思おうとも、ぼんやりとしているようで、明瞭であり、よくできています。また、私は自分の女性の登場人物に感情移入をするのに何の問題も感じませんでした！　私の登場人物の「悪党」は本当に嫌なやつですが、そんな男性に対してでも感情移入をすることに問題は感じません。

　本書の執筆が終わったとき、告白しますと、自分の仕事にとても満足していました。何といっても伝説を扱ったのですから。

つずみ　日本に早く紹介されてほしいですね。

アルテ　それから、新作で人狼めいたものが出てくる"Loup de Fenrir"を書き、これはアメリカ版「エラリー・クイーン・ミステリー・マガジン」二〇一五年三月号に乗りました。

つずみ　アルテさんのシリーズ探偵、オーウェン・バーンズものですね。この探偵はまだ日本で紹介されていないのが残念ですが。どんな謎が扱われるのでしょう。

アルテ　新雪に囲まれた密室で殺人がおきます。残されたのは狼の足跡だけ……。この設定は私の『狼の夜』と似ていますが、解決は全く違いますよ！

　さらに、EQMMには、第二作目『かかしの復讐』("la Vengeance de l'épouvantail")を書いたので、近いうちに出版されます。ここでは、狼かと思わせるような殺人者が出てくるのではありませんが、足跡の謎が出てきます。それから、二〇一〇年にアメリカのEQMMに発表した、ツイスト博士の『宿命の鐘』("The Gong of Doom")のコミック版もあります。そういった媒体から入ってくださる新しいファンも多いんですよ。映画監督になったような気分ですね、この犯罪で何が可能なのかということにスポットライトをあてるところでね。このコミック版の"Le Mystère du gong indien"もアマゾンで入手できますよ。フランス語ですが、絵を楽しんでください。

　また、テレビの脚本も書きました。ディレクターのBruno Gantillonとの仕事になります。『シーザーの犯罪』("Le Crime de Cesar")という題で今年の年末に公開されます。ここでも、新しい経験でしたが、とても心惹かれるものでした。この企画では、技術的な理由から、頻繁にシナリオの変更が求められました。不可能犯罪を映像化しなければならないので、簡単な仕事ではなく、要求されるものが多いのです。私は映像をまだみていませんが、完成された形をテレビでみるのをハラハラしながら待っています。

●アルザスの生活

つずみ　アルテさんは、フランスとドイツの国境近くに位置するアルザスにお住まいですが、アルザスでのご生活はいかがでしょうか？

アルテ　私はストラスブルグに住んでいて、私の書斎の窓の前には……大きな墓地が広がっています。一日のうちで執筆が終わるときには、霧の中に沈んでいます。

つずみ　ミステリーの執筆向きの環境ですね（笑）

アルテ　その通りです。窓からは、ストラスブルグ大聖堂の尖塔も遠くのほうにぼんやりと見えます。旅行者にも人気の大聖堂で、アルザスのシンボル的な存在です。私は大聖堂の周りを散歩するのが好きです。絵になりそうな美しい景色もそうですが、美しい景色だけが理由でなく、たくさんの本屋があるのもその理由です。古本屋さんも大好きですね、たくさんの古本をぱらぱら眺めたり、紙の質感を感じたりしながら、稀覯本にめぐりあえないかと密やかな期待を抱いたり。おそらく、これは小説家の性なんでしょう。そういったお店でミステリー雑誌の古い号にめぐりあったりしたものです。ディクスン・カーの特集号を発見したこともありました。

あのローラン・ラクーブが魔術師ハリー・フーディニについて書いている本をみつけたりもしました。偶然めぐりあったんです。この本から、私の処女作『第四の扉』のアイディアがうまれました。私は自分の小説家としてのキャリアにとって決め手となった数多くの発見をここで見つけました。近所の本屋をぶらついた収穫から得たものは大きいのです。

有名なアガサ・クリスティーも読書体験から得た収穫について色々と語っていますが、私も読書は本当に人生を豊かにしてくれると思っています。例えば、もし、私が、ペルーが舞台の良質な冒険小説を読んだとすると、たちどころに心はペルーに飛びます。この冒険を通じて、ペルーに関する知識も得られるわけです。

そういえば、世界で一番ロマンチックな場所とも言われるヴェニスを旅行していたときのことですが、イタリアの古書店で『第四の扉』を見つけたことがありました。フランス人の観光客が置いていったんでしょうね。こういう出会いにつながったのも、振り返ると、わが故郷の本屋でハリー・フーディニの本をみつけ、買おうかどうか迷った末に購入したのがきっかけです。先ほど申しあげたように、そこから『第四の扉』の執筆につながりました。フーディニを知らなかったら、『第四の扉』はなかったわけですから、今日の私を作ってくれた出会いだったのです。私を形作ってくれた過去の温かな思い出です。

こういったことに思いを馳せて返信を書いている今、私の書斎の前に広がる墓地では霧が消えかけていて……日光が少しずつ大聖堂の尖塔を照らしはじめています。私はすぐに外出はしません、本棚のそばで新しい冒険に思いを巡らせることにしましょう！

つずみ　アルザスのお話を伺っていると、旅行に行きたくなりました。アルテさんの想像力を感じさせるようなお話をどうもありがとうございます。

韓国ミステリー事情

パク・ユニ（大衆文学の編集担当・シゴンサ）

訳＝藤原友代

二〇一五年、韓国ミステリー界における最大の話題は、隔月発行のミステリー専門誌『ミステリア（MYSTERIA）』(2015、Elixir）の創刊だろう。『ミステリア』は、読者とミステリー関係者の期待と不安が入り交じる中、大型総合出版社、文学トンネのミステリー小説専門レーベルであるエリクシールが一年以上の準備期間を経て出版し、創刊号初版四〇〇〇部が三日で完売となる順調な滑り出しを見せた。国内外の作家による新作短編小説と、企画記事・インタビューなどの非小説記事を半々の割合で掲載し、ミステリーを本格的に探究するこの雑誌は、韓国出版市場の主要購買層である三〇～四〇代の読者による購買率がもっとも高い。

一方、二〇一四年一一月に施行された図書定価制（新刊、旧刊ともに、出版社が定めた価格の一〇％を超える割引を禁止する制度）により、国内の出版界はもちろん、ミステリー界も大打撃を受けた。図書定価制の実施を控えたミステリー出版社は、在庫消費を目的として定価の半額以下という破格的な割引率で書籍を販売したが、このとき書籍を大量に購入した読者がしばらく書籍を購入せず、新刊に対する姿勢もかなり保守的になった。図書定価制により、読者の書籍に対する購買が慎重さを増す中、東野圭吾、奥田英朗、ネレ・ノイハウスなど、既成作家の新刊や東野圭吾の『ナミヤ雑貨店の奇蹟』（2012、現代文学）のような、割引率とは関係なく大衆に好まれてきたベストセラーばかりが販売されるという現象が定着した。過度な割引競争を食い止め、地域の書店を救うことで健全な出版市場を形成しようと作られた制度ではあるが、読者の反応は依然として否定的であり、制度が受容されるまでに、まだ時間がかかりそうである。

また、出版界の不況とスマホの普及により読者が減少し、ミステリー界の不況を克服するための対応策として考えられていた国内ミステリーの作品、作家の開拓やミステリー小説の新レーベル設立計画なども中止、延期される事態が相次いだ。そのような中、キム・ソンジョン（金聖鍾）、ト・ジンギ、チェ・ヒョッコン、ソ・ミエ、ソン・シウなど、既成作家の新作は着実に出版され、ミステリー愛好家の関心も高い。初の長編小説『ライラックが赤く咲く家』（2014、シゴンサ）がミステリー小説としては珍しく世宗図書（毎年、政府により選定される優秀図書）に選定され話題となったソン・シウは、国家人権委員会の調査官たちの活躍を描いた二作目『走る調査官』を出版し、韓国の社会派ミステリーの可能性を広げた。また、jtbc、tvN など地上波以外のテレビ会社で制作されたサスペンス、推理ドラマが人気となり、「トリックを重視する本格推理小説の映像化は困難である」という偏見を払拭し、ミステリー小説の映像化契約が増加した。パク・ハイクの『ソナム女子高探偵団』(2013、ファングムカジ）は、原作にもない同性愛論議を引き起こしもしたが、ドラマ放映と同時に書籍販売数が大幅に増加し、肯定的な評価も受けた。ここに見られるように、韓国のミステリー小説の売り上げには、依然として映像化がもっとも大きな影響を及ぼしている。

一方、インターネットやスマホのアプリを用いた電子書籍の連載小説が人気を得て売り上げを伸ばすと、推理小説の電子書籍市場への進出も増加した。これまで推理小説家が示してきた電子書籍に対する否定的なスタンスと比較すると、大きな変化である。ベストセラーの場合、電子書籍の販売量は紙書籍の一〇%程度と、韓国の出版市場における電子書籍販売比率は大きくはないが、絶版となったものや、契約満了により再出版が困難な作品、紙書籍で出版することが難しい中・短編小説なども電子書籍であれば出版できるという点から、作家の考え方も変化したようである。しかし電子書籍の主要顧客層は、従来、電子書籍に親しんできたロマンス小説愛好家たちであり、ミステリー小説の読者は依然として紙書籍を好む傾向にあるという点、物語の展開が速くなくてはならない電子書籍の形態に、ミステリーは不向きであるという点が、販売に関してマイナスの影響を及ぼしている。

今年、韓国では、ベストセラーといえるミステリー小説が目につかなかった。直木賞、本屋大賞などにおいて日本のミステリー小説が振るわず、韓国のミステリー小説愛好家への影響力がなくなったことや、大御所作家の新作不足などにより、日本のミステリーに対する関心も低下した。一方、韓国では日本を除くアジア圏のミステリー小説は売れないという偏見を打破し、読者の好評を得た香港小説『13・67』(2015、ハンスメディア)の善戦、世界的名声にもかかわらず韓国では苦戦を強いられてきたスティーヴン・キングが、自ら「探偵小説」と謳った新作『ミスター・メルセデス』(2015、ファングムカジ)で推理小説愛好家を魅了したことは、ミステリー界における新たな可能性の発現と見なされている。さらに、韓国スリラー小説の代表作家チェ・ヒョッコンの『探偵ではない男二人の夜』(2015、シゴンサ)が、今までとは違う愉快なコージーミステリーで人気を集めるなど、既存の偏見を払拭した作品が好評を得た。また、複数の作家によるシャーロック・ホームズのパスティーシュ作品が登場する中、綾辻行人の「館シリーズ」第一作、『十角館の殺人』をオマージュしたソン・ソニョンの『十字館の殺人』(2015、ハンスメディア)も刊行された。一方、『容疑者Xの献身』(2006、現代文学)のヒット以降、次々と契約が結ばれた日本のミステリー小説が、一〇年以上の年月を経て契約満了となった。その後、ほかの出版社を通じて再契約、再出版され、名高い旧刊が再び注目されるなど、読者の選択の幅がいつになく広がった一年であった。

台湾ミステリー事情

陳國偉（台湾中興大学台湾文学・トランスナショナル文化研究科　准教授）

訳＝洪蕙玲

二〇一五年は島田荘司推理小説賞の関係者たちがあらゆる面において活躍した一年だった。今年の初めに、第二回受賞者である陳浩基は長編推理小説の第二作『13・67』で二〇一五年度「台北國際書展大奬」（台北国際ブックフェア大賞）を受賞した。彼は香港の作家として、そして専業の推理作家としての初めての受賞者になる。『13・67』は香港の警察を主役とし、異なる年代に起きた六つの事件を連ねて創り上げた叙事詩的な犯罪小説である。台湾の重要な版権エージェント、譚光磊（Gray Tan）の働きかけによってフランス、イタリア、アメリカ、イギリス、カナダ、オランダ、韓国等の国に翻訳権が売られ、国際進出に史上最も成功した華文(中国語）ミステリー小説となった。

　また、第三回受賞者の一人、文善がお菓子屋を舞台にした恋愛ミステリー『店長，我有戀愛煩惱』を二月に刊行、第一回受賞者、ミスター・ペッツ（寵物先生）は陳浩基との共著『S.T.E.P.』を三月に刊行した。『S.T.E.P.』は未来世界の犯罪シミュレーション予測システムを題材にし、日本とアメリカにまたがる高度な科学技術の謎とトリックに、犯罪の意識や心理、行為といった複雑なテーマを融合させることに成功した作品である。本作からは二人の作者の「21世紀本格」に対する最新の思考と実践が伺える。

　前述通りの素晴らしい成果を収めている一方、今年の受賞者の予想も台湾ミステリー文壇において熱心な議論の的となった。第四回島田賞の主催者は台湾ミステリーの発展に対して情熱と誠意を持つ金車教育基金會となり、賞の名称は「噶瑪蘭・島田荘司推理小説奬」（カバラン・島田荘司推理小説賞）に改められた。受賞作一名、最終候補となった三作を皇冠《クラウン》文化出版が刊行するという点は引き継がれる。今回は、台湾、中国、香港、カナダ等の地域から四一作の応募作があり、その中の七作が一次選考を通過した。その後、第一回より二次選考の選考委員を務めてきた評論家の詹宏志、玉田誠および新たに加わった作家の張国立によって最終候補三作が選ばれた。薛西斯《クセルクセス》の『H.A.』、雷鈞の『黄』、提子墨の『熱層之密室』である。九月一九日に金車文藝中心（金車文芸センター）台北館で行われた贈呈式にて、島田荘司が自ら受賞作を発表する運びとなった。

　島田賞贈呈式の伝統を引き継ぎ、今年の贈呈式も最終候補作となった三作をテーマにして著名な默劇の演者、宋存仁により素晴らしいパフォーマンスが披露された。エンディングの直前に、島田荘司を舞台上に招いて出演させたことはサプライズだった。受賞作の発表方式もよく練られていた。ミニ動画が製作され、動画の中の使者役が会場に現れ、受賞作を発表するための巻物を島田荘司に直接手渡すというものだった。今回の受賞者は中国出身の雷鈞であった。最終候補作となった他の二作がそれぞれ宇宙ステーション（『熱層之密室』）、オンライン・ゲーム（『H.A.』）といったＳＦ系の題材を扱ったのと異なり、受賞作の『黄』は中国の修道院にあずけられ、幼少期からドイツ人夫婦の養子になった盲人の馮維本が、国際刑事である温幼蝶と一緒に中国に戻って、男の子の両目が抉られた事件「男童挖眼案」を捜査していく過程を述べていくものであり、巧妙かつ成熟したストーリー作りを見せるだけでなく、最後に明らかにされる真相にも高度な意外性があり、レベルが非常に高い傑作である。

贈呈式が終わり、続いて「島田十問——本格推理大師的夢幻問答」と題した特別講座が開かれた。主催者が事前に推理作家、評論家、ブロガー、大学のミステリークラブ等から集めた質問に島田荘司が答えるというものであった。質問は作風、キャラクター造形、創作の習慣、小説と映像化、電子書籍ブーム、21世紀本格といった話題を幅広くカバーした。

そしてタイミングよく、日本の台北駐日経済文化代表処台湾文化センターも「映画と文学で台湾を楽しむ　上映＆トークショー」という一連のイベントを催している。一回目は一〇月三日に開催された「台湾ミステリーの謎を解く——島田荘司推理小説賞の軌跡」という講座であり、島田荘司とミスター・ペッツ（寵物先生）を招き対談を行い、日本の読者に島田荘司推理小説賞の発展と華文世界における影響をより深く理解する機会を提供した。

もちろん、島田荘司推理小説賞およびそれに関連するイベントの他にも二〇一五年の台湾ミステリー界にさらなる輝きを与えたことが数多くある。台湾推理作家協会は第十三回の短編公募賞の最終候補作作品集『寂寞球體』を刊行し、王少杰による「聴海的聲音」を受賞作に選出したこと。また、多くの作家の新作が出版された。冷言『輻射人』、天地無限『第四名被害者』、張渝歌『詭辯』、知言『正義・逆位』、秀霖『陰陽判官生死簿』、林斯諺『淚水狂魔』などである。さらに、東山彰良、湊かなえ、辻村深月および台北国際ブックフェアの今年のテーマ国であるニュージーランドの犯罪小説作家ポール・クリーヴらが台湾を訪れたりもした。

中国ミステリー事情

阿井幸作

中国大陸における中国ミステリは二〇一四年から二〇一五年にかけて潜在力を発揮した。

　常に捜査陣の裏をかく高度な知能を持つ犯人の手際の良い凶行を描いた『高智商犯罪』シリーズで有名な紫金陳は二〇一四年に別シリーズである『推理之王』シリーズの『壊小孩』を上梓した。本作は今までと趣向が異なり、殺人の罪から逃れようとする子供たちが主人公になっているが、カメラや他者からの視線に対する作者の偏執的なこだわりは健在だった。中国ミステリで彼以上に犯罪が他者から見られている行為であることを考えている作家はいないだろう。

　これまで優に一〇〇篇以上の作品を書き上げた軒弦の『五次方謀殺』は館ミステリとタイムスリップを組み合わせたSFミステリで、最悪の結末から逃れようとして前回とは別のルートを選び更に悪い結果を招くという試行錯誤は『かまいたちの夜』を思い起こさせる。

　新人作家の亮亮が二〇一四年に出した『季警官的無厘頭推理事件簿』は中国コメディ映画と東川篤哉のユーモアミステリを融合させ、ミステリ小説の構造を皮肉り、既存のミステリ小説からの脱却を図っている。このようなパロディ小説が出ることに中国ミステリの成熟を感じずにはいられない。

　二〇〇九年に台湾で創立された『島田荘司推理小説賞』は台湾の飲料メーカー・金車がスポンサーとなり今年四回目となる授賞式が開催された。その結果、これまで台湾・香港勢の独壇場であったこの賞にようやく中国大陸出身の作家・雷鈞の『黄』が選ばれた。

ミステリ専門誌『歳月・推理』が主催する『華文推理大賽』も今年で三回目を数える。前回入賞した同誌の常連作家・言桄や午曄らは彼らと共に雑誌の草創期を支えた水天一色ら実力派の作家が現在は一線から退いている中でコンスタントに新作を発表する貴重な存在だ。ところで『歳月・推理』と言えば忘れてはいけないのが島田荘司フリークの御手洗熊猫だ。二〇〇八年に『異想天開之瞬移魔法』で衝撃的なデビューを果たし、その後も次々と問題作を世に送り出してきた彼は長い間筆を折っていたが今年になって自費出版の形で『リマ症候群』と『探偵前伝』を出した。中国ミステリにおいてショッピングサイトの淘宝(タオバオ)で自費出版本を販売するケースは少なくなく、中には海外のミステリ小説や研究書を自分たちで翻訳し販売する『謎斗篷』というミステリ研究会もある。

中国大陸のミステリ小説賞の中でも長い歴史を持つ『全国偵探推理小説大賽』は二〇一一年を最後に音沙汰無しだったが今年七月に第六回目の開催が公布された。この賞は前者二つと異なり主に警察小説を対象としており、中国の東野圭吾と呼ばれる周浩暉も過去に受賞している。

日本ミステリは依然として人気があり、二〇一四年の上海ブックフェアで新星出版社が島田荘司と麻耶雄嵩を招聘してサイン会を開いたが、主催者の予想を遥かに上回る来場者が押し寄せて、中国での日本人ミステリ作家、特に島田荘司の人気を物語るような珍事が起きた。

また二〇一四年に『ナミヤ雑貨店の奇蹟』の中国語版が出て更に存在感を増した東野圭吾に関して言えば、二〇一五年に二人の映画監督が彼の原作を映画化することを発表しネットを賑わせた。そして大勢の中国人はまだ作品名が明かされていないのに『容疑者Xの献身』または『白夜行』の中国版が制作されることを期待した。

最後に日本における中国ミステリの発展に貢献している日本人を紹介する。翻訳者の稲村文吾は中国語圏の短篇ミステリを翻訳し電子書籍として販売し、更にクラウドファンディングの成功により日本語版の出版が決まった第三回島田荘司推理小説賞受賞作の『我是漫画大王』と『逆向誘拐』の翻訳も手掛けている。作家の関原遼平と白樺香澄は前者が綾辻行人の『Another エピソードS』の翻訳者・王瑋に、後者が三津田信三らの作品を翻訳した実績のある翻訳者・張舟に自作を中国語に訳してもらい、上述の『歳月・推理』とその姉妹誌『推理世界』に作品を投稿し掲載されるという前代未聞の海外デビューを成し遂げた。

彼らの活躍により中国ミステリはより身近になっていくことだろう。

新人賞・新人作家紹介

横井 司

二〇一三年に創設が発表された新潮ミステリー大賞は、新潮社主催、東映後援の文学賞で、伊坂幸太郎、貴志祐介、道尾秀介の三氏が選考委員を務める。二〇一四年に公募と結果発表が行なわれ、二〇一五年一月に第一回受賞作として、彩《さい》藤《どう》アザミの『サナキの森』が刊行された。同賞は「ストーリー性の豊かな広義のミステリー小説」が対象と謳われているが、第一回受賞作は本格ミステリーといってもいい作品だ。

　学校教師を辞め、コミュニケーション障害気味の女性主人公（川上弘美の小説にでも出てきそうなキャラクター）が、小説家だった祖父が著書の間に残していた手紙による依頼に応えて遠野を訪れて、そこで知り合った旧家の女子中学生と共に、当の旧家でかつて起きた密室殺人事件の謎を解き明かそうとするというメイン・ストーリーに、死者に嫁ぐ冥婚と呼ばれる風習を絡め、要所要所で祖父が書き残した怪奇幻想小説が挿入される構成は、横溝正史ミステリ大賞受賞作といわれても通用しそうな内容である。挿入される祖父の小説は昭和一〇年代を舞台とし全編旧字旧仮名遣いという趣向だが、ところどころミスが散見されるのは、現代の書き手だけにご愛嬌というべきか。現代の小説に旧字旧仮名遣いが出てくると、どうしてもチェックしてみたくなるのが自分の悪い癖なのだが、正確さよりも雰囲気醸成のためなのだろうから目くじらを立てるのは大人げないかもしれない。

最終候補作の内、九頭竜正志の『さとり世代探偵のゆるやかな日常』が新潮文庫の一冊として刊行されており、こちらも、いわゆる日常の謎ものの連作長編ともいうべき本格ミステリーだった。収中、もっとも長い一編が、二大旧家が支配する島を舞台とした殺人事件を扱っており、連続殺人事件ではないものの、これまた横溝正史の『獄門島』や、それに始まる孤島ものを連想させる。連作長編という構成から、また主人公が大学生の青春ミステリーでもあることから、鮎川哲也賞受賞作といわれても違和感を覚えない内容だといえる。

新しく創設された新人賞の第一回公刊作が共に本格ミステリーであったことから、本格ミステリー隆盛の気運がうかがわれるといえそうだが、その一方で、たった今、名前をあげた横溝正史ミステリ大賞（第三五回）、鮎川哲也賞（第二五回）ともに受賞作なしという結果だったこと、また、第四回アガサ・クリスティー賞の受賞作である松浦千恵美『しだれ桜恋心中』や、第七回ばらのまち福山ミステリー文学新人賞の受賞作である神谷一心『たとえ、世界に背いても』が本格ミステリーではなかったことを思えば、そうそう楽観視してもいられまい。

前年度の第六回ばらのまち福山ミステリー文学新人賞の受賞作・優秀作については、『本格ミステリー・ワールド２０１５』のこの欄でも紹介済みだが、優秀作のうち、二〇一四年十一月に刊行されたために取り上げられなかったのが川《かわ》辺《べ》純《すみ》可《か》『焼け跡のユディトへ』である。太平洋戦争後、瀬戸内沿岸のかつての軍港都市で起きた連続殺人を、進駐軍に出入りしている民間アメリカ人と満洲から引き揚げてきたばかりの日本人青年のコンビが調査に乗り出す本格もので、どんでん返しにこだわり過ぎて、ストーリーが錯綜してしまうと同時に、やや多めの登場人物の肖像が明確でなくなった嫌いはあるものの、見立て殺人の趣向などが、どことなく『犬神家の一族』などを連想させるところもあり、やはり横溝正史ミステリ大賞候補作といわれても違和感がない。

当の横溝正史ミステリ大賞が受賞作なしという結果だったのに、他から刊行される受賞作・優秀作が、横溝正史テイストを漂わせているのは、単に皮肉というよりも、横溝調がミステリーのスタイルとして浸透・定着した現われであると考えるべきだろう。それに、連作長編風のスタイルやライトノベル・テイストが加われば、『サナキの森』や『さとり世代探偵のゆるやかな日常』になるわけである。さらにいえば、主人公ないし語り手の、他者との距離感の繊細さが、ほとんどの作品の基調となっているのも、近年の特徴といえるだろうか。ミステリーでありながら、他者を傷つけまいとすることに過敏であるとでもいおうか。そうした過敏さは、自らが傷つきたくないことの裏返しでもあるのだが、そこに気づくか気づかないかが、その作品を優れたものにするか否かの分水嶺でもあるかもしれない。

第五一回メフィスト賞受賞作の井上真偽《まぎ》『恋と禁忌の述語論理』は、連作長編スタイル＋他者との繊細な距離感という基調こそ日常の謎テイストだが、花占い推理で知られる花屋探偵、ＭＢＡ仕込みのロジカルシンキング探偵、特殊能力を持つ異能探偵など、探偵役が多士済々で、その探偵の推理を数理論理学で検証するメタ・レベルの探偵を登場させるという、探偵が多すぎるインフレ状況と、余詰めを許さない論理志向が、いかにも過剰な作品を輩出してきたメフィスト賞らしい印象だ。数理論理学に基づく、論理記号を使った検証作業が専門的すぎて、一般受けしないことを見越してか、語り手とメタ探偵の関係性がアニメや恋愛ゲームを思わせるような雰囲気を漂わせているのも、実に昨今の風潮をよく表わしているといえそうだ。なお井上は、第二作『その可能性はすでに考えた』を刊行し、異能探偵・上苙丞《うえおろじよう》を再登場させた。

第一八回日本ミステリー文学大賞新人賞受賞作、直原《じきはら》冬明『十二月八日の幻影』は、戦時下の諜報活動を描いており、柳広司のＤ機関シリーズがそうであるように、本格ミステリーとしても楽しめよう。シャーロック・ホームズ・シリーズの世界観や関係性を、そのまま日本に置き換えたような印象もあり、ゾルゲ事件などをふまえているものの、軍事諜報活動のシリアスさよりも、探偵とその助手の相棒《バディ》ものの面白さが主となっている。これも青春ミステリー・テイストの流れを汲むといえそうだ。

こうした作品群に比べると、第六一回江戸川乱歩賞を授賞した呉《ご》勝浩の『道徳の時間』は、現代社会が抱える問題が散見され、今年度の中ではもっともシリアスな、社会派といったたたずまいを見せている。謎の立ち現われ方が自然で、しかも謎が解かれる瞬間に立ち会いたくなるため、リーダビリティも高い。さすが乱歩賞といいたいところだが、十数年前に恩師を刺殺し黙秘を貫いた殺人犯が、公判廷でたった一言口にした言葉を題名にしながら、その言葉の意味が考察し尽くされていかないのは、問題ではないか。メイン・ストーリーの動機の謎解きも、先ごろ出版されたある書籍のネットにおける反応を鑑みれば、費用対効果が低いように思われてならない。社会的な問題への視点を持ちながら、肝腎な部分は社会性から乖離してトリッキーなところに落としていくバランスの悪さを、惜しいと感じずにはいられないのだが、これもまた時代の趨勢ということなのかもしれない。

古典探偵小説事情

横井 司

論創ミステリ叢書に収録する作品の底本は、基本的に初出誌紙に拠っている。初出誌紙の印刷が悪く、表記が判然としない場合は、単行本に収録されていれば、単行本に拠って補っている。単行本に収録されているテキストが常に必ず初出誌紙と同じとは限らない。作者自身が単行本に収録するにあたって改稿するというのはまだしもで、そういう場合は、単行本収録のものを最終稿として捉え、そちらを収録することが一般的だろう。文学研究の場合、あるいは個人全集を編集する場合なら、様々なテキストを照合し、ヴァリアントを示すということもありうるが、探偵小説の場合、そこまで行なわれたのは、江戸川乱歩と久生十蘭、小栗虫太郎を除くと、あとは創元推理文庫の日本探偵小説全集くらいだろうか。光文社文庫版の乱歩全集を編集するにあたって、「屋根裏の散歩者」のテキストには流布本と初出誌で異動があることが発見され、脱落していた一行が復元されたのは記憶に新しい（といっても二〇〇四年、もう十年以上前のことだが）。

乱歩や十蘭などの、いわば大家と呼ばれるような作家であれば、テキスト・クリティークなどが厳密に行なわれる可能性もあるが、マイナー作家となると、それも難しい。もっとも、ほとんどのテキストが初出誌紙のみの発表なので、テキスト・クリティークなど不必要であるといえなくもない。ところが意外と盲点なのがアンソロジーで、採録された際に作者の手が入って書き変えられるということも起こりうる。

たとえば赤沼三郎の場合、鮎川哲也編の『あやつり裁判』に収録された「翡翠湖の悲劇」は、編纂者の解説から作者の手が入ったことは分かるのだが、鮎川哲也・芦辺拓編『妖異百物語　第一夜』に収録された「人面師梅朱芳」になると、解説のどこにも新たに手が入ったことが記されていない。山下武は『ドッペルゲンガー文学考』において「人面師梅朱芳」を取り上げた際、『妖異百物語』版のテキストで論じているのだが、初出誌のテキストを使用すれば見出し得た論題が無視されてしまうことになった。

赤沼の場合は、作者が手を入れたのであろうから、まだいい。藤村正太が川島郁夫時代に書いた「乳房に猫はなぜ眠る」が、鮎川哲也編『猫のミステリー傑作選』に採録された場合になると、作者歿後の採録だから、明らかに別人の手が入っているといわざるを得ない。おそらくは編者である鮎川哲也による改稿であると思われるが、これについて解説ではいっさい触れられていない。これまで言及されてきたこともなく、「乳房に猫はなぜ眠る」が改稿されていることを知った時は、愕然としたものだ。

こういうことがあると、アンソロジーのテキストへの信頼性が大きく揺らいでしまう。揺らぐのはともかく、そうした信頼性についてこれまで誰も言及してこなかった点が問題だと思う。結局、ミステリーは大衆文学だから、娯楽小説だから、いわゆる純文学ほどテキストの厳密性は問題にされないというわけだろうか。

かつて島田一男は、自作の最新版が出るたびに、新しく刊行された時点の風俗や貨幣価値に変えていたようだ。結城昌治の『夜が終る時』が双葉文庫に収録された際、トルコ風呂という表記がすべてソープランドに変えられていた。角川文庫版の横溝正史の場合も、最新版では表現表記が変えられている箇所が多いと聞く。ミステリーの場合、トリックやプロットが正確に伝われば、多少の表現表記の異動は構わないのではないかといわれると、一概に否定できるわけではない。だが、ヘレン・マクロイが戦前の自作を改定したことについて、そうすべきではなかったと後に述べていることは示唆的だ(ちくま文庫『あなたは誰?』訳者解説参照)。文学テクストというのは時代の文脈と密接な関係にあり、単純な言葉の置き換えは、文学テクストの価値を減じること著しい。それに、必ずしも作者の改稿が良いものとは限らないし、作者の手によるものでなければなおさらだ。探偵小説の場合、こうしたことが往々にしてないがしろにされるのは悲しく、残念なことである。

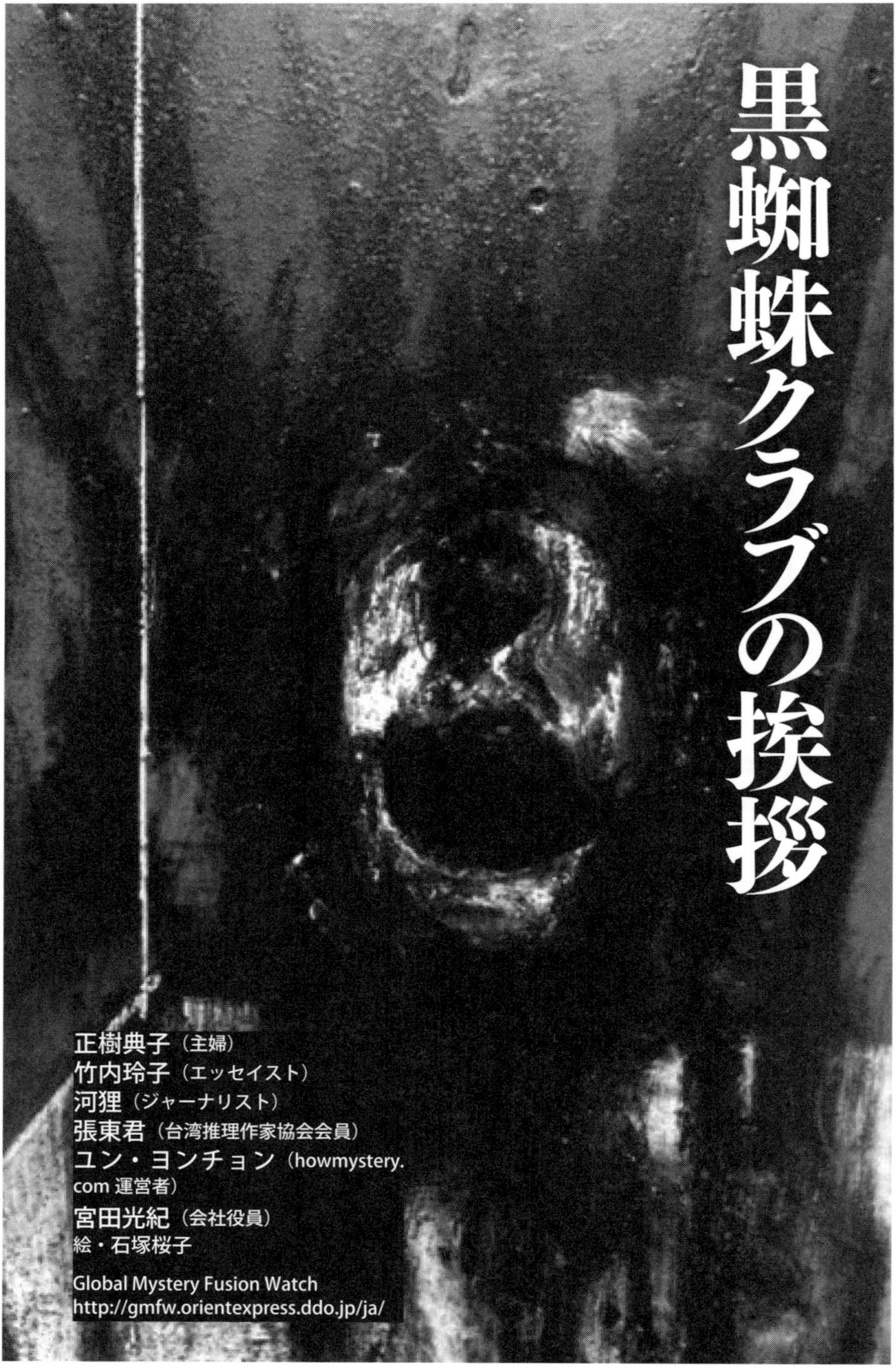

黒蜘蛛クラブの挨拶

正樹典子（主婦）
竹内玲子（エッセイスト）
河狸（ジャーナリスト）
張東君（台湾推理作家協会会員）
ユン・ヨンチョン（howmystery.com 運営者）
宮田光紀（会社役員）
絵・石塚桜子

Global Mystery Fusion Watch
http://gmfw.orientexpress.ddo.jp/ja/

『DARK PLACES(冥闇)』ギリアン・フリン。この数年、アメリカのミステリー界では、若手女性作家の活躍が目立っている。原書でのこちらまで気鬱になりそうな主人公の憂鬱で好ましくない性格や行動・心理状態、口汚いスラングや表現が意外にもストレートに翻訳され、貧しい人々があからさまに差別され、とことん辛い思いを味わうアメリカの田舎の残酷さと、そこで暮らす人々の諦めや辛抱強さを見事に描写しており、物語の根幹にある一家惨殺事件の犯人探しの過程を血と闇と狂気で彩っている。あっけらかんとしたヒーロー物好きのアメリカだが、アメリカのミステリーもここまで暗くなったのだな、と妙な感心をさせられた。三一歳のリビーは、七歳の時に母と二人の姉を何者かに惨殺される。一人生き残った彼女の証言で、一五歳の兄ベンが逮捕・収監された。手癖と性格が悪い大人に育ったリビーが金目当てで乗った『殺人クラブ』への事件当事者としての証言と情報提供から始まる過去の謎への長く暗い道のりは、大どんでん返しとなって読者を驚愕の淵に落とすに違いない。　（竹内）

『新しい十五匹のネズミのフライ』島田荘司著　解決していたはずの事件にはもっと奥深い謎があった。今だってホームズに会える！　そう感動させてくれる一作です。

『聖母』秋吉理香子著　どんでん返しの驚きを目いっぱい楽しみたいなら一読の価値あり。

『アンフェアな国』秦建日子著　待ちに待った雪平の続編。雪平の魅力は色褪せない。

『田舎の刑事の好敵手』滝田務雄著　黒川鈴木のコミカルミステリーシリーズ。黒川鈴木という苗字続きみたいな氏名の刑事キャラクターは、ツボにハマると抜け出せない麻薬効果がある。

そして一〇月から始まったばかりのアニメ二作品の虜です。

「櫻子さんの足下には死体が埋まっている」原作：太田紫織　お嬢様で美人、そして骨が大好き櫻子さんは骨にかかわる事件を呼び寄せる。

「終物語」原作：西尾維新　西尾維新アニメプロジェクト制作のスタイリッシュな画面構成と疾走感あふれる展開。やっぱり面白い！　（典子）

『温柔在窓辺綻放』（窓際に優しさが咲いている）／著者：王稼駿

第三回『島田荘司推理小説賞』の入選作。ストーリーといい、サスペンスのアレンジやミスデレクションの技法といい、すべては道尾秀介を彷彿させる作風を読み取れる。著者の王稼駿は連続して過去四度の『島田荘司推理小説賞』にすべて入選したものの、いまだ受賞に至っていない。『直木三十五賞』に五回候補になり、五度目でようやく受賞した東野圭吾のように、彼が近い将来に『島田荘司推理小説賞』を手に入れられるように願うばかりです。

『季警官的無厘頭事件簿』（季警官の大ボケ事件簿）／著者：亮亮

東川篤哉は日本でだけでなく、中国でもたくさんのファンがいる。本作の著者、亮亮もその一人だ。しかし彼は単に（東川篤哉の）模倣やオマージュに止まらず、中国の国情やユーモアを完璧に融合し独特のユーモア推理小説の世界を展開している。　（河狸）

二年に一回開催される島田荘司推理小説賞が四回目を迎え、そして初めて主催者が皇冠《クラウン》文化集団から金車教育基金会に代わり、賞の名前も噶瑪蘭《カバラン》島田荘司推理小説賞に改めた。

審査委員の玉田さんや島田さんの話によると、今回は今までのレベルが一番高く、受賞者も複数与えたかったが、いろんな考慮の後に第三回で最終選考に残り、今度《黄》という作品で再挑戦をした雷鈞氏に受賞を決めた。しかし金車教育基金会がこの互角した三人を励ますため、授賞式からの二年間のうちに完成できれば二作目の出版もサポートすると約束しました。

今回、惜しくても賞を逃した提子墨と薛西斯(女性)が次作の原稿をもうすぐ完成させます。ともに最終選考作の関連作です。前者は《熱層の密室》の続編で、余所では見かけない設定の探偵と助手でシリーズ化を図りました。後者は《H.A.》の主人公の昔のエピソートです。最終選考の三冊を読み終えてすぐに、次作を読めそうなのが無上の楽しみです。そして何故か誰かを冷やかしたくなる……。

(張)

最近数年の間、韓国では、ウェブ小説が爆発的に増えました。ウェブ小説とは、ポータルサイトのサービス名でもありますが、オンラインプラットフォームで色々なジャンル小説を創作して消費する様を称する用語でもあります。ウェブ小説は、派手なイラストがあって、四〇〇〇から五〇〇〇字ほどで構成されていて、スマートフォンで少しずつ読むのに適しています。モバイル中心の環境の変化が、創作と読書の形まで変えた例であるとも言えるでしょうか。

しかし、ロマンスやファンタジージャンルに比べ、ミステリはまだウェブ小説では目立たない様子です。もっとも、堅固なプロットが要るジャンルであるため、少しずつ読むことに嵌らない部分があるかも知れません。ところで、韓国でもミステリジャンルを扱う専門誌がついに創刊しました。隔月刊誌「ミステリア」は、現在三号まで発行され、ミステリ全般における記事はもちろん、短編小説も載せてあります。創刊号には、作家の三津田信三さんのインタビューも掲載されています。

(ユン)

今年読んで印象深かった作品は、「アンフェアな国」(秦建日子)、「流」(東山彰良)、「アルテーミスの采配」「5人のジュンコ」(真梨幸子)、「墓標なき街」(逢坂剛)、「ストリート・クリスマス」、「身元不明」(古野まほろ)、「探偵の探偵」(松岡圭祐)、「メビウスの守護神」(川瀬七緒)、「終戦のマグノリア」(戸松淳矩)、「新しい十五匹のネずミのフライ」(島田荘司)、「ガバナンスの死角」(梶永正史)、「狐狼の血」「朽ちないサクラ」(柚月裕子)、まだまだあったのだろうが本の整理が悪いので年初の作品は埋もれてしまい掘り出すのは難しい。

一読書マニアの偏見と独断のコーナーなので余り深刻には考えない事にしている。

読書とは個人の好みによるところが決めてであり年間ベスト10の選考自体余り意味が感じられない。誰かが面白いと言ったら私の脳細胞がその通り反応する訳も無い。

「本格ミステリーワールド」が発刊されまた一年が終わろうとしている。

そんなに悪い年ではなかったし、そんなに良い年でもなかったし、来年もまた風の吹くまま暮らして行きます。

(宮田)

量産機のコンペティション

——多重解決を保証する競技性について

遊井かなめ

（芦辺拓『異次元館の殺人』、井上真偽『その可能性はすでに考えた』、深水黎一郎『ミステリー・アリーナ』の内容にふれています）

私が今年、一田和樹や七瀬晶、藤田直哉や千澤のり子と共著で上梓した『サイバーミステリ宣言!』は、サイバー空間を舞台としたミステリーの変遷や、ミステリーとしてのあやうさについて紹介した書籍である。

同書において私は、ブロードバンドの普及以後に書かれたサイバーミステリーが、〈誰もが加害者にも被害者にもなりうる物語〉へと転じたことを指摘した。また、従来のミステリーにおける意匠の一つである〈操り〉テーマが、サイバーミステリーにおいてはアップデートされた形で多用されるのではないかという予測も提示した。

一方で、サイバーミステリーが〈誰もが探偵になりうる物語〉であることについても、私は同書において言及した。事件がSNSによって拡散され、まとめサイトなどで推理合戦のような状態ができ上がってしまうこと、探偵役の氾濫とでも言うべき状態が起きることを指して〈誰もが探偵になりうる物語〉だと指摘したのである。

ただし、『サイバーミステリ宣言!』でも説明したように、探偵役の氾濫というのはミステリーにおいて革新的なことではない。そもそもミステリー以前に、井戸端会議がそういう性質のものである。そして、従来のミステリーにおいて、このような意匠は多重解決ものにカテゴライズされる。

多重解決ものの定義

多重解決ものの嚆矢とされるのは、アントニイ・バークリーの『毒入りチョコレート事件』(一九二九)である。同作品では、一つの事件に対して六人の素人探偵から六つの解決が提示される。探偵たちが採った推理法も六者六様であり、前に提示された解決を次に提出された解決がひっくり返し乗り越えていく構成になっている。ドロシー・L・セイヤーズの『五匹の赤い鰊』(一九三一)など、この意匠を導入した作品は以後書き続けられるが、日本でも小森健太朗『コミケ殺人事件』(一九九四)、貫井徳郎『プリズム』(一九九九)、米澤穂信『愚者のエンドロール』(二〇〇二)、古野まほろ『天帝のはしたなき果実』(二〇〇七)など、多くの作家が同意匠にチャレンジしている。また、多重解決をパロディ的に採用した山口雅也「解決ドミノ倒し」(一九九四)、同意匠を採用したことが既に仕掛けとなっている西澤保彦『聯愁殺』(二〇〇二)なども書かれている。多重解決というガジェットは新本格以降の作家たちを大いに刺激してきたようだ。

サイバーミステリーにおいては、多重解決ものはまだ書かれていない。だが、SNSを媒介として世界中に事件が猛スピードで拡散された結果、推理合戦が起こってしまう現象を扱った作品はいくつか書かれている。柄刀一『密室の神話』

（二〇一四）やアニメ「乱歩奇譚」（二〇一五）などがそうだ。

　ところで、多重解決ものというのは、結局どのようなミステリーを指すのだろうか。広義では、〈一つのテキスト（＝謎）に対して推論が積み重ねられるミステリー〉を指す。従って、エラリー・クイーン『ギリシャ棺の謎』（一九三二）、コリン・デクスター『キドリントンから消えた娘』（一九七六）、三津田信三『厭魅の如き憑くもの』（二〇〇六）のような、一人の探偵がトライアル＆エラーを繰り返しながら真相に到達する作品もそこに含まれることになる。それらの作品では、探偵と犯人の対人ゲームといった様相を自然と呈するわけだが、やがて犯人と探偵の思考の読み合いに発展し、問題文が犯人によって常に書き換えられる事態が生じることもある。これによりゲームは単純化せずに済み、ミステリーとして盛り上がるのである。なお、芦辺拓『異次元の館の殺人』（二〇一四）では、ループものと組み合わせることにより、メタ観測者と探偵の対人ゲーム（＝教習）による多重解決を描いていた。メタ観測者は探偵役が真相に辿りつけるように、時間軸が移る度、探偵が向かい合う謎から推理の障害になるバグを取り除いていたのである

　一方で狭義では、〈複数の探偵が一つのテキスト（＝謎）に向き合い、並列的に推理が提示されるミステリー〉となるだろう。この場合、多重解決を構成する条件として不可欠なのは、〈並列的に推理が提示される〉だと私は考える。たとえば、ドラマ「古畑任三郎」では、犯人が口から出まかせで推理を次々と開陳するシーンがよく描かれる。しかし、これは多重解決ものには該当しない。なぜなら、視聴者には犯人の推理が誤ったものであることは明確であり、古畑の推理と犯人の推理は読者にとっては同格ではないからだ。たとえば、〈矢吹駆〉シリーズでは、ナディア・モガールが推理をいくつか披露することがあるが、これもまた多重解決ものには該当しない。読者にとっては、矢吹駆とナディアとでは格が違うからだ。推理小説という形式において、名探偵ではないナディアの推理は真相を言い当てることができないのだ。

　狭義の多重解決の本質は、競技性である。一つのテキストに対して提出された複数の推理が並列であるからこそ、つまり同じ条件で提出されるからこそ、競技性は保たれる。同等の能力（＝推理力）を持つ探偵と探偵の対人ゲーム、推理と推理が競い合う品評会――それが多重解決なのだ。

　従って、手前味噌ではあるが、私が企画・編集した『人狼作家』（二〇一五）は多重解決ものにはなりえない。確かに繰り広げられるのは、「誰が狼か」を巡る推理合戦である。だが、システムによって〈占い師〉〈霊能者〉といった特殊能力が与えられている人物と何の特殊能力も持っていない人

物とが混在している状況では、提出される推理は並列ではない。そもそも〈占い師〉と無能力者とでは提示されたテキスト、見えている状況がかなり異なる。端的にいえば、〈占い師〉の方が真相に近い場所からスタートできるのだ。つまり、競技性は保証されていない。一方で、人狼ゲームの肝が推理合戦ではなく説得合戦にあるのは、その点においては、参加者が並列であるからだ。

サイバーミステリーと多重解決の相性の良さは、ネット上に提示された推理がサイバー空間における匿名性によってすべからく並列化される点にある。逆に、出題（共有）されるテキスト（＝謎）にノイズが混ざりやすいことから、すべての参加者がまったく同一のテキストを検討できる保証がないため、その点は障害となるだろう。

二〇一五年に書かれた二つの傑作

さて、二〇一五年の国内本格には多重解決ものの傑作がいくつか生まれている。その中でも今から挙げる二作品は多重解決ものの新機軸を打ち出しており、高く評価できる。その試みに関してはさらに検討されるべきであると私は考える。

まず、第五一回メフィスト賞作家の井上真偽の『その可能性はすでに考えた』。この作品が特殊なのは、探偵と探偵の対人ゲームを質的に変えてしまったことにある。この作品でも探偵同士の推理は並列に提示される。その点では従来の多重解決ものと変わらないのだが、井上はさらに、並列的に提示される推理を審議・検討する役目を名探偵に負わせ、探偵たちの対岸に配置したのである。そうすることで、探偵対名探偵という対人ゲームを多重解決にあらたに導入してしまったのだ。探偵たちは推理を披露し、名探偵的ポジションにいる上苙丞がその推理が誤っていることを示す。この繰り返しが描かれたのだ。この構成は、四つ目に推理が提出される段階でさらに活きることになる。四つ目の推理は、上苙がそれまでに示してきた手筋を踏まえたもの、三つの推理を否定するために持ち出された上苙の反証を前提として組まれた推理だったのだ。仮に四つ目の推理を否定しようとすれば、それまでに示された三つの反証もまた誤りであったことになる。すなわち、三つの推理は誤っていなかったことになる。かくして、上苙は窮地に立たされるわけだが、ここでポイントとなるのは、それまでとは異なり、上苙の手筋が相手の手筋に影響を及ぼしてしまっていること、そして相手の手筋が上苙の手筋に影響をもたらし、追い込んでしまっていることである。対人ゲームとして一段階高度なレベルに発展してしまったのだ。競技性を保つために、並列であることが求められる多重解決ものにおいて、能力的に突出しているがゆえに、存在しづらくなる名探偵をいかに物語に配置するか。そして、そこからどのように対人ゲームを作り上げるか。井上が採用した構成は見事といってよいだろう。

　さて、もう一つの重要作が深水黎一郎の『ミステリー・アリーナ』である。これは、早押し形式のクイズと多重解決を組み合わせた作品である。一つの問題に複数の探偵があたるのだが、多額の賞金がかかっているため、そして早押し形式であるために、探偵たちは問題が読み上げられている途中でも、どんどん解答していく。しかも、他者とは異なる推論を積極的に披露していくのだ。結果、異なった解答（＝推理）が積み上がっていき、必然的に多重解決ものが成立してしまうのである。最終的に一五重解決が生まれるわけだが、この作品の肝は、あらたな推理がそれ以前に提出された推理を否定し、誤っていることを確定させるのではなく、問題文が読み上げられデータが足されることによって以前の推理が否定される構成になっていることにある。最終的に明かされる仕掛け――つまり、問題文自体が正解者を出さないように出題者によって書き換えられ続けていたことも考慮すれば（つまり、探偵たちと出題者の対人ゲームという構図にもなっている）、すべての解決が真相になりえたわけだ。一つの解決だけを祝福し、それ以外のすべての解決を破棄するのではなく、すべての解決を復活させ祝福する。深水が『ミステリー・アリーナ』で行ったことは、多重解決の氾濫であり、同時に大量生産されたがために棄却される運命にあった解決の祝福であった。安易な多重解決ものへの批評的なまなざしすら、そこに読み取れるであろう。

　さて、「量産機になるな」という広告が今年話題になり、それに対する反発の声が多く挙がったことは記憶に新しい。深水が『ミステリー・アリーナ』で見せた姿勢もそういった声に沿うもののように思えてくる。量産された解答は、ルールを乗り越え、生き残る。量産機もまた社会を生き残るのだ。

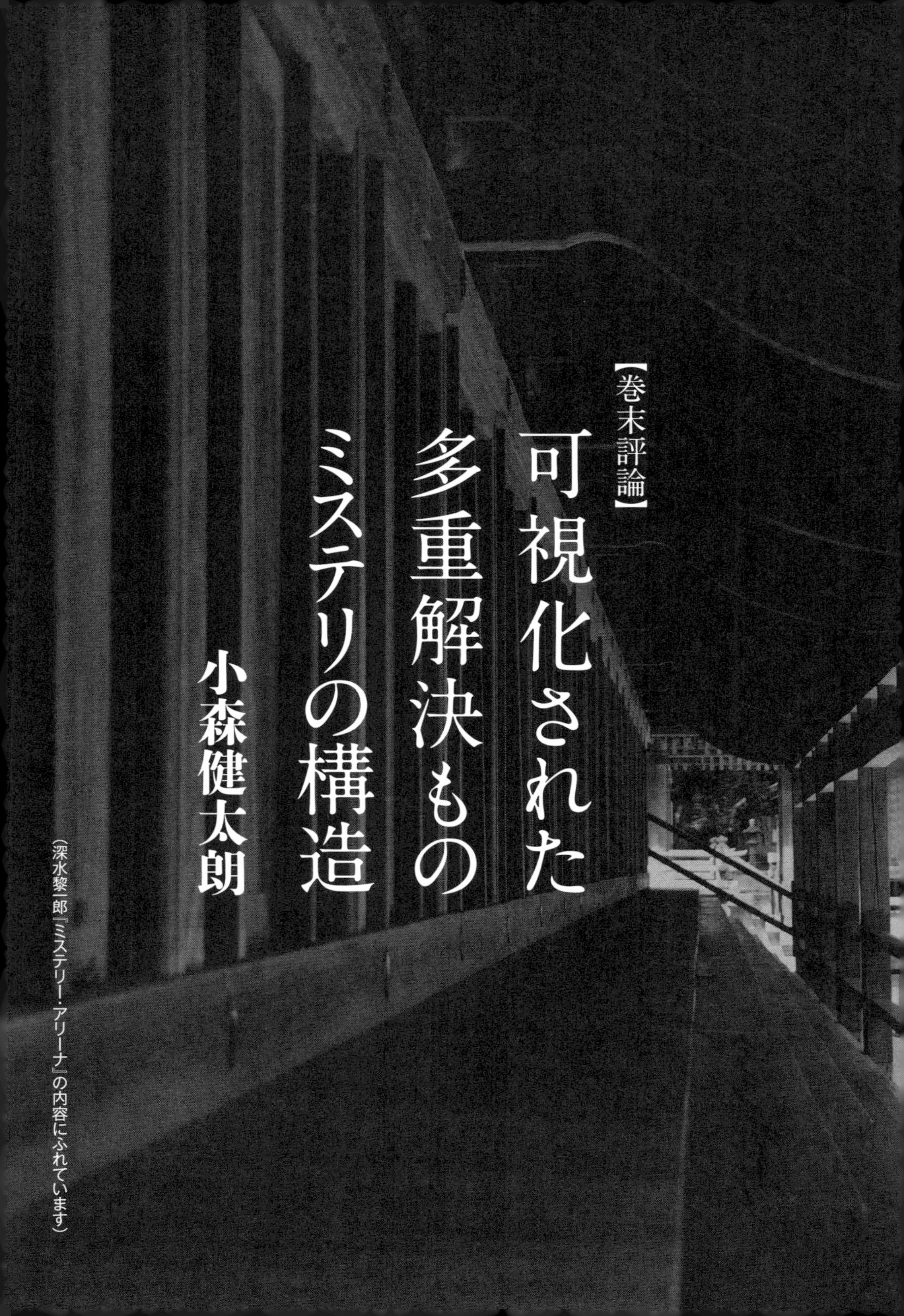

【巻末評論】

可視化された多重解決ものミステリの構造

小森健太朗

（深水黎一郎『ミステリー・アリーナ』の内容にふれています）

中井英夫の『虚無への供物』が〈アンチ・ミステリー〉と呼ばれるものならば、深水黎一郎の『ミステリー・アリーナ』は、〈アンチ・多重解決ミステリ〉と呼ばれるべき作品だろうと、この作品を一読して感じるにいたった。

中井英夫による「アンチ・ミステリー」という言葉は従来、『虚無への供物』という作品を形容する言葉として用いられてきた。あるいは夢野久作の『ドグラ・マグラ』と小栗虫太郎の『黒死館殺人事件』をもまとめて〈アンチ・ミステリー〉と形容されてきた。しかしこの三作を並べるだけでは、日本ミステリ史における大作というだけで、その概念規定は明確でない。この〈アンチ〉という概念を把捉するために、ミステリ以外の作品でそれに該当するものがあるだろうかと考えてみるに、セルバンテスの『ドン・キホーテ』が想起される。そして『虚無への供物』と『ドン・キホーテ』を並列してみたときに、〈アンチ〉という概念がより明確になる面がある。

『ドン・キホーテ』の主人公は、その当時大流行していた騎士道物語を読みまくり、頭がおかしくなって、自らを騎士だと信じ道化を演じるにいたる。そこにいたる前段階では、主人公が当時の騎士道物語に耽溺し没入しているさまが描かれている。作者のセルバンテスが騎士道物語の熱狂的な愛読者であったことは、『ドン・キホーテ』内でおびただしく言及されているさまざまな騎士道物語への評価や感想や判定からもうかがい知ることができる。二〇世紀の時代に探偵小説ジャンルに没入した読者の先駆例を、騎士道物語を愛読し耽溺したセルバンテスに見いだすことができる。それらの騎士道物語に精通したドン・キホーテが自ら騎士を演じてみせる物語は、騎士道物語の批評的な再演の趣きがある。みようによっては、騎士を演じる道化もののキホーテは、騎士道物語のすぐれたパロディーになっている。だが同時に、『ドン・キホーテ』の全体としての物語は、それ以前にあったどの騎士道物語をも超えて、すぐれた騎士道物語にもなっている。過去に蓄積されたそのジャンルの諸作品の成果をとりこみ、それらを批評的に自作で用いパロディーの趣きをも濃くしつつ、なおかつ全体としてそのジャンルのもっともすばらしい物語を構築してみせることで、この作品は、騎士道物語のジャンル全体をいわば〈解体＝構築〉しているといえる。そして作中でのドン・キホーテの死は、騎士道物語というジャンルの死と重ね合わせられる。もはや過去の英雄物語をそのまま再演し続けることはできないという諦念と悟りのようなものが背後にあり、その一作でもって、騎士道物語はその息の根を止められてしまう。そのジャンル全体に終焉をもたらすものとして、『ドン・キホーテ』という作品はまさにすぐれて、〈アンチ・騎士道物語〉と言える。

『ドン・キホーテ』の、それ以前の騎士道物語に対する関わり方は、中井英夫の『虚無への供物』の、それ以前の戦後の探偵小説ジャンルに対する関わりと相似形である。それ以前の探偵小説のジャンルの成果を貪欲にとりこみ、批評的に作中で活用し、パロディー化してみせて、同時にそれ以前の探偵小説を乗り越えてすぐれた探偵小説を構築してみせる。そして探偵小説そのものへの訣別、終結宣言という毒までもが盛り込まれている。

『ドン・キホーテ』と『虚無への供物』を並べるとき、〈アンチ・ジャンル小説〉と冠せられるものの特徴と輪郭が浮かび上がってくる。以下に箇条書きにしてみよう。

・それ以前のそのジャンルのすぐれた成果を貪欲に自作中に取り込んでいる。
・蓄積されたジャンル作品のパロディーともみえる、批評的な活用をしている。
・同時に、すぐれたそのジャンル小説になっている。
・そしてそのジャンルの終焉をもたらす深刻なテーマの収束が盛り込まれている。

このように〈アンチ・ジャンル小説〉を規定してみたとき、『ミステリー・アリーナ』はまさに、既に作例が少なからず累積し一ジャンルといえるほどにまでなっている多重解決ものミステリに対する〈アンチ〉ものであるのがわかるだろう。この作品は、これまでの、アントニイ・バークリーの『毒入りチョコレート事件』をはじめとする多重解決ものミステリの成果を貪欲にとりいれ、作中で批評的に縦横に活用し、パロディーとしておちょっくっている節もある。同時に批評的な活用でもあり、パロディー的なおちょくりでもある感じは、『ドン・キホーテ』や『虚無への供物』にも感じられる特徴である。そしてまた、『ミステリー・アリーナ』は、それ自体単独作として、すぐれた多重解決ものミステリになっている。と同時に、これによって、多重解決ものミステリはいわば極点に達し、これ以後の多重解決ものミステリがもはや成り立たないことをつきつける〈アンチ〉の、毒がこめられてもいる。

〈多重解決もの〉ミステリの元祖となるルーツとなる作品をどれか一作に特定することはむずかしい。ポーの「モルグ街の殺人」においても、警察の捜査によるとりあえずの解決案や、素人による解決案の提示が少しあるので、ミステリの創始作とされるポーの作品が既に〈多重解決もの〉である見方が成り立つし、デュパンものの第二作「マリー・ロジェの謎」はさまざまな可能性を吟味検討する推理が次々に開陳されていき、一層〈多重解決もの〉である色彩は強くなる。ポーに続いて、ミステリのジャンルで初めて長編をものしたガボリオによる「バチニョルの小男」は、やはり多重解決ものの様相を呈している。この作品では、わざと犯人が自分を疑わせる手がかりを置くことで、かえって自分を容疑圏内から外そうとするのをもくろむという〈贋の証拠〉の使用が、ミステリ史上初めて議論されている。「MONIS」という血で書かれたダイイングメッセージをめぐって、さまざまな可能性が吟味検討されるこの作品は、〈多重解決もの〉に決定的に踏み出した銘記されるべき作品といえるだろう。

このように、ミステリはそのジャンル的起源において〈多重解決もの〉への志向を有しているが、ポーやガボリオのこういった作品は短編である。長編作品では、〈多重解決〉ものの元祖にしてイデア的作品を名指すのは比較的易しい。バークリーの『毒入りチョコレート事件』こそが、この手の作品の大本にして記念碑的な、イデア的作品といえるだろう。

この作品は、毒入りチョコレートによる死がもたらされた事件をめぐって六人の探偵役が推理を競う。六番目に登場したチタウィック氏が、彼以前に登場した五人の探偵役による推理の種類やバリエーションを再整理する場面がある。たとえば、その事件で使われたのがメイスン社の書簡用紙だったことから、探偵たちによって、犯人がメイスン社の従業員だった、その顧客だった、その印刷を請け負っていた印刷業者だった、その弁護士であった等々の六様の違う推理が導出されていることがそこで指摘されている。これらの推論は、どれも蓋然性としてはありえる事柄であるが、どれも決定的に確実といえるほどのものではない。また、それらの推論のそれぞれが均等に等確率というわけではなく、蓋然性が高めのものもあれば、低めのものもある。誰が犯人かを追及するときに、決定的な証拠が見つからないときには、蓋然性のある証拠をかき集め、ひとつひとつは確実な証拠とまではいえなくても、いくつも積み上がれば高い確率で、特定の人物の犯行を示している蓋然性が高いと言えるようになる。

この事例は、たとえば犯行現場から得られた物品が、何者かの犯行だという証拠になるかどうかという事例において、証拠の解釈に多義性が広がっているのを示している。普通にみて、証拠の多義性の事例といえるが、先に言及した、ガボリオの「バチニョルの小男」での、ダイイングメッセージの多義的な解釈可能性は、それとは位相が違うことに気づかされる。この作品で、メシネ夫人は、犯人がわざと自分で自分の名前を血の文字で書き、まさか自分が疑われるような工作をすることはありえないから、かえって犯人とは思われにくくなるだろうという推理を披露している。犯行現場に誰かの持ち物が落ちていたら、その持ち主が怪しまれるのが常道だが、しかし、その人物に疑いを着せようとした別の犯人の工作かもしれないという可能性が浮上する。そうなると、その物品は、その持ち主の犯行である証拠という解釈と並んで、その持ち主の犯行でないという解釈も併存することになる。

そして、「バチニョルの小男」のメシネ夫人は、さらにその考え方を転倒させる。犯人がわざわざ自分の持ち物を現場に、これみよがしに置いていくだろうか？　その持ち物があるというのは、その人物が犯人でない証拠になるだろうと捜査側に思わせることによって、自分が犯人とは疑われにくくなるのを見越してわざと犯人が、現場に自分の持ち物を置いていったのではないか。こういう可能性まで念頭におくとなると、さらにその裏をかいて、その逆が成り立つというのが延々と生じ、無限後退につながる決定不能へと陥る。

谷崎潤一郎の「鍵」という作品でも、互いの日記を盗み読みあう夫婦が描かれているが、ある時点で自分の日記が読まれているのに気づいたものが、相手に盗み読まれるのを前提とした記述をしはじめる。すると、その相手もまた、それに気づき、そのことを踏まえて記述をする。それを読んだ他方がまた相手の裏をかこうとする。そうすることによって、互いの裏の裏をかき、自らを有利にしようと試みることで、両者がともに無限連鎖のメタメタ地獄に落ちていくさまが描かれていた。この作品もまた，違った方面からの、この無限後退につながる決定不能問題への照射がある。

ガボリオの先駆的作品の後、探偵の手の内を読んで犯人がわざと探偵に誤導させるような証拠を残していく難問をエラリー・クイーンが描くことによって、いわゆる〈後期クイーン的問題〉の難題の領域が開拓されることになる。

先の、『毒入りチョコレート事件』でチタウィック氏が指摘した証拠解釈の多義性と、この、ガボリオからクイーンにいたる、メタレベルが導入される証拠解釈の多義性は、ともに解釈の多層化につながるのは共通しているが、その位相が異なる。前者は、確率の多寡の違いはあれ、同等に並存する可能性として列挙されるのに比べ、後者は、ある解釈の一段上にたって前の解釈を覆そうとするメタレベルが持ち込まれる多義性である。前者を並列的な多義性とするなら、後者は垂直的な多義性と呼ぶことができるだろう。

『毒入りチョコレート事件』は、〈多重解決もの〉の記念碑的な名作であるが、扱われる証拠の多義性は並列的なものとして扱われ、垂直的な、メタレベルが導入される多義性は、ほぼ扱われない。もっとも細かくみると、作中の証拠集めにおいて奔走するシェリンガムが、狙い撃ちにされて結果的に誤導されたととれるものは、メタレベルが導入されていると言える要素も含まれていなくはない。

『毒入りチョコレート事件』で扱われる証拠の多義性が並列的であるのに対応して、六人の探偵役による解決案もまた多分に並列的である。いってみれば、六人の探偵役による解決案は、順序を入れ換える交換がある程度可能である。そのために、別の作家によって、『毒入りチョコレート事件』の別解というものが、さらに書き継がれる余地が生じているといえる。この作品での多重解決がいってみれば並列的であるのに対し、証拠の垂直的な多義性と同様に、解決の多層化においても、垂直的な並びのものがありうるのではないか。では、解決案が垂直的に並べられるとは、どのようなことであろうか。その点に関しても、先駆的で示唆的といえる作品例がある。エラリー・クイーンによる、国名シリーズの第四作目『ギリシャ棺の謎』がそれである。

　この作品もまた〈多重解決もの〉の記念碑的な名作といえるが、作中の複数ある解決案が、バークリーの『毒入りチョコレート事件』とは、位相的に異なる配置のされかたをしているのに気づかされる。おおまかには作中で三度にわたって、事件の解決が推理される。その一番目の推理において既に、普通のミステリ作品としては充分納得のいく水準のものが披露されるが、二番目の推理は、その一番目の推理された要素を全部組み込んだ上で、それを上回る推理が披露される。そして三番目の最終的な真相を解きあかす推理は、前二つの推理をも取り入れて乗り越えている。これら三つの推理は、対等に並列されているのではなく、二番目の推理は一番目を取り入れて乗り越え、三番目はさらにその二番目の推理を取り入れて乗り越えているから、いってみれば、これらの解決案は水平でなく垂直的に、前を包含する形で並んでいることになる。

　普通のミステリであれば、ちりばめられた証拠を探偵役が拾い集めて、正しい推理をして犯人を指摘すれば、物語をまとめることができる。だがそこに多重解決を持ち込むとなると、ひとつの証拠から、複数の解釈を導出したりして、それらを組み合わせた推理をいくつも展開させ、いくつもの解決案を用意しないといけなくなる。ここにおいて、〈多重解決〉もののミステリは、普通のミステリよりはるかに構築するのが難しくなるが、その〈多重解決〉を水平型でなく垂直型にしようとすると、さらに困難は倍増する。

　犯罪現場に残されたあらゆる証拠が、必ず垂直的な、メタ解釈へと開かれているわけではない。裏をかこうとしたり、捜査側の手の内を読んでミスリードする証拠をわざと置こうとする犯人などは、かなり特殊で例外的であるから、通常の犯罪事件では、そういう可能性は念頭におかなくてよい場合がほとんどである。犯罪事件を推理する側としても、残された証拠が、意図的につくられた〈偽の手がかり〉である可能性は、たいていの場合は考慮しなくてよいし、証拠の周囲や周辺事情を加味すれば、そんな可能性を考えにいれなくてよいとなる場合がほとんどである。

　だが『ギリシャ棺の謎』の事件のように、探偵エラリーの推理の手筋を知っているものが、それを踏まえて探偵役を誤導しようとしている犯人がいるような場合には、証拠解釈において水平方向のみならず垂直方向への推理、メタレベルの解釈可能性を想定しないといけなくなる。ある証拠が、水平的に、多義的な解釈可能性をもつのみならず、その証拠がわざとおかれた、捜査側を誤導するために意図されたものである可能性をも想定しないといけなくなると、ひとつの証拠からでも、単一の解釈、あるいは収斂する推理を導き出すのが極めて困難になる。そして垂直的な可能性をもつ事件で、証拠を積み上げて正しい推理を築いていくのは、途方もなく困難な事柄になる。『ギリシャ棺の謎』は、そういう困難な推理に挑んだ推理作品として、ほとんど前例がない傑作であり、クイーンの後続の作家たちでも、この境域にまで推理の困難さを究めた作品は、そうそう見当たらない。

では、ひるがえって、深水黎一郎の『ミステリー・アリーナ』は、どうだろうか。

この作品では、ミステリーマニアを自認する面々が、作中で順次読み上げられていく、ミステリ小説の真相を推理するのを、クイズ番組と同じような形式で競い合うことになる。

この作品内で多様される、ひとつの事象（あるいは証拠）から導出される解釈の多義性は、これまでの日本の現代本格ミステリが積み上げてきた、誤導する叙述トリックの技法が多用されている。書かれたものを通して読むものを誤導する叙述トリックはしばしば、その世界内の人物たちにとっては、なんら誤導されるものではなくても、書かれたものを通してのみ、誤導が生じる類のものがある。たとえば深水黎一郎の『大癋見《おおべしみ》警部の事件簿』では、「空室」という名の人物が登場する。事件を捜査する警察にとっては、「空室」という名の人物がそこに実在する以上、容疑者の一人として目されるのは当然であるが、書かれたものを通して、その階の見取り図をみるものは「空室」という表記は、住人が不在の部屋を意味していると通常は解釈してしまう。その世界にいるものはなんら誤導されないのに、読むものだけが誤導される叙述トリックの典型例のひとつである。

『ミステリー・アリーナ』で推理を競うものたちは、もっぱら書かれたものを通して情報を得て推理をする。だから、本文中に描かれている「並木」が、はたして庭に植えられている樹木としての「並木」なのか、それとも人の名字としての「並木」なのかが、複数の解釈の余地が生じ、推理する役回りのものたちはそれを議論することになる。また、そこに登場する「タマ」という存在が、はたして人間なのか猫なのかも、議論の俎上にのぼる。

この手の叙述トリック、より正確には言葉遊びの類に近い、言葉の多義性を利用した証拠の多義化が、この『ミステリー・アリーナ』では多用され、この技法によって、クイーンやバークリーがなしとげていない多彩で重層的な解釈の千変万化を実現している。ひとつひとつの証拠の多義化の導入方法をみれば、クイーンやバークリーより安直なやりかたをしていると言える面があるかもしれない。たとえば、ある名前が人であったり動物であったり物であったり、複数の意義を有するときに、そのどちらでも成り立つような多義性をはらんだ文章を書くことによって、多義的な解釈を許すテキストを構築することができる。しかし、証拠解釈の多義性をこれだけ累積的に積み上げた作品は、海外の黄金期時代の本格作品においても、類例を見いだせないほどだ。

それだけでなく、この深水作品は、バークリーやクイーンによる偉大な先行作を乗り越えて、この系列の極点に達した観がある。それは、この作品がいわば初めて〈多重解決もの〉のいきつく先の究極形を、可視化できるものとして示したところにあるからだ。それは、〈多重解決〉もののミステリの構造の究極形が、以下に述べるように、場合の数を計算できる数値して表されることが、この作品によってあらわになっているからだ。

この「ミステリー・アリーナ」で回答者は十四人いることがわかり、主催者側は、回答者の全員が推理を外すように、回答者数を上回る十五通りの解決案を用意していた。しかしこの作品の設定に即せば、主催側の用意する回答数は十五では足りない。ある回答が提示されるたびに、主催側は、その回答がその次の展開で否定されるようなテキストをもってくることになっている。

推理の回答者の回答権は一回だけだが、主催側は、どのタイミングで誰が推理を言ってくるかまでは予測しきれない。AからOまで十五通りの解決案が用意されている中で、仮に一番目の回答者がEの真相へとつながる推理を披露したとしたら、その次に出される章は、数ある可能性のうちの、Eのみへはいたらない章となる。どの順番で回答者が回答するかが予測できない前提で、なおかつ推理力に長けた回答者は、用意された回答のどれかを必ず選ぶだろうという前提でみた場合、序章のあとの最初の回答者が回答した後の展開は、AのみありえないB展開、Bのみありえない展開、Cのみありえない展開……と十五通りを用意しておく必要がある。そして二番目の回答者が仮にDにつながる推理を披露した場合、EのみにはつながらないA章をへて、その次はDのみにつながらない章にいたる。Eのみにはつながらない章のあと、どの推理が出されるかは、十四通りある。そして、Eのみにつながらない章からDのみにつながらない章を経て、次の、三番目の回答者がGという回答を出したとき、その次は、Gのみにつながらない章が出されるが、可能性はなおも十三通りある。もしすべてのパターンに対応できるだけの用意を主催側がしていたとしたら、用意されるべきテキストの数は、十五の階乗、すなわち、15×14×13×12×11×……となって、その数は莫大な、天文学的なものになる。

　その数の多さはともかくとして、このように場合の数を計算できるものとして、この『ミステリー・アリーナ』は、〈多重解決〉の構造を一挙に可視化することに成功している。そのことにおいて、『ミステリー・アリーナ』は、まさに、〈アンチ・多重解決もの〉ミステリとして、歴史に名を刻む作品となるだろう。

　ただし、この作品が〈多重解決〉ものの極点に達したとはいっても、それは水平的な解決並列形式においての話であって、クイーンが『ギリシャ棺の謎』で先鞭をつけた垂直的な多重解決ものについては、まだ達成されていない困難な峰がある。

　二〇一五年のミステリは、この深水作品だけでなく、こういう数学的に可視化される構造を取り込み、論理的に純化していく方向での興味深い作例がいくつか見いだせる。数学のペダントリーをミステリに有効に取り込んでいる周木律の諸作品（『教会堂の殺人』）や、論理学の蘊蓄をちりばめた『恋と禁忌の述語論理』でデビューした井上真偽の第二作『その可能性はすでに考えた』や、早坂吝の『ＲＰＧスクール』などは、論理ミステリの構築を志向する興味深い挑戦的作品群である。こういった作家たちの今後の展開には注目していきたい。

本格ミステリー・リスト

（2014年11月1日～2015年10月31日まで）

2014/11	
水生大海	『招運来福！まねき猫事件ノート』（ポプラ社）
望月守宮	『無貌伝～最後の物語～』（講談社）
青柳碧人	『西川麻子は地理が好き。』（文藝春秋）
麻耶雄嵩	『化石少女』（徳間書店）
鯨統一郎	『笑う忠臣蔵　女子大生桜川東子の推理』（光文社）
市川哲也	『名探偵の証明　密室館殺人事件』（東京創元社）
近藤史恵	『私の命はあなたの命より軽い』（講談社）
北山猛邦	『オルゴーリェンヌ』（東京創元社）
森谷明子	『花野に眠る』（東京創元社）
秋吉理香子	『放課後に死者は戻る』（双葉社）
東川篤哉	『探偵少女アリサの事件簿　溝ノ口より愛をこめて』（幻冬舎）
門井慶喜	『注文の多い美術館 美術探偵・神永美有』（文藝春秋）
一田和樹	『絶望トレジャー』（原書房）
川辺純可	『焼け跡のユディトへ』（原書房）
鳥飼否宇	『迷走女刑事』（角川書店）
北山猛邦	『ダンガンロンパ霧切３』（星海社）
堀燐太郎	『ジグソー失踪パズル』（フリースタイル）
2014/12	
麻見和史	『女神の骨格 警視庁捜査一課十一係』（講談社）
高田崇史	『神の時空―貴船の沢鬼―』（講談社）
知念実希人	『仮面病棟』（実業之日本社）
石持浅海	『身代わり島』（朝日新聞出版）
古野まほろ	『外田警部、TGVに乗る』（光文社）
吉田恭教	『堕天使の秤』（光文社）
周木律	『アールダーの方舟』（新潮社）
安萬純一	『青銅ドラゴンの密室』（南雲堂）
滝田務雄	『田舎の刑事の好敵手』（東京創元社）
はやみねかおる	『モナミは時間を終わらせる？　Time waits for no one! なのだよ』（角川書店）
2015/1	
井上真偽	『恋と禁忌の述語論理』（講談社）
鳥飼否宇	『死と砂時計』（東京創元社）
一田和樹	『天才ハッカー安部響子と五分間の相棒』（集英社）
森晶麿	『恋路ヶ島サービスエリアとその夜の獣たち』（講談社）
下村敦史	『叛徒』（講談社）
沢村浩輔	『北半球の南十字星』（東京創元社）
2015/2	
早坂吝	『虹の歯ブラシ 上木らいち発散』（講談社）
岡崎琢磨	『珈琲店タレーランの事件簿４ ブレイクは五種類のフレーバーで』（宝島社）
太田忠司	『幻影のマイコ』（祥伝社）
辻真先	『にぎやかな落葉たち 21世紀はじめての密室』（光文社）
河合莞爾	『粗忽長屋の殺人』（光文社）
直原冬明	『十二月八日の幻影』（光文社）
小島正樹	『呪い殺しの村』（双葉社）
太田紫織	『櫻子さんの足下には死体が埋まっている 謡う指先』（角川書店）
鳥飼否宇	『絶望的――寄生クラブ』（原書房）
市井豊	『人魚と金魚鉢』（東京創元社）
村崎友	『夕暮れ密室』（角川書店）
知念実希人	『天久鷹央の推理カルテII　ファントムの病棟』（新潮社）
2015/3	
鳥飼否宇	『生け贄』（講談社）
西澤保彦	『さよならは明日の約束』（光文社）
久住四季	『星読島に星は流れた』（東京創元社）
門井慶喜	『東京帝大叡古教授』（小学館）
門前典之	『首なし男と踊る生首』（原書房）
太田忠司	『目白台サイドキック　五色の事件簿』（角川書店）※
三津田信三	『のぞきめ』（角川書店）
はやみねかおる	『都会のトム＆ソーヤ12　IN THE ナイト』（講談社）
福田和代	『ゼロデイ―警視庁公安第五課』（幻冬舎）
2015/4	
近藤史恵	『岩窟姫』（徳間書店）※
滝田務雄	『捕獲屋カメレオンの事件簿』（祥伝社）
小島正樹	『浜中刑事の妄想と檄運』（南雲堂）
小林泰三	『幸せスイッチ』（光文社）
大倉崇裕	『福家警部補の追及』（東京創元社）
水生大海	『冷たい手』（光文社）
麻耶雄嵩	『あぶない叔父さん』（新潮社）
乾ルカ	『ミツハの一族』（東京創元社）
九頭竜正志	『さとり世代探偵のゆるやかな日常』（新潮社）
2015/5	
鯨統一郎	『狂おしい夜』（徳間書店）
中山七里	『ヒポクラテスの誓い』（祥伝社）
知念実希人	『改貌屋 天才美容外科医・柊貴之の事件カルテ』（幻冬舎）
古野まほろ	『身元不明 特殊殺人対策官 箱崎ひかり』（講談社）
神谷一心	『たとえ、世界に背いても』（講談社）
友井羊	『さえこ照ラス』（光文社）

太田忠司	『夜想曲』（光文社）
櫛木理宇	『チェインドッグ』（早川書房）
白河三兎	『ふたえ』（祥伝社）
太田忠司	『伏木商店街の不思議』（河出書房新社）※
海堂尊	『スカラムーシュ・ムーン』（新潮社）
米澤穂信	『王とサーカス』（東京創元社）
2015/8	
早坂吝	『RPG スクール』（講談社）
深木章子	『ミネルヴァの報復』（原書房）
青柳碧人	『浜村渚の計算ノート 6 さつめ パピルスよ、永遠に』（講談社）
小島正樹	『モノクローム・レクイエム』（徳間書店）
太田忠司	『クマリの祝福　セクメトⅡ』（中央公論新社）
木内一裕	『不愉快犯』（講談社）
古野まほろ	『ストリート・クリスマス　Xの悲劇 '85』（光文社）
月原渉	『火祭りの巫女』（光文社）
小前亮	『残業税』（光文社）
天祢涼	『ハルカな花』（光文社）
二階堂黎人	『アイアン・レディ』（原書房）
深緑野分	『戦場のコックたち』（東京創元社）
小林泰三	『記憶破談者』（幻冬舎）
2015/9	
井上真偽	『その可能性はすでに考えた』（講談社）
倉知淳	『片桐大三郎とＸＹＺの悲劇』（文藝春秋）
二階堂黎人	『亡霊館の殺人』（南雲堂）
初野晴	『惑星カロン』（角川書店）
福田和代	『群青のカノン』（光文社）
島田荘司	『新しい十五匹のネズミのフライ - ジョン・H・ワトソンの冒険』（新潮社）
知念実希人	『スフィアの死天使－天久鷹央の事件カルテ』（新潮社）
綾辻行人	『階段えほん　くうきにんげん』（岩崎書店）※
大崎梢	『空色の小鳥』（祥伝社）
2015/10	
有栖川有栖	『鍵のかかった男』（幻冬舎）
石持浅海	『凪の司祭』（幻冬舎）
吉田恭教	『可視える』（南雲堂）
水生大海	『運命は、嘘をつく』（文藝春秋）
安萬純一	『王国は誰のもの』（東京創元社）
周木律	『猫又お双と教授の遺言』（角川書店）
知念実希人	『神酒クリニックで乾杯を』（角川書店）

本誌の〈黄金の本格ミステリー〉で対象とした作品のリストである。

本格ミステリーを中心として選出したため、広義のミステリーの作品の中には残念ながら掲載を見送ったものもある。

※は境界線上の作品を 示す。

（作成・つずみ綾）

麻見和史	『深紅の断片 警防課救命チーム』（講談社）
天祢涼	『謎解き広報課』（幻冬舎）
植田文博	『エイトハンドレッド』（原書房）
周木律	『暴走』（角川書店）
大倉崇裕	『BLOOD ARM』（角川書店）
2015/6	
知念実希人	『天久鷹央の推理カルテⅢ　密室のパラノイア』（新潮社）
篠田真由美	『誰がカインを殺したか 桜井京介 returns』（講談社）
辻真先	『未来Ｓ高校航時部レポート　戦国 OSAKA 夏の陣』（講談社）
鯨統一郎	『大阪城殺人紀行』（実業之日本社）
蒼井上鷹	『動物珈琲店ブレーメンの事件簿』（実業之日本社）
西澤保彦	『小説家 森奈津子の妖艶なる事件簿』（実業之日本社）
福田和代	『天空の救命室 : 航空自衛隊航空機動衛生隊』（徳間書店）
平石貴樹	『松谷警部と三ノ輪の鏡』（東京創元社）
西澤保彦	『回想のぬいぐるみ警部』（東京創元社）
松尾由美	『ハートブレイク・レストラン ふたたび』（光文社）
高田崇史	『七夕の雨闇　毒草師』（新潮社）
山本弘	『幽霊なんて怖くない　ＢＩＳビブリオバトル部』（東京創元社）
円居挽	『キングレオの冒険』（文藝春秋）
芦沢央	『今だけのあの子』（東京創元社）
未須本有生	『リヴィジョン A』（文藝春秋）
周木律	『猫又お双と消えた令嬢』（角川書店）
深木章子	『交換殺人はいかが？　じいじと樹来とミステリー』（光文社）
深水黎一郎	『ミステリー・アリーナ』（原書房）
東川篤哉	『ライオンの歌が聞こえる　平塚おんな探偵の事件簿 2』（祥伝社）
2015/7	
周木律	『教会堂の殺人 ~Game Theory~』（講談社）
鯨統一郎	『神話ゲーム　歴史バトラーつばさ』（PHP 研究所）
法月綸太郎	『怪盗グリフィン対ラトウィッジ機関』（講談社）
水生大海	『君と過ごした嘘つきの秋』（新潮社）
鏑木蓮	『イーハトーブ探偵 山ねこ裁判 : 賢治の推理手帳 II』（光文社）
高田崇史	『神の時空　三輪の山祇』（講談社）
三津田信三	『誰かの家』（講談社）※
岡田秀文	『偽造同盟』（幻冬舎）
下村敦史	『生還者』（講談社）
近藤史恵	『昨日の海は』（PHP 研究所）
知念実希人	『黒猫の小夜曲』（光文社）※

サイン本 Presents

＜応募要項＞

応募の際には官製はがきに、このページの下についている応募券をしっかりと貼り、ご希望の商品名、ご自分の郵便番号、住所、氏名、電話番号をご記入のうえ、

〒162-0801 東京都新宿区山吹町 361
南雲堂「本格ミステリー・ワールド」サイン本プレゼント係宛にお送り下さい。

締め切りは 2016 年 3 月 14 日到着分です。

発表は発送をもってかえさせていただきます。

発送は 2016 年 4 月上旬になる予定です。

刊行前の書籍はタイトルが変更になる場合がございます。

ご応募いただきました皆様の個人情報は、プレゼントの発送のみに利用させていただきます。

亡霊館の殺人

二階堂黎人

南雲堂

５名様

GOLEM　No.29

島田荘司さんサイン入り

３名様

ファンマガジン GOLEM29 号は 島田先生インタビュー 2008 年 11 月収録を一挙掲載

1.GOLEM29 号 (送料込み三百円) 通販の申し込みは　郵便局窓口で『払込取扱票』を受け取り (手数料 80 円ご負担下さい) 郵便局 ATM から振込むこと 口座記号番号 00140-2-291543 番（番号のご確認を）名は『月影☆之介』通信欄に『29 号注文』とお願いします。

2.GOLEM の編集近況は『月影☆之介の推理と GOLEM 近況報告 http://twitter.com/golemshadow2013 』によりお知らせします

可視える

吉田恭教

南雲堂

５名様

浜中刑事の妄想と檄運

小島正樹

南雲堂

５名様

応募券
本格ミステリー・ワールド2016

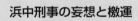

本格ミステリー・ワールド2016
2015年12月17日 1刷

監修 ―――― 島田荘司
表紙デザイン ―――― 岡 孝治
表紙写真 ―――― 大川裕弘
本文写真 ―――― 松蔭浩之
イラスト ―――― 横濱マリア
発行者 ―――― 南雲一範
発行所 ―――― 株式会社 南雲堂
〒162-0801 東京都新宿区山吹町361
TEL 03-3268-2384 FAX 03-3260-5425
印刷所 ―――― 図書印刷 株式会社

乱丁・落丁本はご面倒ですが小社通販係宛にご送付下さい。
送料小社負担にてお取り替えいたします。

ISBN 978-4-523-26537-5 C0095 〈検印省略〉

E-mail nanundo@post.email.ne.jp
URL http://www.nanun-do.co.jp